教育博士文库

Lun Gonggongren de Peiyu

论“公共人”的培育

——学校教育的视角

李宏亮/著

教育科学出版社
·北 京·

出 版 人　李　东
责任编辑　张　璞　孙袁华
版式设计　孙欢欢
责任校对　贾静芳
责任印制　叶小峰

图书在版编目（CIP）数据

论“公共人”的培育：学校教育的视角／李宏亮著. —北京：教育科学出版社，2016. 12
（教育博士文库）
ISBN 978-7-5041-8973-8

Ⅰ. ①论…　Ⅱ. ①李…　Ⅲ. ①中学—教学研究　Ⅳ. ①G632. 0

中国版本图书馆CIP数据核字（2016）第323524号

教育博士文库
论“公共人”的培育——学校教育的视角
LUN “GONGGONGREN” DE PEIYU——XUEXIAO JIAOYU DE SHIJIAO

出版发行	教育科学出版社		
社　　址	北京·朝阳区安慧北里安园甲9号	市场部电话	010-64989009
邮　　编	100101	编辑部电话	010-64981232
传　　真	010-64891796	网　　址	http://www.esph.com.cn
经　　销	各地新华书店		
制　　作	北京金奥都图文制作中心		
印　　刷	北京玺诚印务有限公司		
开　　本	169毫米×239毫米　16开	版　　次	2016年12月第1版
印　　张	18. 25	印　　次	2016年12月第1次印刷
字　　数	231千	定　　价	48. 00元

作者简介

李宏亮，1976年生，男，汉族，江苏高邮人，教育学博士。现就职于南京市教育科学研究所，中学政治高级教师，硕士生实践导师，南京市优秀青年教师，南京师范大学国家精品课程特聘讲师，人民教育出版社新课程培训专家。主要研究方向是学校道德教育、思想政治课程建设与实施。

近年来，先后主持江苏省教育科学“十一五”规划青年专项重点课题、江苏省教学研究立项课题各一项，作为核心成员参与全国教育科学“十一五”规划教育部重点课题、原中央教育科学研究所课题、南京市教研课题多项。在《中国教育学刊》《教育理论与实践》《思想政治课教学》等杂志发表论文五十余篇。合著《新编思想政治（品德）教学论》《有效教学——高中思想政治教学中的问题与对策》，并主编《新课程教学策略与备课指南思想政治》（一套四册）。

《教育博士文库》学术委员会

摘 要

“教育是要在人的身上塑造新的人格”（涂尔干），纵观学校教育的发展，培养怎样的人，如何培养人一直都是学校教育最为关心的命题。本研究以一名中学教师的视角，从当前学校的育人现状出发，借助于大量的观察日记，呈现出当前学校教育中的育人困境，也是社会发展中的人的景况——“个体人的膨胀，公共人的衰落”；在此基础上，通过文献梳理和对现实的反思，探析促使个体人膨胀的学校因素以及社会、网络和家庭因素，指出个体人的膨胀正是源于学生个体性与公共性的失衡；最后再回到学校，从学校的组织变革、课程改革和教育机制创新等方面，展现当下学校教育在公共人培育方面的实践探索和理性思考。

本研究是基于人的存在是一种个体性与公共性的张力性存在。从个体社会化和社会个体化两个路径来理解，个体性是指个体所具有的独特性和差异性，而公共性则是一个涉及空间、人、利益、精神等诸多维度的立体概念，是包容个体性的多元共在。个体性与公共性是相对应而存在，相包容而共生。与此相对应的是，人的存在表现为个体人与公共人的依从关系。个体人的原初意义是指个体的人，是一个经验主体，但是随着社会的发展，特别是“经济人”概念的广泛使用，个体人概念的贬义成分逐渐增多，往往指称那些对他人和社会（尤其是在公共领域中）缺乏责任应答的人。但是，必须明确的是，本研究所言的个体人并非只是一个自私自利的人，个体人首先是一个自由完整的个体；其次，个体人在个体性与公共性的关系上存在失衡，个体性占据主导；最后个体性的过分膨胀对于公共事务的发展是有阻碍的。公共人是对基于类本质的人之存在的思考，它不是群体化的个体，也非无我的抽象虚构，他是“以一种全面的方式，也就是说，作为一个完整的人，占有自己的全面的本质”（马克思）。公共人是基于个体性与公共性张力的自我实现，是在个体性与公共性的关系中，凸显其公共性的人，它包含着对一般意义上的个体人的尊重，同时也在抵制着个体人的异化与膨胀，以捍卫公共价值。公共人是公共精神的承载者、公共利益的捍卫者、公共空间的建构者和公共生活的行动者。在这里，必须明晰的是，公共人不是过去“一大二公”的“政治人”（无私无欲的政治楷模）或是整齐划一的“组织人”（僵化的集体符号）。公共人不拒绝个体人，相反，它是在个体人健康发展的基础上对公共事务中个体人的公共性的弘扬。本研究要探讨的不是“公共人”对“个体人”的代替，而是从个体性与公共性的张力性存在中如何防止个体人的膨胀，并在此基础上思考学校教育对公共人培育的使命与路径。因此，本研究的任务在于，一方面，探索如何平衡个体性与公共性的张力，以防止个体人的异化与过分膨胀，培育原初意义的独特个体，一个“完完全全的人”（阿伦特）；另一方面，则是探索如何在平衡个体性与公共性张力的基础上，凸显人的公共性，以在个体人的基础上培育保持合理张力，且彰显公共性的公共人。

那么，现实中人的景况如何呢？本研究以学校教育中大量真实的案例，呈现出当前学校教育中个体人的膨胀与公共人的衰落。具体而言，本研究从学校管理、学校教育和校园生活三个角度加以阐释。学校管理中存在着“集体人格化”的倾向，从而造成了学校管理的身份、权威和信任的危机，学校日益成为管理者个体的学校。在这里，管理者的个体性与公共性平衡被打破，个体性不仅主宰了管理者本身，而且借助管理者的职权，将这种个体性在学校管理的公共平台上放大，使公共事务沾染上很多的个体人印迹。当前，学校教育崇尚的是精英教育，并被功利主义和消费主义所裹挟，教师的个体性与公共性失衡造成的结果就是教育教学日益远离其本真的公共价值，而成为教师的个体秀，同时教师的群体自私又加剧了个体人的膨胀。就学生的校园生活而言，学生关注的是个体自身的学业发展，即便是在学校这样的公共领域内，都缺乏对学校、他人的责任应答。这种道德旁观必然消解个体人自身的公共性，催生校园的个体孤独，从而也加剧了学生对校园生活的逃离。

个体人膨胀与公共人衰落的原因何在？本研究从学校教育的历史和个体人生活的现实两个方面进行了梳理与追问。

学校教育为何难以抑制个体人的膨胀从而培育出公共人？本研究分别从学校教育的价值追求、教育内容和教育制度三个方面，对学校教育进行了历史的梳理与现实的审视。我国学校教育的价值追求，在总体上是以满足社会发展的需要为主导，其中，古代是以君王之私代替了社会性，近现代则是以国家性代替了社会性，但共同之处都是忽视了学生个体性的发展。到了当代，又走向另一个极端。伴随着个体性的解放，产生的是个体性的不断膨胀，原因就在于今天的学校教育关注的是片面的社会需要、部分人的发展和个体发展的部分，这使得基础教育弱化了公益性、公平性和基础性。在教育内容上，本研究以学校教育的主要内容——知识为主要考察对象，分析了知识与意义如何从融合走向分离，知识与身体如何在分与合的交错中逐渐疏远，并进一步探讨了当前知识存在的工具化、符号化等问题，据此概括了知识在产生、传播和功能等方面面临的危机。在教育制度上，通过对古代官学与私学的梳理，以及当前精英教育体制、应试教育机制和均衡发展的异化等问题的分析，探析了学校教育制度公共性缺失的原因。

个体人的膨胀不是学校教育的全部责任，那么在现实层面上，个体为何难以成长为公共人呢？本研究在历史回溯的基础上，分别从社会转型、网络生活、家庭教育三个方面对现实进行了追问。就社会转型而言，个体的发展在经济转型中逐渐成为资源化的个体，在政治转型中逐渐成为旁观者，在文化转型中则成为娱乐化的个体，这一切最终都使得个体缺失了公共性的制衡而过度个体性。就网络生活而言，本研究认为，网络交往最大限度地彰显了个体性的存在，同时，网络中的各种公共行为也体现了公共性的萌发，它是公共人诞生的一个重要启蒙，但与此同时，它也在不断受到来自现实社会生活中的利益、政治、娱乐化等因素的胁迫，发生着歧变。就家庭教育而言，传统的家庭教育在父权的压制下完全遮蔽了个体性，而现代家庭又过度彰显了儿童的个体性。在儿童成长的过程中，面对初期儿童公共性的萌芽，家庭教育往往以失真的灌输相对；面对后期儿童公共性的呐喊，家庭教育则多是保持着沉默。所有这些，都不利于个体公共性的培育。

学校教育对公共人的培育该如何担当？这是本研究的重心所在。在此，笔者以一个教育亲历者的视角，从学校的组织变革、课程改革和机制创新三个角度全面阐释了如何在实践层面上实现对公共人的学校培育。具体来说：就学校的组织变革而言，今天的学校要实现对公共人的培育必须摆脱传统的管理型组织定位，走向规范性的组织建设；通过公共空间的建构，促进身体与空间的意义对话；同时在道德维度和文化视角上，建设一个正义而又充满诗意的学校，其核心在于使学校成为一个有意义的公共空间。教育内容对公共人培育的回应在于公共性课程的建设，这里的公共性课程不是对现有课程的推倒重来，而是在现有课程体系中，借助课程改革的契机，在学校课程的实施层面进行凸显其公共性价值的创新。简言之，就是要在课程实施中关注课程的意义彰显，关注课程的有机整合，关注课程的开放互动与促成人的行动。教育机制对公共人培育的回应则在于教育共同体的建设，其中学生共同体旨在建构校园生活的公共性，教师共同体旨在重塑学校教育的公共性，学校共同体则是立足探索公共人培育的绿色通道，其核心在于使共同体建设本身也实现对公共空间的建构。质言之，就是要通过学校教育的变革与创新，克服个体人膨胀的不利因素，创设有利于公共人诞生的教育平台。当然，作为教师，我也深知，学校教育不能完全承受公共人培育之重，所以在最后一节，我以“人”的身份，从“人”的视角，简要探析了公共人培育的社会责任。

关键词：学校教育；个体性；公共性；公共人

Abstract

"The aim of education is to shape a new personality in the human body" (Durkheim) . Throughout the history of education, "what kind of person shall we cultivate" and "How should we train them" have been the most pressing proposition. This study, written from a high school teacher's perspective, starts from the current situation of education, by means of observation diary, shows the plight in school education, which is also the reflection of human in social development – the expansion of individual person, the decline of the public man. On this basis, by combing through the literature and reflecting on reality, the paper analyzes the factors such as society, internet and family to promote the expansion of individual person, noting that the expansion of individual person originates precisely from the imbalance between the individuality and the publicity of the students. Finally, the paper looks at school organizational change, curriculum reform and mechanism innovation, showing practical exploration and theoretical thinking on public man cultivating in school education.

This study is based on the idea that the presence of a person is the tension between individuality and publicity. From two paths of individual socialization and social individualization, individuality means that each individual is unique and different, while publicity is a three-dimensional concept involving many dimensions such as space, people, interests, and spirit, is a diversity including individuality. Individuality and publicity exist relevantly and mutually inclusively. Correspondingly, the presence of human expresses the corresponding presences of individual person and public man. The original meaning of the individual person is an experiencing subject, but with the development of society, in particular, the widespread use of the concept of "economic person", the individual person's concept gradually increase, often relating to those lack of responsibility to others and to society (especially in the public domain).

However, it must be clear that individual person in this article does not talk about just a selfish person. Firstly the person is a free and complete individual. Secondly there are imbalances in the relations of individuality and publicity and individuality domains. Thirdly its expansion is obstructive to the development of public affairs. The public person is the concept based on the existence of the quasi-essence people. It is not popularized individual or abstract fiction without self. He "takes possession of his comprehensive essence in a comprehensive manner, that is, as a whole person" (Marx). Public person is the result of self-realization based on the tension between individuality and Publicity, a person highlighting its publicity. It includes not only respect for the individual person in the general sense, but also resistance to alienation and the expansion of individual person to defend public values. The public person is the bearer of the public spirit, the defender of the public interest. He constructs public space and acts at public life.

Here, it must be clear that the public person is not the past "political body" a sophomore public (selfless political model) or uniform "organization man" (rigid collective symbol). Public person is not against individual man, and on the contrary, it is the promotion for publicity of the individual person in public affairs, that is the foundation of the healthy development of the individual person. Instead of examining the replacement of individual person by public person, we probe into how to prevent the expansion of the individual person from the tension that exists between individuality and the publicity, and think about the mission and the path of public person's cultivation in school education on this basis. Therefore, the task of this research is that, on one hand, to explore how to balance tension between individuality and publicity to prevent the expansion of the individual person, and to nurture unique individuals in the original sense, on the other hand, we must explore how to highlight the public to cultivate a "full-person" (Arendt), a public person with prominent publicity on the basis of balancing tension between individuality and publicity.

Then, what is the human situation in reality like? This paper shows the expansion of individual in the current school education and the debilitation of public person using a large number of real cases of school education. Specifically, this paper discusses three angles of the school management, school education and campus life. The tendency towards collective personification in school management, results in a crisis of identity in school management, authority and trust. The school increasingly becomes managers' school. Here, the balance between the individuality and publicity of managers is broken. Individuality not only dominates the managers, but also enlarges such individuality in the public platforms of school management with the powers of the managers, making public affairs contaminated with many individual blots. The current climate of education advocates elite education, and is coerced by utilitarianism and consumerism. The result of the imbalances between individuality and publicity of teachers is keeping teaching away from the true public value, and is becoming each teacher's individual show. The teachers' group selfishness increasingly exacerbates the expansion of the individual. As to students' life, they concern about the academic development of the individual, even within the public domain in school, lack responsibility of the school, and others. This standing by in morality breaks down individual's publicity, gives birth to the campus individual's loneliness, and thus exacerbates the students' escaping from campus life.

What is the cause of the expansion of individual person and the decline of public person? This article combs through and questions the two aspects —the historical analysis of school education and the realistic perspectives on individual life.

Why is it difficult for school to suppress the expansion of the individual person and cultivate a public person? This study examines three aspects of schooling —the pursuit of values in school education, the education content, and the education system. This part combs the history and scrutinizes the reality. The pursuit of values in school education, in general, tries to meet the needs of social development, including the substitutes of the kings' private interests in ancient times while in modern time nationality for sociality, but overlooked in common the development of students' individuality. Till the contemporary era, it goes to the other extreme. Along with individual liberation comes the individuality expansion. The reason is that today's school education concerns one - sided social needs, and develops the individual part of students, weakening the foundation at the public welfare, fairness and fundament. So far as educational content is concerned, this paper takes main content of school education - knowledge as the main object of study, analyzing how knowledge and meaning go from fusion to separation, how knowledge and the body gradually alienate each other through segregation and cooperation, and further explores the issues of instrumentalization and symbolization in current knowledge, under which we can outline the crisis faced by the knowledge in the generation, dissemination and function. In the education system, through the research on ancient governmental and private schools, as well as analyzing the elite education system, the examination-oriented education mechanisms, and the alienation of education balanced development, this article summarizes the deficiency of publicity in school education system.

Individual's birth is not the responsibility of school education, so in reality, why could not the individual grow into public man? Based on historical analysis, this study looks into the reality respectively from the social transformation, family education and network life. Individual development has gradually become the resources of the individual in the process of economic transition, has become a bystander in political transition, and has become the entertainment of the individual in cultural transformation. It finally destroys the balance with excessive individuality. This study argues that the network communication highlights the existence of individuality and various public behaviors in this network also reflect the growth of publicity. The traditional family education in its patriarchal oppression completely covers individuality, and the modern family excessively highlights the individuality of children. All of these are not conducive to the birth of public man.

It is the focal point of this article for school education to cultivate the public man. As a witness, the author shows practical exploration on the cultivation of public man in the current school education, from organizational change, curriculum reform and mechanism innovation. In terms of school organizational change, its core is to make the school a significant public space, a righteous and poetic school, and promote physical and spatial sense of dialogue. The responding to cultivating the public man in the content of education lies in the construction of public course. Public course here is not on the abolishment of the current curriculum but in the existing curriculum system, with the help of curriculum reform, highlighting its public value. Education mechanism lies in its response to the public man to foster the construction of the education community. The student community aims to construct the publicity of campus life. The teacher community aims to reshape the publicity of school education, and the school community is based on easy access public man cultivation. Its core is to make the community build itself by the construction of public space. In a word, we must overcome the disadvantage of individual expansion and create a favorable education platform to cultivate the public man, through change and innovation in school education.

Key words: School education; individuality; publicity; public man

目　录

序

中国教育的公共性问题是我们面临的一个重要问题。在中国社会越来越强调公共性的变革中，促发和保卫教育的公共性，培养公民的公共精神，是教育变革的生命线。当下，“公共人”的培养问题日益受到学界的重视，这也契合了中国社会发展对教育的历史性诉求。然而，今天的学校教育实践对这一历史诉求的现实呼应却令人担忧。研究这样一个重要而又复杂的难题，需要责任担当与学术勇气，就此而言，李宏亮所做的工作是值得肯定的。自2009年他考入南京师范大学攻读博士学位以来，始终致力于探寻教育理论与实践中人的存在问题，集中关注如何实现教育实践在与教育理论的联结中共在共生。如今，在其博士论文基础上修改而成的学术著作《论“公共人”的培育——学校教育的视角》即将出版，这是一件很有意义的事。

作者对“公共人”及其如何培育的问题做了较为深入的探讨。全书运用政治哲学的理论对人的个体性与公共性的关系进行了阐释。把人理解为个体性与公共性的张力性存在，将公共人的培养与人的类本质联系起来，使“公共人”问题的探讨有了一个扎实的哲学基础。作者从学校教育的视角，借助大量观察日记，对学校教育中“公共人”培育的历史和现实状况深入分析。书中揭示的“个体人膨胀”与“公共人衰落”的现象是普遍、突出且需要引起深层关注并亟待解决的问题。这是对大量案例深入剖析的基础上得出的结论，反映出作者对学校教育与学校生活观察、思考的细致程度和学术敏锐性。本书的社会视野比较开阔，就社会转型、网络生活、家庭教育对人的公共性产生的影响的揭示是比较深刻的。在多维度揭示导致个体公共性缺失原因的基础上，本书以学校教育为中心，从学校、课程、共同体以及社会等方面寻求公共人培养的具体思路，并能以丰富的实践案例引导读者感受公共人培养的具体过程和要求，反映出作者对公共人的学校培育，不仅有深刻的理论思考，也有积极的实践探索。这一研究过程本身也正是本书所要传达的公共人培育的核心价值诉求，即做一个行动者。本书在公共人的培养路径、教育对策等问题上的结论对于读者，尤其是学校管理工作者和广大德育工作者，具有重要的警醒、启发和借鉴意义。其中，作者将公共人的培育与教育共同体联系起来，从系统思维角度看，的确有着重要的现实价值。作者立足于学校教育这一中心，大量运用教育叙事，但未停留在叙事本身的写作手法值得肯定。

本书的不足之处在于理论框架还需要完善，对于公共性在伦理、政治等方面的合理性论证还需要加强，研究方法还可以再丰富、充实，所提结论的可信性还有待检验。但是作为一名长期工作在中学教学第一线的教师，李宏亮博士对学校教育有着深刻的体验，对于教育改革有着强烈的责任感，本书集中反映出他的这种忧患意识和实践热情。在他攻读博士学位期间，我能感受到他的这份执着态度与拼搏精神。他在学习期间表现出的勤奋学习的精神和宽广的学术视野，我深为赞许。在他的专著出版之际，请导师作序，我欣然为之，以示奖掖后学。我相信，凭着他的执着与努力，一定能够在中小学教育领域取得更多的成果，做出更大的贡献。

赵志毅

2016 年 7 月于杭州文二路师苑新村家中

第一章 导论

随着我国社会改革的进一步推进，社会转型进入更深层次。“社会结构转型引起政党、国家与公民关系模式的重组，进而引发政党、国家政治权力、权威的基础发生转移。首先是公民逐渐成为现代社会的主人，这意味着国家的地位和角色要实现现代化转换，国家是为公民提供公共服务的公共权力机构。其次是现代‘公民赋权’观念的普及化。”（韩庆祥，2009）因此，公民与公民社会已然成为现代社会进一步发展的热切期待。

教育作为社会生活的重要组成部分，既受到社会生活及其各个部分的制约和影响，又通过自身的独立性对整个社会的发展产生影响。教育是社会公平正义价值目标实现的具体手段，承载着实现社会公平正义价值理想的历史责任，同时又把公平正义作为自身的价值追求，实现着教育的公平正义理想。公民与公民教育在当代的兴起正是呼应了这种现代性转型，尤其是政治民主化的要求。在越来越强调公共性的社会变革中，教育作为公共领域重要组成部分的公共性是毋庸置疑的。“中国教育的公共性问题，是我们教育面临的一个关键问题。在越来越强调公共性的社会变革中，……促发和保卫我们教育的公共性，培养公民的公共精神，就成为我们教育变革的生命线。”（金生鈜，2007）教育“应该指向一个什么样的公民社会"是教育公共性内容的主要体现（藤田英典，2001）[201]，其核心要义则在于对教育为社会培育怎样的公民的追问。

第一节 选题缘由

一、实践的叩问

（一）社会转型与个体公共性的消解

从20世纪80年代开始，中国社会开始经历一场深刻的结构变迁。这一转型的主要特征在于："一是中国现代社会转型是建设有中国特色社会主义制度的自我完善过程；二是中国现代社会转型是社会主义的计划经济结构向市场经济结构的转变，计划与市场之间这种根本差别使得转型过程中两种体制之间的冲突和摩擦十分激烈；三是中国社会转型是由建立在伦理基础上的'人治'社会向建立在民主法制基础上的'法制'社会转型。"（章辉美，2004）中国的社会转型对于每一个生活在其中的人而言，同样会产生巨大的转型压力。

从经济角度看，社会主义市场经济体制的建立与发展使得市场领域逐渐从社会的"整体性结构"体制中分离出来，逐步发展成为一个较为成熟的社会结构要素主体，并反过来深刻地影响着社会的整体发展和结构调整。商业文明的高速发展带来的是社会流动性的增强，突出地表现为社会情境的"破碎化"和生活追求的"插曲化"。如齐格蒙特·鲍曼（Zygmunt Bauman，2002a）[序10]所言，在插曲中度过的生活是一种不必为后果担忧的生活，因为后果的兑现会被延迟甚至是遥远而不确定。如此一来，"消费者"成为人之存在的主要标签，从瘦肉精到三聚氰胺、从地沟油到毒饺子、从反式脂肪酸到蜂胶制假，从非典时期的抢购口罩到日本核事故时期的抢盐，经济生活中各种缺乏公共责任担当的插曲开始不断上演。培养具有公共性的人正成为社会主义市场经济发展的热切期待！

从政治角度看，随着民主法制的逐步健全，在从“人治”到“法治”的转型之路上，公民正从对人的权威中解放出来，形成一种对法的热切与敬畏。还记得2004年，一位63岁的老人黄振沄手持修改后的《宪法》挺立在一片拆迁的废墟中，以蓝色圆珠笔画出的一句，“第十三条 公民的合法的私有财产不受侵犯”，保护了始建于清朝的那座自家院落。于是，坊间一片欢呼！然而，我们欢呼的，不是法的尊严，而是个体利益在公开抗争中得到了实现，是欢呼“我”的利益在未来可以得到保障。在众多的欢呼者中，很少有人知道这个法律条文是如何生成的，更少有人会去关心它对社会发展的价值。只有一种情况，你才会关心，那就是当你的个体利益受到侵害时。这多少有些讽刺！事实上，法治社会首先是一个公民参与的民主社会，是社会对公民法治需求的应约。因此，法治社会不仅是要用法律去彰显公民的权利，它同时也在呼唤公民对立法的参与，呼唤公民对法理精神的体认，呼唤公民在法律框架下的勇于承担。公共人，需要公民权利的彰显，更是对公民责任的呼唤！

从文化角度来看，随着国际文化交流的日益频繁和互联网的快速发展，在转型中的中国，多元文化已经势不可当。伴随着文化的多元化，人们的价值观念也在发生重大变化和分裂，呈现出缺乏核心价值认同的多元化发展趋势，而且这种趋势还在媒体的娱乐化运作、网络的点击率炒作中不断被负强化。诸如“宁愿坐在宝马车里哭，也不坐在自行车后座上笑”的择偶观、以丑为美的网络红人、一夜情、卡奴、房奴、孩奴等充斥着个体特征的文化概念的泛滥，正是将很多人内心的“小”放大并传播。这其中，每个关注者也就是一个潜在的传播者，也就成为丑的再生产者。这其中或许存在商业、娱乐等因素，但更多的却折射出转型期文化发展中文化公共性的缺失。

从社会角度看，片面追求GDP的社会发展之路已经漏洞百出，环境污染、能源危机、信任危机、缺乏公平的教育与就业机会等社会问题，在本质上就是将“人”从社会发展中遮蔽。当下的社会转型强调和谐社会的建设，正是试图重新树立人在社会发展中的核心地位，从早期政府工作报告中的“以人为本”“民生”到2011年报告中的“惠民”，无不显示出中国政府坚持以人为本的科学发展路线。然而，我们这些努力克服被遮蔽的“人”在干什么呢？口喊保护环境，手中却握着一次性餐具；感叹能源危机，却将室内空调制冷温度定格在20度；标榜人情温暖，却告诫孩子千万别和陌生人说话；高举就业平等的大旗，却坚守不招录女生的潜规则。

由此可见，中国的社会转型是一次社会结构的深层变迁，人是所有经济、政治、文化和社会结构的关键要素，人的发展必然成为这场变迁的主体与核心。然而，值得深思的是，在这场社会转型的过程中，被压制与遮蔽的人的解放过于快速，以至于缺乏基本的反思，失去基本的界限。“现代人加速的解放，实质上是使个人从物质、空间、关系等外在束缚中解脱出来，‘全世界都会为你让路’，以便让现代人过上更加个人、更加自我、更加私人的生活。”（高德胜，2011）社会需要个体的人，还是公共人，这不应该是一个问题。

（二）学校教育与学生个体存在的紧张

教育承载着为社会培育合格人才的重任，然而当下的学校教育在商业化和功利主义的影响下，造成的却是教育的失真与学生个体存在的紧张。

笔者的课题组围绕学生的校园生活设计了一份调查问卷，其中两题的调查结果引起了笔者更多的思考。第一题是“当你看见别人在校园内乱扔垃圾时，你的想法是”：A. 想主动捡起，但怕别人异样的目光，得票为352，占40.37%；B. 见怪不怪，因为这种事情太普遍了，得票226，占25.92%；C. 不好说，最好我没看见，得票158，占18.12%；D. 其他，得票136，占15.60%。第二题是“迟到会直接影响大家的课堂学习，你对迟到人的处理态度是”：A. 应该让他们下课的时候再进教室，得票114，占13.07%；B. 我个人无所谓，但是他至少得负一些责任，得票469，占53.78%；C. 没关系，迟到就迟到吧，得票186，占21.33%；

D. 其他，得票 103，占 11.81%。这个调查结果从一个侧面折射出当下学校教育的困境，也是学生个体存在与发展的困惑，那就是：一方面，学生的个体性极度上升；另一方面，人之为人的公共性日渐衰落。这是当前学生成长过程中的两难，恰恰也是当下学校教育的两难。

1. 知与行的紧张，折射的是自我认同的迷失

面对乱扔的垃圾，学生是想去主动捡起的，但是却因为害怕别人异样的目光而放弃这一本该实施的正确行为，这看似简单的知行不一，其内含的问题却耐人寻味。按照常理，学校是学生的公共生活空间，当有人在场的时候，学生应该是积极表达自己的正确意愿，这样不仅实现了个体善，而且也易于获得群体的认同。然而，问题恰恰在于，正是他者的在场导致了学生个体善的迷失。可见，这不是一个简单的知行脱节的问题。反观之，如果大家都不主动捡起垃圾，因为他者的在场，你也选择不捡，正如调查数据中选择“见怪不怪”的人占到 1/4，使得这看起来像是一个从众心理支配下的活动，其实也不然，因为他的理由不是因为别人都不捡我才不捡，而是因为这种事情是常态，太普遍。可见，这也不是一个简单的从众行为。笔者以为，面对这样的情境，学生知道该怎么做，但是不敢去做，这不是他者的监督缺位，也非简单的从众心理，它在深层次上反映的是学生自我认同的迷失，即无法确定自己的角色，无法定位自己的发展。这与当前学校重知识教育、轻人生观教育是密不可分的。在当下的课堂上，老师问得最多的是“昨天教给你的，你还知道多少”，而诸如“你是谁”“你在哪里”“你要到哪里去”这些人生思考题却很少被提及。

2. “我”与“他”的紧张，折射的是个体性的膨胀与公共性的退缩

理想化地思考，学校应该是一个以人为本的共同体，校园内的生活应该是一种平等的人的交往，学生在彼此的交往中获得角色的定位和完善。然而，调查数据却显示出校园内“我”与“他”的紧张状态。当着别人的面主动捡起垃圾本是个体善对公共善的有力推进，但是却演变为他者对自我认同的一种约束和扭曲，这看似关系中的他者发挥主导作用，其实它表

达的却是一种强烈的自我封闭与个体性膨胀。问卷中，面对乱扔垃圾，选择“最好我没看见”的近1/5，面对他人迟到影响课堂，选择“我个人无所谓”的超过1/2，就是一个很好的例证。它表明，在“我”与“他”的关系中，其实他并非主角，我才是主角。在今天的学生看来，一切事情最好都与我无关，他们在考量周围的事与物时，往往习惯于一切以自己的个体利益得失为标准。可见，个体性的膨胀实质就是个体的封闭，也就意味着公共性的退缩。虽然我们的学校教育也倡导集体主义、乐于助人，但是大都止于口号，流于形式，当“我”的成败无须“他”的支撑，当公共生活缺少个体的担当，公共性就只能是一个符号的幻想了。

3. 义与利的紧张，折射的是个体发展的意义缺失

知识与意义本是如影相随的，在“认识你自己”的古典命题中，意义来自于自身的知识内省，在“认识上帝也就认识了你自己”的中世纪命题中，意义来自对上帝的认知，而在实证主义的知识观下，意义逐渐从知识的身边走开。“在现今利益多元、价值多元的社会里，义利对立的关系已经结束，相互包容的关系已经建立，义中有利，利中有义。”（赵志毅，2006）然而，问卷调查中，面对乱扔垃圾，选择“见怪不怪”和“最好我没看见”的近1/2；面对他人迟到影响教学，选择“我个人无所谓”和“没关系，迟到就迟到吧”的高达3/4。由此可见，当前学生对事件的评价与行动很大程度上不是源自对事件本身的价值判断，而是取决于事件对个体利益的实际影响程度，换言之，私利而非大义是当下学生决定是否采取行动的主要动因。这1/2和3/4的数据背后显示的也绝非学生的宽容心，而是利字当头的道德冷漠，而道德冷漠很大程度上正是一种内在的意义缺失。究其原因就在于当前的学校教育深受实证主义知识观的影响，呈现出一种教育失真现象。当知识抛开意义独占鳌头，并承载着个体的成败，个体的发展也就难以拥有意义之根的支撑。

综上，知与行、“我”与“他”、义与利的紧张，实质乃是个体存在于发展过程中的个体性与公共性的紧张。当下的学校教育“人文精神被科学主义遮蔽，理想主义被现实主义遮蔽，超越精神被实用主义遮蔽，

功利主义的利益效应和效率意识充斥在学校的各个角落”（孟繁华，2011）。学校在以生为本的理念下却在不断制造个体存在的紧张：一方面，教育寻求公共性的回归，希望学生能学会责任担当，另一方面，却未曾摆脱功利主义的追求，将人的发展日益窄化；一方面，教育倡导顺其自然、因材施教，另一方面，却未曾摆脱应试教育的影响，以规范化、制度化之名，以工厂流水线的方式灌输；一方面，教育呼吁多元的形成性评价，以发展的视野评价发展中的个体，另一方面，却又采取等级固化的评价方式，限制个体的多样化发展。最终，学校教育还是在无心与无奈中加速了个体人的膨胀。在公共性方面，教育看似为国家培育接班人，但因为上述的异化，却在实际上弱化了对个体的国家性引导，使个体社会化的路径被扭曲。

（三）网络生活与公共人的期待

在我国的社会发展中，“公私二元论”是主要的结构特征，“公的领域”与“私的领域”对应存在，缺少一种公共的关联。因此，公共领域一直以来都缺乏显性存在的空间，或是因为异化，或是因为被遮蔽，个体的公共性一直以来也难以得到真正的呈现。然而随着信息技术的发展，特别是网络生活的兴起，公共领域得以隐现与建构，个体的公共性正得以生成与呈现，网络正成为公共人原初的栖居之所。

1. 网络空间与公共领域的隐现

笔者认为，公共领域是一种存在于现实社会生活中的“责任域”，其基本构成要素是独立完整的个体和群体的责任共向，而网络为这一公共领域的诞生提供了可能。一方面，网络的虚拟世界为个体平等、自由地表达提供了可能。在网络上，个体可以真实表达自己的想法和观念，并与他者进行公开的辩论和商讨，于是，网络成为个体“独特自我呈现的场所”。事实上，无论是尤尔根·哈贝马斯（Jurgen Habermas）的超越物质性追求，还是汉娜·阿伦特（Hannah Arendt）的自由与行动，或是理查德·桑内特（Richard Sennett）的角色化，其公共空间的核心都需要一个独立完整的个体存在。换言之，完整个体是公共领域存在的基本要素。另一方面，网络上的身份认同是无须相互辨认的，即每个人都在进行的是“面具后”的表达和交往。在网络上，一个观点的表达与商讨、辩论都不需要辨认对方的真实身份，大家关注的只是你的观点和行动。换言之，观点与行动背后体现的责任取向才是彼此交往的依据。现实身份的隐退消解了社会成员现实状态中个体性与公共性的紧张，而同时，基于责任取向的网络身份则为公共表达与公共交往提供了可能。此时的个体在建构完整自我的同时，也在进行着公共领域的建构；在充分展现个体人的同时，也在向公共人转型。

2. 网络生活与公共人的生成

综合哈贝马斯、阿伦特和桑内特有关公共领域的观点，笔者认为，公共领域的作用方式主要是公共舆论与公共行动，这也构成了公共人的基本存在方式，即表述与行动。首先，网络语言的变迁为公共舆论的形成创设了可能。在网络上，最初，个体关注的是自由地呈现真实自我，其内容是个体的，但借助的依然是原有的社会表达方式与符号，因此，这种纯粹的自我表达还缺少真正意义上的公共性。随着网络生活的丰富，网络语言逐渐出现，并且成为网民共识的符号和表达方式（如QQ语言、私奔体、咆哮体等），于是，此时的网络表达就逐渐具有了公共性的特点，个体的自我表达逐步转化为个体表述（注重他人接受的表达方式），具有了一种社会表达的意蕴。正是从这个意义上说，公共舆论得以出现。其次，网络行动是一个宽泛的概念，网络表达也是网络行动的方式，这里笔者试图探讨的是网络行动与公共交往之间的联系。网民在网络上表达观点、传递消息、建立群体联系、维持虚拟共同体，甚至是号召现实的联合行动，都是在试图建立和分享一种共识，并获得他者的理解与支持。或许，这些行为在现实生活中是毫无意义的，但这却是个体寻求意义托付的一种现实努力，它必将催生个体的公共人意识。在此过程中，个体出于自我表述，或是寻求理解与支持的需要，自然会积极展开公共性交往。如，微博中的互粉行为（互相确认对方为粉丝）就是博主寻求公共交往的一个例子。

3. 网络与现实的公共性互动

行动不是简单的行为呈现，公共人的网络行动更多是一种行为层面上的表达，要想转化为真正意义上的行动，必然要走下网络，走进社会生活。从"躲猫猫"到"微博官员"，网络监督是网络行动走向现实社会的重要范例。那么，网络事件如何从行为走向行动呢？按照哈贝马斯的理解，行为是无意识地或是因果性地被决定的活动，而行动则是有意识的和有意义的活动。对待网络事件，网民的最初反应也只是一种行为化的表达，如"潜水""路过"等，对事件本身缺乏真正的参与，其行为只是表达自身的网络存在。然而，随着网络与社会的互动性增强，网民的反应开始出现"声讨""转发""人肉"等更具行动意义的行为，进而出现很多网民以网络事件为端由在现实生活中聚集以促使网络事件的解决，如动物保护组织的反狗肉节行动等。由此，我们可以发现，此时个体的网络行动，已经不再满足于个体的意义托付，而是更多地体现出个体对公共责任的担当，这种转变也折射出公共人从虚拟网络向现实社会的重要迈进。2011 年 3 月，有网友发起"绿丝带"行动的倡议，在网络的交互行动中，现实的"梧桐树保卫战"在南京上演，数千市民给数百棵修剪待移的梧桐树寄上了绿丝带，这反映的不仅仅是市民的梧桐树情结，也不仅仅是对环境保护的支持，更多的是普通公民对社会可持续发展的公共责任担当。

客观而论，在当下，公共人的诞生是矛盾、纠结、抗争着的。一方面，各种社会生活中的个体化现象非常突出；另一方面，公共人的诞生又非常顽强。透过一些网络事件，我们可以看到，公众的网络公共行为可以成为公共人诞生的一个重要启蒙。但是，必须警惕的是，当下的网络行为也存在着被现实利益裹挟的种种病症，网络在孵化公共性的同时，也存在着对公共性的压制。

不可否认的是，虽然我们今天的社会还没有真正诞生公共人群体，但是，在今天的社会生活中，个体的公共性正在逐渐增强，特别是在网络社会中，各种具有公共启蒙意味的事件不断发生，从“躲猫猫”事件到“微博官员”事件，网络正在孵化一个公共人诞生的平台。同时，这种网络存在的公共人已经开始渗透到现实生活中，正在影响和改变现实的社会政治制度，从各个政府部门的网络新闻发言人到官方微博、微信，公共的声音正日益得到重视。这也表明，公共人在中国社会的萌芽和诞生是一个不可阻挡的趋势。

二、研究的期盼

任何理论都是理性对于现实的一种先行筹划，通过这一筹划，现实中零碎的、片面的、表面的各种要素得以整合，形成一定规则下的合力，进而使理论以及理论指导下的行动获得合法性。作为中学教育的亲历者，面对社会与学校教育中个体人的膨胀，笔者深感忧虑；面对网络、学校等领域出现的公共性诉求，笔者又欢欣鼓舞。本研究的基本观点是：人的存在是个体性与公共性的张力性存在，当前出现的各种个体人现象的背后恰恰也在酝酿着公共人的诞生。因此，选择公共人及其学校培育作为研究的方向，就是试图从个体存在与发展出发，从学校教育的视角，通过对我国社会发展与学校教育现状的考察、分析与探索，通过历史与现实的对比分析，通过理论与实践的相互观照，探索学校培育公共人的使命与实践路径。

（一）探寻个体存在与发展的意义托付

学校教育的失真，造成了校园内个体存在的紧张，更导致了个体存在意义的缺失。在今天的学校教育中，儿童的人格被分裂为两个互不接触的世界。“在一个世界里，儿童像一个脱离现实的傀儡一样从事学习，而在另一个世界里，他通过某种违背教育的活动来获得自我满足。”（联合国教科文组织，1996b）[14]教育对儿童人格的分裂，在深层次上催生了儿童自我存在意义的迷失。一方面，学校教育以牵强附会的形式，以强制灌输的方式，让儿童相信自己要成为某一公共群体（如国家、社会）的接班人；另一方面，教育的失真和社会现实的扭曲却又以顺理成章的形式，以身临其境的方式，让儿童感受到个体利益才更具现实意义。“人在本质上是一切社会关系的总和。”（马克思，1994）因此，个体性与公共性的紧张恰恰反映出一种人的张力性关系存在，而问题的关键则在于如何将这种紧张转化为合理的存在张力。笔者认为，公共人是消解当前个体存在紧张的意义中介。

1. 公共人是对个体公共性歧变的有力矫正

以历史的观点来看，从古希腊的“城邦人”、中世纪的“宗教人”、近代的“理性人”（逐渐演变为知性人、工具理性人）到现代的“真实人”，个体社会化一直都是人类历史发展的一个重要维度，也是教育的主要价值追求。然而，历史的分析也让我们看到，在追求个体社会化的过程中，公共性却未曾真正意义上走进人的内心与教育的本真。甚至可以说，公共性一直以来都只是一个幌子，它被政治、宗教和理性所裹挟，不断地发生歧变。从传统的政治人、经济人到组织人，人的社会化不是个体性与公共性的真正对话，而只是在为不同的个体寻找群的归属。无论是国家还是社会都试图将个体约束在一种预设的群范围内去塑造，因此，这些社会化的个体，在本质上都是一种群本质的人，缺乏对一般意义上人的存在本质的观照和审视，没有真正成为类本质的人。换言之，此时的公共人是一种意识形态化的政治人、接班人，是一种无我的人之存在。本研究所言的公共人不是群体化的个体，也非无我的抽象虚构，而是基于类本质的人之存在的思考，是引导个体在自身存在的反思中去建构新的关系性存在，探寻人之为人的类本质。在学校教育中，公共人的培育则可以克服个体社会化在教育追求中的功利化倾向，重塑教育的公共性，使教育回归对人的尊重与培育，从而消解个体性与歧变的公共性之间的紧张，营造个体性与公共性的合理张力。

2. 公共人是个体存在与发展的意义托付

从当下的社会生活出发，人的存在同样面临着个体性与公共性的紧张。在后现代社会的生活中，不确定性与流动性使得个体处于自我的过度保护与封闭中，忽视个体的关系性存在，忽视个体与他者的关联，呈现出一种无根的焦虑。“对空虚和无意义的焦虑是根本性和致命性的焦虑，它源于个体失去了用以指明生活意义的精神核心。”（蒂利希，1998）当下中国，消费主义的弥漫使得人与人的交往更多地表现为一种基于利益分享的工具性交往。在商业化的影响下，人情关系更是被泛化为一种世俗的资源，社会交往被冠之以资源共享，这种生活体验对个体培育具有很大的迷惑性，它以公共性之名，行使的却是个体性之实。然而，也正是这种工具性交往和对空虚的焦虑，从另一个侧面反映出个体对孤独性的恐惧与逃离，反映出个体对他者的依赖，折射出个体对公共性的期盼。基于此，本研究认为，当下中国的社会生活，需要重建一个意义的世界，公共性应该可以成为人之存在的一个重要的意义托付。因为，公共人不是从属于公共的人，也非单纯为了公共的人，而是承载公共责任的生动个体，是个体对其公共性价值的理解与确认，是在优化公共性的过程中建构自身的人，是追求终极关怀的意义的人。公共人可以使个体突破自我封闭，摆脱群的工具性约束，使个体作为类的主体站在与类同一的角度去思考和存在。正是从这个意义上理解，公共人的培育必然是从“完完全全的”个体人出发的。

（二）探析学校教育理论与实践的公共性走向

教育是社会生活的一个部分，教育实践的探索必然与社会生活紧密联系，教育理论的发展也必然扎根于社会生活的变迁。

1. 从教师主体到学生主体，学校教育在追寻学生的存在价值

早在20世纪80年代，我国开始从计划经济向市场经济转轨，它催生了教育理论从客体灌输向主体学习的转变。1981年，顾明远教授率先提出了“学生既是教育的客体，又是教育的主体”这一重要观点，引起了教育界的广泛关注和讨论。在理论上，主体性教育的提出破除了主客体二元对立的教育思维，将学生从客体化的教育对象中拯救出来，赋予学生主体地位和学习主动权。它在实践层面的影响更为广泛，那就是要破

除知识满堂灌的传统教学方法，从传统的以教为中心转变为以学为中心，关注学法研究，关注学生的学习体验。客观来说，主体性教育的探讨极大地更新了教师的观念，促成了新型的平等师生关系的建立，也极大地调动了学生的学习积极性，促成了课堂教学的模式变革。但是，主体性教育的推行也存在一定的困难。

其一，主体性教育的实践改革阻力非常大，使得在实际的教学中至今难以全面贯彻主体性教育思想。其原因是多方面的，一方面是主体性教育理念集中体现于国家的基础教育改革文件和课程纲要中，对实践中的落实缺乏具体有效的教学模式指导。虽然近年来也出现了情境教学、案例教学、体验式教学等各种教育实践模式，但是整体上，主体性教育的操作主要还是依赖于教师的个体自觉，缺乏系统的教育实践机制。另一方面则是课程评价改革相当缓慢，旧有评价体系依然是制约课堂教学改革的关键要素。从小学的所谓“学力测评”到中考、高考，考试与分数几乎是学生和教师关注的全部内容，重视能力培养与情感体验的主体性教育一不留神就会流于形式。

其二，契合于市场经济的主体性教育理论本身存在一定的局限性，特别是在针对旧有客体化教育的批判中形成的主体性教育出现了矫枉过正的现象。“以往的主体性教育理论在‘主体—客体’思维模式的影响下忽略了主体间性的交往实践，这种教育容易产生偏向，导致‘唯我论困境’，这是一种人将自身视为主体，将自然与社会中的人统统视为被占有、被控制、被利用的客体的极端主体性状态，它造成了人与人关系的对立。”（孙迎光，2011）特别是在市场经济观念的影响下，权利、竞争、利益等观念深入人心，学生被赋予更多的主动权，却缺乏基本的自省，教育被赋予更多的利益共享，却缺乏基本的自制。其造成的真实结果令人担忧：一方面，学生“挟权利以令教师”，使得很多教师不敢管、不会管，也不愿管，最终选择对学生的不良行为放任自流；另一方面，学校“挟利益以令教师”，使得很多教师不得不放弃职业理想与职业操守，沦为学校利益的帮凶。

如此看来，主体性教育凸显的是学生作为“人”的存在价值，是对传统物性教育的超越，但是主体性教育的市场经济发端又孕育了其自身的困境。市场经济催生了主体意识，但是主体始终无法摆脱利益主体的本质。从现实来看，主体性教育似乎难以在利益与主体间寻找到最佳的教育平衡点。

2. 从主体性到主体间性，学校教育在追寻师生的成长价值

20 世纪 90 年代中期以来，随着社会主义市场经济的深入发展，特别是城市化浪潮的扑面而来，城市与农村二元社会结构的碰撞、交叉与融合不断加深，社会结构与社会文化变得日益多元。传统单一的主体性教育思维模式逐步转向主体间性交往的关系思维模式。冯建军教授较早提出了“主体间性与教育交往”的教育命题，他将传统的主体性教育界定为一种个体主体的教育，而将主体间性教育界定为类主体教育。“类主体不同于个人主体，个人主体的主体性表现为一种以占有为目的的单子式主体性，类主体表现为以存在为目的的主体间性。前者的产生诉诸于主—客二分模式，后者的产生诉诸于主—主交往模式。”（冯建军，2001）两者的区别在于主体性凸显的是主体以“自我”为中心表现出来的能动性、占有性等个体特征，而主体间性则强调以“共主体（交互主体）”为中心的和谐一致性等集体特征。

主体间性教育理论的提出，极大地推动了正在进行中的基础教育改革向纵深发展。“主体间性教育理论提倡多元、差异和宽容的承认姿态，旨在转变传统的控制与被控制的师生关系，创造一种民主的课程、民主的教育。它发展以人与人的交往为中心的理性，通过‘对话’与‘交往理性’达到‘我—你’之间的视域融合，通过价值商谈达到彼此的价值沟通与价值共识。”（孙迎光，2011）基于此，国家于 21 世纪之初开始陆续颁布新的中学各科课程标准，全面启动了新一轮的基础教育课程改革。交往、合作、探究等极富主体间性思想的学习方法被写进新课程标准，指引着课程改革关注学生在伙伴关系中的成长。同时，国家在各大师范院校整合教师教育资源，成立专门的教师教育学院，以加快教师的专业

发展。教师专业化与新课程改革的同时提出，正是对主体间性教育哲学的回应，师生的共同成长成为教育改革关注的焦点。

主体间性教育理论最大的创新点在于对传统师生关系的变革，它将教师和学生置于共同成长的价值追求中，从传统的“教师指导学生成长”变革为“教师和学生一起成长”。因此，主体间性并不否定主体性，它是对师生主体性的共同激发，关注的是师生共同的成长价值。“师生主客体关系的主体性的形成过程、方式和结果是单向和强制的，师生主体间关系的主体性的形成过程、方式和结果是双向、交往和理解的。”（米俊绒，2008）也正是这样的价值追求带来了主体间性教育理论的困惑。首先是理论上的困惑。相对于主客体关系而言，主体间性是一种交互主体的关系，然而它并未摆脱二元论的思维方式。教师和学生都是主体，都关注成长，但是两者的价值追求、成长方式是迥异的。教师追求的主要是成长幸福感，学生追求的主要是成长功利性；教师的成长是以学生为推动力，促发自我学习与提高，学生的成长是以教师为指引力，使自己在与伙伴和教师的交往中获得知识与能力。可见，主体间性教育理论主要是对教育方法层面的一种变革，缺少对教育价值、教育内容层面的回答。其次是实践中的困惑。主体间性教育中的教师与学生的成长本是一种以成长价值为共向的二元分立的成长模式，学生的成长不需要教师来承担责任，但需要教师的指导；教师的成长不需要学生承担责任，但需要学生成长的滋养。然而，实践并非如此。在现实中，由于各种主客观原因，学生的成长被窄化为学生的成绩，它也成为教师成长的重要凭证，甚至是一个重要指标；进而，教师的成长也被窄化为学历、职称、荣誉的堆积，这也成为学校发展的凭证和指标。“教育的过程就是通过竞争性的付出而占有潜在的社会资本的过程，是根据分数获得社会资本储备的过程。”（金生鈜，2007）在教育与市场的联结中，主体间性教育呈现出的依然是明显的教育去公共性倾向。

3. 从主体间性到公共性，学校教育在追寻教育的本真价值

进入21世纪，“全球化”的影响触及社会生活的各个角落，人的需

要的非自足性与非满足性日益明显，民族国家发展需要的非自足性与非满足性也更加明显。在各种社会变革中，人与人、国与国之间交往的公共性越来越引起人们的关注。在越来越强调公共性的社会变革中，教育作为公共领域重要组成部分的公共性是显而易见的。如何谋求教育的“公共性存在”的合理性、正当性成为学校教育必须认真审视与应答的时代命题。2005 年，阎光才教授从知识的角度，较早提出了教育的公共性命题，他认为公共性就是一种集体性共识，“公共性知识之所以具有‘共识’，即在于它本身所固有的内在理性逻辑”公共性在教育领域的彰显，体现的是对教育本真价值的反思与重塑，是全球化背景下教育发展的价值诉求。“教育不仅要弘扬人的主体性，而且要倡导主体间性，矫正过度的个人主体性；不仅要倡导主体间性，而且要培育公共性，由二元交互主体间性走向公共性。”（孙迎光，2011）

公共性教育首先是教育公共性问题，即教育如何担当自身的公共价值。这里可能会涉及教育的各个方面。“教育的公共性不仅关涉公共教育经费的合理分摊和教育资源的优化，而且不可避免地与教育机会的公平、教育质量的提升和教育服务之公共职能的发挥等密切地交织在一起。”（张茂聪，2010a）然而，由于篇幅和能力所限，本研究只是试图从学校教育的育人角度来思考教育的公共性问题，也就是探讨学校教育如何更具公共性，以及如何培养适应全球化时代要求的具有公共精神、公共责任、公共理性的公共人。

（三）探索公共人学校培育的现实与可能

2011 年，广东发生了一起“小悦悦事件”，一个年仅三岁的女童被汽车碾压后横卧街头，十几位路人都在旁观后离开，无人关注女童的生命，唯有一位“拾荒奶奶”毅然伸出援助之手。或许，在很多天之后，面对小悦悦的离去，我们还在热衷于为道德冷漠的标签寻找新的路人，但是，却很少有人关注，那位出于良心而选择担当的“拾荒奶奶”终因不堪个体生活被干扰而选择了离开。同样是在 2011 年，山东也出现了一个“最美女孩”，一个二十几岁的年轻女孩，看到遭遇车祸横卧马路上的女子，毅然选择不做“路人”，她以自己的身体为警示牌指引车辆绕道行驶，最终因为有车避让不及而被撞到，以一己之腿换来了女子的生命。更为可贵的是，她高调走进公众视野，阐释自己的无悔选择。在这两起事件的背后，共同蕴藏的是个体性与公共性的张力性存在。“拾荒奶奶”本能的公共性呈现最终因为个体性而退缩，“最美女孩”的公共性呈现则因为是自觉行为而克服了个体性的牵制，更凸显其公共人价值。那么，对此，我们的学校教育有何可为呢？本研究认为，学校教育就是要维护学生个体发展中的个体性与公共性的合理张力，特别是要促成学生的公共性自觉，帮助学生成为一个公共人，实现其个体存在与发展的意义复归。

教育的失真加剧了个体存在的意义失落，因此，个体意义的复归必然依赖于教育的本真化。“本真教育是既授人以生存的手段和技能，又导人以生存的意义和价值；既使人懂得何以为生，又使人懂得为何而生，拥有人所特有的意义世界。”（鲁洁，2001）公共人是个体存在与发展的意义托付，公共人的培育则自然成为学校教育的历史使命与现实观照。

1. 变革学校，谋求公共人的诗意栖居

公共人的培育，学校该如何担当？这首先需要我们对学校的存在与发展给予准确的理解与展望。本研究认为，在现有制度框架内的公共人培育最重要的就是实现对学校的时代转型，建构一个适合公共人栖居的意义学校。具体来说包括四个方面：其一是基于组织社会学视角的学校变革，打造规范性的学校。公共人的培育最重要的就是个体对公共事务的参与，而规范恰是体现公共意志的重要事务。因此，学校对公共人的培育，就是要在具体的学校教育过程中，最大限度地吸引学生的广泛参与，培养他们公共表达的能力和公共行动的素养。其二是基于身体与空间的意义对话，使学校成为一个公共空间。公共人的培育需要一个公共领域的存在，学校作为学生学习生活的主要场所，其公共空间的意义转型就显得尤为重要。换言之，未来的学校不应该只是一个教书育人的场所，它更应该成为一个学生进行公共生活的场域，“是各种各样的人共同学习的公共空间；是为了实现所有儿童的学习权，建设民主主义社会的公共使命而组织起来的”（佐藤学，2010）[3]。其三是基于道德维度的学校精神诉求，建构一个正义的学校。教育正义包含着教育分配的正义和教育行动的正义。就公共人的培育而言，正义的学校就是要在教育分配中确保所有的教育资源与教育机会对每一个学生均等地敞开，在教育行动中则是要平等地尊重和保护每一个学生的基本权利与自由。其四是基于文化视角的学校发展创新，建构一个诗意的学校。公共人是在公共表达与公共行动中成长起来的人，因此，培育公共人的学校更应该是一个充满公共文化意蕴的场所，是一个充满人文意义的空间。为此，我们的学校教育必须在文化层面上谋求向公共性的转向，追寻学校教育的人文意义，创设有利于公共舆论与公共行动的文化环境，实现公共人在学校内的诗意栖居。

2. 优化课程，支撑公共人的现实成长

面对新的任务，要“把学校办成更能吸引学生的场所，并向他们提供真正理解信息社会的钥匙”（联合国教科文组织，1996a）[12]。为此，公共人培育不可能脱离当下的学校课程，也不能完全依附于旧有课程，而是要寻求一种体制内的变革与支撑。新课程实行国家、地方和学校三级课程体系，为公共人的培育创设了课程开发的契机。公共性课程建设主要表现为：一方面，依托现有学科课程体系，着力开发学科课程的公共性价值。具体而言，就是在实践层面上努力挖掘学科课程，特别是人文社会科学课程的公共性价值。比如，扩大课程学习的开放性，鼓励学生对课程的质疑，增强其批判意识；加强课程内容与社会生活的联系，引导学生学以致用，增强其公共生活体验；提高学习过程的民主性，创设师生、生生互动平台，促成学习中的公共舆论与公共交往，等等。另一方面，着力于公共性活动课程的建设，拓展活动性课程对公共人培育的实践价值。具体而言，在地方课程、校本课程的建设中，要凸显活动课程的育人价值，以活动课程引导学生对公共事务的关注，对公共行为的理解，对公共事件的参与。比如，引导学生关注公共文化的“南京文化寻根”“石头的诉说”等课程；引导学生参与公共事务的“我和人大代表的约会”“万人评议政府网络行动”等课程；培育学生公共责任感的“环明城墙慈善行走”“紫金山虎凤蝶行动（环保活动）”等课程。

3. 创新学校教育，培育公共人成长的有效机制

公共人是基于人之存在的类本质的思考。“从类的角度看，伦理规范乃是人自己为自己立法，是内在而非外在的东西。只有德育才能使其顽强的疏远性得以克服。”（檀传宝，1999）当前的学校教育，特别是道德教育更多是以社会或政治的功利主义为特征，片面追求外在的工具性价值，忽视其应有的育人价值。道德教育在社会层面主要成为应对社会发展需要的工具，在学校则易被窄化为维持秩序，进行常规管理的助手。为此，我们必须创新学校教育，尤其是创新德育活动，为公共人的培育创设生动载体。具体而言：首先，德育要从以规“律”人走向以文“化”人，培育良好的公共文化环境。传统学校德育习惯于以道德规范约束学生，让他们模仿预设的公共道德模型，顺则昌，逆则亡，剥夺了学生对自我发展的基本权利，必然造成个体性与公共性的失衡。以文“化”人则是将学校德育与校园文化建设相结合，以富有公共性的校园文化浸染学生的个体发展。一方面，充分挖掘静态文化的公共性内涵，在校园环境改造、管理制度更新等方面更多地融入学生的意愿和参与；另一方面，以课程改革为契机，加快德育课程建设，开发富有公共性意蕴的文化活动课程。其次，德育要从活动育德走向载体德育，通过德育活动创新，促成更充分的公共交往。当下的学校德育也关注活动的德育价值，倡导活动育德，但是在组织实施中往往是先活动，后育德，其实质只是将道德规范的教师宣讲变为活动诉说，是一种缺乏公共交往的“载体后德育”。而载体德育则是赋予包括德育活动在内的各种德育载体的创设、运用和发展的每一个环节以道德教育的使命，使德育载体的建设本身成为道德教育的实施，通过道德的德育载体建设与应用，培养道德的人。（李宏亮，2010b）载体德育的最大变革在于把学生的德性养成与学生的公共参与融为一体，从而使公共性成为学生关注的首要德性，使学生的校园

生活本身成为一种公共人的生活方式。另外，从教育运行机制上来说，加强共同体的建设，特别是学生共同体，可以为个体的发展创设“和而不同”的交往平台，在培育个体性的基础上，凸显人的公共性。

第二节 文献综述

公共人是伴随着公共性、公共领域（市民社会）等概念出现的，它作为一个问题被提出来讨论主要还是近代以来的事情。但是作为个体存在的公共性，公共人则与公民的概念紧密联系，是对公民的社会之维的思考。“近年来，公民有从一个比较严格的政治定义（参与政治生活）向社会学意义上的界定（参与公共生活）转移的趋向。”（高德胜，2010）因此，对公共人及其学校培育的研究综述主要将围绕公共人、公共性和公共领域（市民社会）展开，适当考察 21 世纪以来我国对公共人的研究文献。

一、国外的研究现状与趋势

（一）关于公共性的研究

近代以来，随着资本主义制度的确立，特别是市场经济的快速发展，人的个体性获得了极大的发展。人是作为个体而存在的，但人却不是孤立的个体存在。因为，现实的人不仅是自然存在物，更是社会存在物，是一切社会关系的总和。在市场经济的冲击下，人的个体性的过度彰显带来的就是公共性的危机，个体的公共性缺乏导致的是社会的公共性问题。

那么，什么是公共性呢？

在康德（Immanuel Kant，2005）看来，公共性是相对于主体个体差异性的同一性，是指公共领域中通过法律和道德保障，从而使大众享有的“公共权利”。差异化的个体会在理性的启迪下，借助于批判意识的沟通，实现公众的“共识”，而这种共识就是一切法律与道德的源头。当这种共识被道德化就形成了社会的公德，当这种共识被法律化则形成社会的公法，所有的个体都应当遵循这样的公德与公法。在康德那里，这种促成共识的公共性同时也是一种启蒙方法。在这种公共性的启蒙下，个体可以积极反思，并融入社会，群体则会形成公正的秩序。

在黑格尔（Friedrich Hegel，1982）看来，公共性不只是一种共识，它还有更深层次的内涵，那就是所谓的客观理性、绝对精神。在黑格尔的理解中，国家是理性的化身，是地上的神物，国家是超越私人活动领域的公共领域，因此，国家就是公共性的体现，就是绝对精神的现实化。质言之，在黑格尔那里，公共性就是统治的合理化，就是一种公治权力。

在哈贝马斯（1999）[153]看来，公共性是与公共活动领域、公众、公众舆论相联系的，公共性并不从属于公治权力，公共性是一种批判力量，是法治国家要遵循的一种组织原则。作为民主原则的公共性，允许并要求公众在公开场所平等地交往，自由地讨论，进而形成公众舆论。公共性以批判与开放为特征，以自由、民主、正义为基石，而这也正是现代教育公共性的最基本特征。在哈贝马斯那里，公众舆论是公共领域的核心，它表现为公共领域中公众的讨论和批评，它是公共领域对其民主政治功能的自我理解，也是公共领域中对民主政治理想的自我表达。在公共性原则下形成的公众舆论，一方面鼓励和保障大众参与公众生活和民主活动，另一方面发挥着对国家机器和民主活动进行监督和批评的功能。因此，哈贝马斯认为：“具有政治功能的公共领域不再主张消灭权力，相反，它应当对权力加以分配；公众舆论成了权力的唯一约束机制。”

在阿伦特（2009）[32-34]看来，公共性产生于人们拥有的“共同的生活世界”。世界处于共同拥有这个世界的人之间，就如同一张桌子的周围坐着许多人一样，世界像每一个中间事物一样，都同时将人联系起来和分离开来。在阿伦特那里，“公共性”被赋予了先于生命其他方面的首要地位，“公共”表示着两个紧密联系但并不完全一致的现象。首先，它意味着，任何在公共场合出现的东西能被所有人看到和听到，有最大限度的公开性。其次，“公共”表示世界本身，就世界对我们所有人来说是共同的，并且不同于我们在它里面拥有的一个私人处所而言，作为共同世界的公共领域既把我们聚拢在一起，又防止我们倾倒在彼此身上。简言之，她认为的“公共性”是一种“共同”，而且是政治的。

在卡尔·马克思（Karl Marx，1965）看来，公共性在本质上是人与人之间的一种社会关系，主要是公共利益关系。他所理解的公共性不是某一个群体，或某一个阶级内部的公共性，而是相对社会全体成员而言的公共性，是全面的公共性。用弗里德里希·冯·恩格斯（Friedrich Von Engels）的话说，是“为了所有人的平等权利和平等义务”，这样，才能“使平等权利失去地道的资产阶级的含义”。当然，这里的公共性不是天赋的，而是实践的产物，是人们在生产劳动中产生的人与人之间的关系。而且，这里的公共性是历史的公共性，随着生产力的发展，社会物质产品和精神产品不断丰富，社会制度不断趋于健康和文明，社会公共性才能逐步地、越来越全面地得到实现。

从以上具有代表性的公共观点的分析中，我们可以看到，虽然西方学者对公共性的理解非常多元，但是“公”或“共”是他们的共通之处，也有学者在此基础上对公共性进行了类型的划分。日本东京大学李明伍在梳理公共性研究的基础上，概括了当前公共性研究的现状，将其主要观点划分为三类，即以哈贝马斯为代表的受法兰克福学派影响的“批判理论”的观点、以N. 卢曼为代表的“合法至上论”的观点、以J. 罗尔斯（John Rawls）为代表的“自然法论”的观点，然而，这三种类型都是以社会成员的共识作为公共性的必要条件，都试图将只能作为历史概念的公共性当作非历史性概念来进行理想化，于是便出现了不同程度对“现实如何”的思考。那么如何从现实社会的层面来理解公共性呢？李明伍教授从文化的角度去界定公共性，提出某一文化圈里的公共性即为有关该圈里成员所能共同（其极限为平等）享受某种利益，因而共同承担相应义务的制度的性质。据此，他对公共性进行了划分，如图 1-1 所示，其中位于第Ⅰ象限的为多元型公共性，第Ⅱ象限的为权威主义型公共性，第Ⅲ象限的为权力主义型公共性，第Ⅳ象限的为权限主义型公共性。（李明伍，1997）

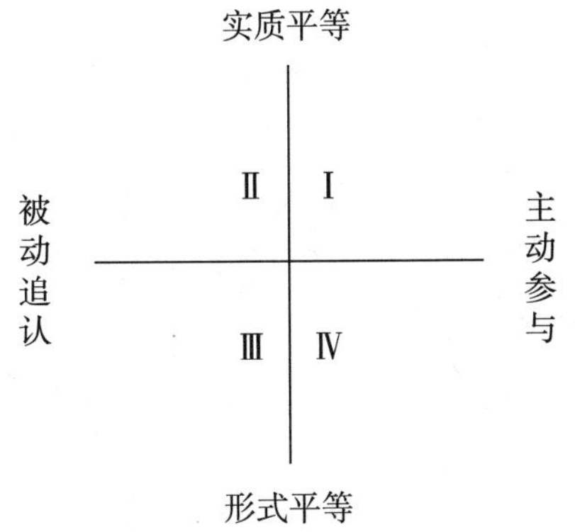

图 1-1　公共性的类型

（二）关于公共领域和公共人的研究

公共人的理解往往都是与公共领域、市民社会等概念的阐释结合在一起的。从国外研究的主线来看，葛兰西（Gramsci）首开 20 世纪市民社会的讨论风潮，哈贝马斯于 1962 年发表的《公共领域的结构转型》则是引发公共领域思考的标志性著作。一般而言，公共领域是被视为介于国家与社会之间进行调节的一个领域，其中作为公共意见载体的公众能够通过他们的活动和公共舆论对国家活动加以某种限制。在这个过程中，言说和行动具有重要的意义。当然，公共领域研究的追溯必然与市民社会联系在一起，以传统的讨论范式（市民社会与国家的分析框架）来看，市民社会的分析经历了三个阶段：以亚里士多德（Aristotle）和西塞罗的市民社会概念为代表的古典意义的市民社会理论形态（这里的市民社会与政治国家是没有分离的）；黑格尔和马克思所讨论的现代市民社会理论形态（这里存在着政治国家与市民社会的学理分野）；由葛兰西开启，并由哈贝马斯所发展的当代市民社会理论形态（基本上是在文化意义上界定市民社会，但是仍然强调它与政治等外部力量之间的紧张关系）。（李佃来，2006）[18]考虑到所涉主题的适切性，笔者在这里只选取当代理论中的哈贝马斯、阿伦特和桑内特的公共领域与公共生活的理论进行简要阐释。

哈贝马斯（1999）[22]有关公共领域和交往的公共人观点认为：“资产阶级公共领域首先可以理解为一个由私人集合而成的公众的领域，但私人随即要求这一受上层控制的公共领域反对公共权力机关自身，以便就基本上已经属于私人，但仍然具有公共性质的商品交换和社会劳动领域中的一般交换规则等问题同公共权力机关展开讨论。”在这里，基于国家与社会的分离，公共领域被描述成一个向所有公民开放，由对话组成的，旨在形成公共舆论，体现公共理性精神，以大众传媒为主要运作工具的批判空间。可见，公共领域实际上是市民社会中与政治国家发生关系的部分，即公共参与的部分，公共领域里是市民社会派出的全权代表，但又丝毫不减损它的私人属性和批判力度。哈贝马斯（1999）[60]认为，相对于市民社会中的另外两个部分（狭义的市民社会和家庭），公共领域的作用是巨大的，“它承担了市民社会从重商主义乃至专制主义控制之下获得政治解放的语境当中的一切功能”。据此，公共领域具有对市民社会和人性的解放功能，为法律、民主以及政治统治提供合法性依据的功能。就其特点而言，公共领域则具有推理性和讨论性、批判性和批评性、平等性和开放性、强调公众意见和公众舆论的形成、强调理性的守护和展示。（李佃来，2006）[96-98]然而，在现代社会的发展中，国家与经济的融合扭转了国家与社会的分离，出现了国家与社会的一体化趋势，即所谓“国家的社会化”或“社会的国家化”，相应地，公共领域也在转型，出现了公共领域与私人领域的融合趋势，公众从文化批判走向文化消费，资产阶级的公共领域开始瓦解，在大众传媒和代议机制的影响下，公众舆论被裹挟，批判的公共性遭到操纵的公共性的排挤，公共性原则不再证明或保障统治的合法性。据此，哈贝马斯又提出了交往互动理论，主张公共性原则的复兴，倡导公共舆论和公共交往。这对于公共人培育的启示在于，不是为了重新分离国家与社会以寻求统治的合法性依据，而是应对现代传媒发展的影响，在国家与社会的一体化、公共领域与私人领域的融合中，趋利避害地营造真正的公共舆论，促成有意义的公共交往，最终实现的是个体的公共性栖居。

阿伦特（2009）[32-52]突破了传统的国家与社会的二分理论范式，提出“劳动—工作—行动”以及与之相应的“私人领域—社会领域—公共领域”的三分理论框架。在阿伦特看来，公共领域既有别于“社会”，也有别于“社群”，公共领域不是一个人们协商一己利益或者展现血浓于水之情的地方，而是一个人们“显露独特自我的场所”。每一个公民在公共领域中的言论和行为都在其他公民面前显现着他是“谁”。这里的公共领域，首先是个人展现自我的地方。当然，这个公共领域并不是一个具体的实体，而是一个由人们的言行互动所构成的场域，是在参与者之间由行动和言谈建立的一个空间，在这个空间中每个人都可以发现自己的正确位置。简言之，公共领域就是一个由人们透过言语及行动展现自我，并进行协力活动的领域。其次，公共领域是超越凡人的有限寿命，具有潜在世俗永恒性的领域。世界若要包含这样的一个公共空间，它就不能是为某一代人而建立起来的，也不能只是为活着的人设计出来的，它必须超越凡人的生命大限。最后，公共领域是一个多面体，可以从多方面展现。在公共领域中，每一个人所表达的意见都只是一种看法，没有任何意见具有优先性，都不足以被当成颠扑不破的真理。在阿伦特看来，公共领域的作用就在于通过支撑一个现象空间来照亮人类事务，在其中他们可以用行动和言语来展示什么是更好、什么是更坏、他们是谁、他们在做什么。然而，这样的公共领域在现实中的状况如何呢？阿伦特认为，现实生活中的公共空间是由政府操纵，由商业广告操纵。并且，总体来说，公共空间被空洞无物却能一手遮天的说辞操纵，被讲道词、道德操纵，并且在陈腐真理的操纵下，把所有的真理贬低为无意义的说辞。因此，她明确提出了自己的“行动理论”，以挽救公共领域的衰落，她强调人只有在与他人分享这个世界、共同拥有这个世界并在这个世界中积极行动，才能解决人与自身、人与世界的双重疏离。她认为人之为人的本质，就是超越劳动和工作去行动。因此，公共人应该是一个勇于在公共领域显露独特自我的人，是一个行动的意义追寻者。

桑内特（2008）[113，123]从公共领域与私人领域的关系入手，指出这两个领域之间存在着的并非一种完全对立的关系，而是一种互相补充、互相平衡的关系，“私人的自然世界能够对大城市公共生活这个特殊世界施加一种限制”。进而，他采用“述行性”的方法，以大城市的特殊环境为背景，通过对戏院中正式表达模式与街头常见表达模式的比较，来理解日常行为及其社会交往模式的变迁。在桑内特看来，“公共”是形象而具体的，公共人是从角色生活开始的，从早期的戏曲角色到后来的政治角色，角色化是公共人存在的重要方式。也是基于此，他认为公共人的存在融入了更多的个体人格化因素，因此，集体呈现出人格化的发展趋势，集体被个体人格化了，社会成为亲密性社会，观察与沉默成为社会人的街头表达方式，那种追求集体利益和集体存在价值的公共人反而衰落了。桑内特的理论对于公共人培育的启示在于，公共人不是单向地为了公共或是从属于公共的人，他本身就是个体性与公共性的张力场，也正是这种张力场的存在，才可以消解因为各种主客观原因造成的个体发展中存在的个体性与公共性的紧张。为此，公共人的培育必须遏制学校和教育行为的过度人格化，打造学校与课堂的公共空间。

二、国内的研究现状与趋势

在我国，公共性和公共人概念于20世纪90年代末出现并在21世纪开始流行，其中公共性概念和公共人概念分别是在哲学领域和政治学领域被大量使用，教育学视域下的公共性和公共人研究是相对较少的。

（一）关于公共性的研究

当前，我国对公共性的研究，在哲学研究领域近几年较为活跃，但在公共性研究领域也存在分歧，大致有两种认识。（彭立群，2008）一种观点认为，在“家天下”的观念之下，家国一体的中央集权政治中，缺乏市民社会和公共领域的生长空间，同时也不存在公共领域的历史传统和土壤，因此，难以形成真正意义上的公共领域。另一种观点则认为，中国历史上存在着公共领域。他们通过对商会、学社、报刊等中国早期公共领域形式的分析，认为中国具有构建公共领域的历史传统与现实土壤，因此，在中国构建公共领域不仅是可能的，而且是现实的。

关于什么是公共性，郭湛教授（2009a）认为，“公共性从根本上讲，是人的平等问题，是同样的人共同生活在共同的世界上，共同面对和解决公共的问题，建设共有的家园。这种公共性在人与人之间具体体现为：(1) 共在性、共处性、共和性；(2) 公有性、公用性、公利性；(3) 共通性、共谋性、共识性；(4) 公意性、公义性、公理性；(5) 公开性、公平性、公正性，等等”。沈湘平教授（2007）认为，“当代社会，公共性问题的实质是人们的公共生活如何可能的问题。比之于以往，人们当代的公共生活极其丰富、复杂，具有诸多层面。因此，公共性也一定是复杂的、多层面的”，具体可以分为“民族—国家内部的公共性层面、民族—国家之间的公共性层面、跨越国家界限的个体之间的公共性层面、人类与自然之间的公共性层面，这是当代公共性的四个典型层面，这四个层面的统一将是一个历史的过程”。这些概念澄清性的研究，对于公共性在中国语境中寻找栖身之所有很大的帮助。从总体来看，这些研究主要集中于两个方面：一是对国外学派，特别是哈贝马斯等人公共性思想的引介，另一方面是以马克思主义哲学立场对公共性进行的阐释。相对而言，他们对公共性的解读缺乏对中国社会实践的回应。

关于公共性与教育的关系，张茂聪教授（2010a）认为，“教育公共性的彰显，不仅是教育特性的一种时代变化，而且也是当代教育发展的一种新的价值诉求”。他认为研究教育公共性，要溯源于公共性理论，特别是哲学、政治学、社会学和经济学的观念和实践，进而指出，“公共性是社会分析与批判的工具；公共性是行使教育公共权力和公共政策的基点；公共性是政府践行教育公共服务的价值尺度；公共性是公民获取教育公共利益的存在之所；公共财政是政府实现教育公平的基础”。孙迎光教授（2011）从教育哲学的角度分析了“改革开放以来，中国的教育理论发展经历了主体性阶段、主体间性阶段与公共性阶段”。他认为“只有把人放入宏观的社会历史进程中来理解，才可以把握住主体活动的走向。教育理论经历了从主体性到公共性的发展，不是理论逻辑自身的单纯概念性演进，而是对历史发展趋势的自觉反映，是教育主体现代化的方向。公共性的基础与前提是每一个具有主体性的个人的参与，但个人并不将他人作为凝视的客体，而是将他人视为可以与之照面、交流的主体。主体间的交往、对话是通向公共性的现实道路”。总的来看，这些研究成果主要集中于对教育本身的公共性的思考，是宏观层面的探索，相对而言，缺乏对教育过程、教育行为以及教育主体的关注。

（二）关于公共人的研究

概要来说，我国关于公共人的研究主要是针对行政领域的“经济人”假设进行的比较研究，以探索如何在中国的行政领域实现公共人的转变。如张旭霞博士（2004）认为，传统的公共选择理论用古典经济学的“经济人”假设来分析市场经济条件下“政府失灵”的原因，认为政治家和行政人员也是追求个人利益最大化的“经济人”，是按照“成本—收益”原则来行事的，所以，公共领域也应该按照私人领域的运行方式来运行。但是，用“经济人”假设来分析公共领域只会颠覆公共领域存在的根本原则，只会导致政府与公众信任关系的急剧恶化。为了维系和重建政府与公众的信任关系，不应该根据“经济人”假设来重建公共领域，而应当借鉴“公共人”概念，大力倡导服务型政府的建立。

关于教育与公共人的研究，高德胜教授（2011）的《“解放”的剥夺——论教育如何面对个体人的膨胀与公共人的衰落》一文以独特的“解放”视角分析了当下个人在加速从物质、空间、关系等外在束缚中解脱出来的同时，公共生活、道德与人情等都被视为个体生活的障碍而被抛弃。“解放”造就的是三副面孔，即“消费者”“自恋者”和“旁观者”的“个体人”，而作为“公共人”的人之维度则快速萎缩，“解放”成了剥夺方式。进而，在分析了教育与这种解放的关系之后，他提出了教育应有的担当，那就是重建教育的公共性，具体可以从学习共同体的建立入手，培育受教育者爱的能力等。

正如前文所述，在越来越重视公共性的社会变革中，教育的公共性是毋庸置疑的。然而，当前学校教育伴随个体人的膨胀而呈现出来的公共性的衰落也是不争的事实，对此，甚至有学者发出了“保卫教育公共性”的呼声。那么，教育的公共性从哪里开始呢？学生是未来，更是当下，培养具有个体性与公共性合理张力的公共人应该是一个合理的入口吧。

第三节 研究方法

本研究主要是以学校教育为基本场域，以教育学和社会学为研究视角，基于批判教育公共性缺失和探索公共人学校培育的意向，从“学生个体存在个体性与公共性的紧张”这一实践性问题出发，力求通过调查、访谈了解当前学校中公共性的真实状况，通过学理分析指出学校教育中个体人膨胀与公共人衰落的原因，进而借助公共性理论的梳理和对网络公共人现象的分析，探索公共人学校培育的实践路径。

研究对象的特征决定研究方法。根据研究的需要，本研究坚持定性研究与定量研究相结合，主要采取了文献研究法、观察法、访谈法、历史分析法和个案研究法。

（1）文献研究法。文献研究既是一种单独的研究方法，也是其他研究方法的基础工作，是对前人和他人的相关研究成果进行总结和梳理的工作。本研究的文献研究主要集中在三个方面：其一，在研究初期，作者借助网络和书籍，对相关文献进行了检索、整理、分类和阅读等基础性工作，从而明确了研究的立足点和发展空间。其二，在概念界定与理论建构过程中，作者借助于文献的整理和比较分析，抽取了一些有规律性的东西，确立了本研究“人是个体性与公共性的张力性存在”的基本观点。其三，在历史回溯的过程中，作者借助于大量历史文献的阅读与分析，从不同角度探析了学校教育中个体公共性缺失的历史原因。

（2）观察法。本研究是以学校教育为基本场域，学校教育现场中发生的一切都是值得关注的。为了更好地开展研究，作者利用自身中学教师的身份，以研究者本人作为研究工具，深入到学校教育的一线，以教育研究者的责任和视角，进行了大量的教育观察，并对观察到的大量现象、数据进行分类、整理和分析，从而实现对教育现象的辩证性、整体性探究，形成了丰富的观察案例。本研究中呈现出的大量教育案例、教育镜头很多都是这一研究方法的直接成果。

（3）访谈法。教育研究的对象是纷繁复杂的教育现象与教育问题，而产生这些现象与问题的是作为人的教师与学生，人是教育活动的主体，其生活环境的构成因素极其复杂，内容也丰富多彩。所以单纯依靠作者的观察，还不能较为全面、客观地呈现教育现场。为此，在研究过程中，作者还采用了访谈法，对学校教育中各种具有代表性的角色和力量进行了个别访谈，访谈对象涉及校长、中层管理人员、年级组长、教研组长、备课组长、班主任、各学科普通教师、学生干部、普通学生、家长、社区人员等。访谈法对本研究的意义不仅在于获得了更多的教育现场资料，更在于为本研究提供了自然情境下，教育参与者对教育的切身感受，通过与研究对象的互动，使本研究对教育现象、教育行为和意义建构进行解释性理解成为可能。本研究在各章所呈现的案例非常丰富，对不同教育案例的解读是辩证而多元的，这正是源于观察法和访谈法的综合使用。

（4）历史分析法。历史分析法是通过还原历史的真实寻找历史对今天的启示，它是将研究对象置于一定的社会历史环境中，根据对象的发生、发展和变化，总结出研究对象的发展规律和特征，分析现阶段的特征和表象，并预测未来。这一研究方法贯穿本研究的全过程。公共人虽然是一个较年轻的概念，但是教育对“公”的追求却是一以贯之的，因此，本研究正是着眼于学校教育发展的历史进程，分析在个体存在与发展过程中，个体性与公共性紧张的历史形态，探析其存在紧张的原因，并从当前学校教育发展的现状中分析重塑公共性、培育公共人的必要性，进而探析了学校教育对公共人培育的实践路径。

(5) 个案研究法。公共人的培育是涉及社会、家庭、学校等诸多要素的一个宏观话题，本研究主要立足于学校教育场域。然而，学校教育也是千差万别的，从研究的可行性出发，本研究借助全息理论的观点，采取了个案研究法，以期在典型个案的跟踪研究中找寻公共人培育的一般规律。本研究的个案选择主要是在两个层面：其一，在学校层面，本研究在省重点学校、市重点学校和一般层次学校各选择了两所具有代表性的学校进行跟踪观察和访谈，其中城市四所学校，农村两所学校。其二，在学生层面。本研究关注的是公共人的培育，“人是个体性与公共性的张力性存在”是本研究的核心观点。因此，在学生层面的案例选择中，主要紧扣个体性和公共性这两个核心词进行案例的选择和整合，案例涉及社会发展、网络生活、家庭教育以及学校教育中的教育管理、教师群体、学生同伴、学校课程等诸多内容，基本涵盖学生发展的主要领域。从研究的成果来看，个案研究虽然是个别的，但是这些个别对象的研究在一定程度上也反映出其他个体和整体的某些特征和规律，正是基于此，本研究才能较为真实地呈现当前学校教育发展中“个体人膨胀和公共人衰落”的现状，并借助不同学校的教育实践探索，总结出公共人学校培育的一般路径。

第四节 研究框架

本研究共六个部分，第一章为导论，第二章至第六章为主体内容。

第二章，理论界定，指明本研究是基于人的存在，是一种个体性与公共性的张力性存在。在这里，从个体社会化和社会个体化两个路径来理解个体性、公共性以及个体人和公共人的概念。本研究中的个体性是指个体所具有的独特性和差异性，而公共性则是一个涉及空间、人、利益、精神等诸多维度的立体概念，是包容个体性的多元共在。个体人的原初意义是指个体的人，是一个经验主体，但是随着社会的发展，其贬义成分逐渐增多，本研究中的个体人依然是从原初意义上来理解个体人，他是一个“完完全全的人”，但是同时也明确，现实中个体人的个体性与公共性的平衡被打破，且个体性占据了主导，进而容易被异化为唯我独尊、唯我独大、自私自利的人，它与公共人相对应而存在。公共人则是基于个体性与公共性的张力性存在而言的，他是公共精神的承载者、公共利益的捍卫者、公共空间的建构者和公共生活的行动者。公共人是个体人在更高层面上的自我实现，而且这种自我实现是以个体人的完整与自由为基础的，换言之，公共人的培育首先需要真正意义上的个体人的实现。

第三章，立足现实，全面呈现当前学校教育个体人膨胀与公共人衰落的种种症状。本章分别从学校管理、学校教育、校园生活三个角度，坚持理论分析与现象陈列相结合，全面展示了当前的学校教育受到各种主客观因素的影响所表现出来的过度的个体化倾向。具体而言，学校管理存在着身份、权威和信任的危机，学校日益成为管理者个体的学校，这是从管理角度展现个体人的学校制造；学校教育崇尚的是精英教育，并被功利主义和消费主义所裹挟，教育教学一定程度上呈现为教师的个体秀，教师的群体自私加剧了个体人的膨胀；学生的校园生活也呈现出道德旁观以及对校园生活的逃离。在这个部分，笔者不着重理论的分析，而是侧重于将大量原生态的校园观察日记呈现出来，以真实的校园现象来说明学校教育中个体人的膨胀。

第四章，回溯历史，集中分析学校教育为何难以培育出公共人。本章分别从学校教育的价值追求、教育内容和教育制度三个方面，对学校教育进行了历史的梳理与现实的审视。笔者以为，我国学校教育的价值追求，在总体上是以满足社会发展的需要为主导，其中古代是以君王之私代替了社会性，近现代则以国家性代替了社会性，但共同之处都是忽视了学生个体性的发展。到了当代，又走向另一个极端，伴随着个体性的解放产生的是个体性的膨胀，原因就在于今天的学校教育关注的是片面的社会需要、部分人的发展和个体发展的部分，使得基础教育弱化了公益性、公平性和基础性。在教育内容上，笔者以学校教育的主要内容——知识为主要考察对象，分析了知识与意义如何从融合走向分离，知识与身体如何在分与合的交错中逐渐疏远，并进一步探讨了当前知识存在的工具化、符号化等问题，据此概括了知识在产生、传播和功能等方面面临的危机。在教育制度上，通过对古代官学与私学的梳理，以及当前精英教育体制、应试教育机制和均衡发展的异化等问题的分析，概括出学校教育制度公共性的缺失。在这个部分，笔者主要是以历史的观点考察学校教育发展中为何缺失公共性，同时以实例呈现和理论分析相结合的方式探析当前学校教育如何助推了个体人的膨胀。

第五章，纵观社会，全面分析个体本身为何难以成长为公共人。本章选取了个体性与公共性的关系为切入点来分析人的境况，并借助社会学的视角，分析个体公共性在当前社会发展中的困惑。就社会转型而言，个体在经济转型中逐渐成为资源化的个体，在政治转型中逐渐成为旁观者，在文化转型中则成为娱乐化的个体，这一切最终都使得个体缺失了公共性的制衡而过度个体性。就网络生活而言，笔者以为网络交往最大限度地彰显了个体性的存在，同时网络中的各种公共行为也体现了公共性的萌发，它是公共人诞生的一个重要启蒙，但是同时，它也在不断受到来自现实社会生活中的利益、政治、娱乐化等因素的胁迫，发生着歧变。就家庭教育而言，传统的家庭教育在父权的压制下完全遮蔽了个体性，而现代家庭又过度彰显了儿童的个体性。在儿童成长的过程中，面对初期儿童公共性的萌芽，家庭教育以失真的灌输相对，面对后期儿童公共性的呐喊，家庭教育则一味地沉默。在这个部分，笔者同样坚持了实例呈现与理论分析相结合的方式，重在通过实例的呈现与分析，探析个体公共性的发展之困境，明晰个体人膨胀的发生路径。

第六章，着眼实践，努力探寻学校教育如何实现对公共人的培育。本章是全书的重心所在。笔者以一个实践者的视角，从学校的组织变革、课程改革和机制创新三个角度全面阐释了如何在实践层面上实现对公共人的学校培育。具体来说：就学校的组织变革而言，今天的学校要实现对公共人的培育，必须摆脱管理型的组织定位，走向规范性；通过公共空间的建构，促进身体与空间的意义对话；同时在道德维度和文化视角上，建设一个正义而又充满诗意的学校，其核心在于使学校成为一个有意义的公共空间。教育内容对公共人培育的回应在于公共性课程的建设，这里的公共性课程不是对现有课程的推倒重来，而是在现有课程体系中，借助于课程改革的契机，在学校课程的实施层面进行凸显其公共性价值的创新。一方面，依托现有学科课程体系，着力拓展学科课程的公共性价值；另一方面，着力于公共性活动课程的建设，拓展活动课程对公共人培育的实践价值。简言之，就是要在课程实施中关注课程的意义彰显，关注课程的整合，关注课程的开放互动与促成行动。教育机制对公共人培育的回应则在于教育共同体的建设，其中，学生共同体旨在建构校园生活的公共性，教师共同体旨在重塑学校教育的公共性，学校共同体则是立足探索公共人培育的绿色通道，其核心在于使共同体建设本身也实现对公共空间的建构。在这个部分，笔者在简要理论分析的同时更多地展示了各地各校在公共人培育方面的实践探索，以真实的案例呈现理论的思考。简言之，就是要通过学校教育的变革与创新，克服个体人膨胀的不利因素，创设有利于公共人诞生的教育平台。

每个人都是承载生命的个体存在，是一个独特的“我”，同时又是现实单个的社会存在，是和社会、他人不能须臾相分离的人。“道德教育要把人引向何方”，这一根本指向性的问题，无论是在道德教育的理论还是实践中，都是一个不可回避的核心问题。

——鲁洁

第二章 人是个体性与公共性的张力性存在

纵观整个人类的思想史，“人是什么”的问题是一个永恒的话题。“认识自我乃是哲学的最高目标，这看来是公认的。在各种不同哲学流派之间的一切争论中，这个目标始终未被改变和动摇过，它已被证明是阿基米德点，是一切思潮的牢固而不可动摇的中心。”（卡西尔，2004）历史上，每个学者都觉得自己找到了这个阿基米德点：亚里士多德说人是政治的动物，达尔文倾向于把人定义为纯生物学上的一般动物，叔本华（Arthur Schopenhauer）认为人的本质是意志的实现，而恩斯特·卡西尔（Ernst Cassirer）认为人是利用符号去创造文化的动物……其实，所有这些命题的背后都只是反映了学者以自身的学科视野对人的某种景况的揭示、担忧、期盼或建构的尝试，都只是某个维度的人。那么，人到底是什么呢？以历史唯物主义的观点来看，“人的本质不是单个人所固有的抽象物，在其现实性上，它是一切社会关系的总和”（马克思等，1994）。这种关系是历史的、社会的、现实的，也是实践的。在此，本研究选取个体性与公共性的关系作为思考教育中人的问题的一个角度，就是试图通过对人的个体性与公共性关系在学校教育中的考察，探析当前学校教育中个体人膨胀的历史与现实原因，进而为公共人的学校培育提供思路。

第一节　个体社会化与社会个体化中的人

一、个体社会化与公共性的歧变

（一）个体社会化：社会发展的基本选择

以历史的观点来看，从古希腊的“城邦人”、中世纪的“宗教人”、近代的“理性人”（逐渐演变为知性人、工具理性人）到现代的“真实人”，个体社会化一直都是人类历史发展的一根主线，也是学校教育的主要任务。

在古代中国，个体社会化始终是与个体的国家化①联系在一起的。《论语·子张》中的“学而优则仕”为古代中国的莘莘学子打开了入仕之门，也同时将他们推向了个体社会化的唯一通道。为仕而学，仕为君而在，如此，个体社会化其实就是个体争当君主奴才的过程。当然，在这里，你不想做官也可以，但是“始乎为士，终乎为圣人”（《荀子·劝学》），接受成为圣人的社会规范的教育是不可免的，所谓“忠恕”之道，“三纲五常”统统要学，当你这一切都学会了、恪守了，你自然也就成为这些封建礼教的再生产者。这就是古代中国个体社会化的基本逻辑，而且延续了千年。

西方的个体社会化相对复杂一些。古希腊的城邦教育是将个体社会化视为一种个体城邦地位的获得，因为城邦人的身份认同是基于已有的财产或世袭，所以，它的个体社会化没有以“学而优则仕”来突破社会

① 在这里，国家化的提法只是想使它与真正的社会化区别开来，因为在古代中国，社会与国家是合二为一的，只是到了现代，社会与国家才开始有了一定的分化。在哈贝马斯那里也有社会国家化和国家社会化的用法。

阶层的做法，社会化的关键是学而论道，培养品质，忠于城邦。到了中世纪，个体社会化就是皈依上帝，“人固然可以通过人与人之间的关系（经济、政治等社会关系和语言交往）反思自己，但人的自我反思也可以是神的形象的折射”（赵敦华，2005）。在这里，个体出于对原罪的救赎而处于一种绝对服从的状态，人成为实现神学目的的手段，人性依附于神性，人性被遮蔽在神性的光环之中。文艺复兴以后，人文主义的“人性论”使得人与神保持了一定的距离，个体社会化也就表现为人作为主体与社会的契约，个体社会化就是理性个体在让渡自身权利给国家的基础上，与国家达成自己也必须遵守的契约，而这样做的目的是确保国家能按照契约来帮助个体实现自我。在这里，个体与社会存在一定的互动，个体社会化是具有公共性的。

由此可见，中西方个体社会化的路径虽有不同，但是接受社会（国家）的驯化、成为社会的一员是每个个体的宿命，这也从一个方面说明了公共性在个体中的存在。“教育在于使年轻一代系统地社会化”（涂尔干，1989）[9]，因此，培育学生的公共性是学校教育的应有之义。

（二）公共性：歧变中的历史旨趣

对个体社会化的历史分析也让我们看到，中西方在实现个体社会化的过程中，公共性都未曾在真正意义上走进人的内心与教育的本真。在这里，不妨明确一下公共性与社会性、国家性的区别。国家是在经济上占统治地位的阶级进行阶级统治的工具，所以国家性的本质是阶级性。社会“被理解为相互独立的个人的一种纯粹的并存……一种机械的聚合和人工制品”（滕尼斯，2010）[44]。因此，社会性的本质是一种公众性。公共性则是在公共场域内具有公共空间、公共精神、公共利益和公共人等维度的一个立体概念，相对于社会的公众性而言，公共性更具有共在基础上的共享与共生之特点，它与个体性相对，但却不抹杀个体性，而是尊重个体的差异与多元。当然，相对于个体性而言，无论是国家性还是社会性，都在一定程度上反映出公共性的特点。

回顾历史，我们发现，在个体社会化的过程中，公共性一直以来其实都只是一个幌子，它在不同的阶段被政治、宗教、经济和社会所裹挟，使得社会化的个体呈现出“政治人”“宗教人”“经济人”“组织人”等种种异化形态。在中国封建社会“明人伦”“优而仕”的社会化进程中，个体成为“政治人”，公共性被异化为政治性；在西方中世纪“发现上帝以发现自己”的社会化进程中，个体成为“宗教人”，公共性被异化为神性；在现代西方社会“人是经济链条上的一个环节”的社会化进程中，个体是“经济人”，公共性被异化为经济性；在现代中国，居民身份证出现之前（1984 年国务院发布《中华人民共和国居民身份证试行条例》，开始颁发第一代居民身份证），人的社会化表现为一种“组织化”，个体都是“组织人”（如，介绍信、工作证是合法的身份证件），这里的公共性被异化为组织性。由此可见，公共性的历史形态是复杂多变的，在漫长的历史长河中，个体社会化的主流并非个体性与公共性的真正对话，而更多只是表现为个体性与国家性、社会性的对话，或者说是国家和社会在为每一个个体寻找群的归属。无论是国家还是社会，都试图将个体约束在一种预设的群（政治的、宗教的、经济的等）范围内去塑造。因此，这些社会化的个体，在本质上都是一种群本质的人，个体社会化缺乏对一般意义上人的存在本质的观照和审视，没有真正成为类本质的人。然而，不可否认的是，虽然公共性在个体社会化的进程中一直存在异化的现象，但是追求与捍卫“公”的意识却是历史发展的旨趣。

二、个体性与个体化的必由之路

（一）个体性、个体人与个体化

本研究中的个体概念是一个中性词，它是对原子式个人的一般指称，是“具有言说和思维功能的、构成人类社会不可再分的最小单位，但最重要的是指一种伦理生物，自身不仅承载着人类的最高价值（自由和尊严），而且具有不同于他人的独特性和差异性”（郭台辉，2007）[46]。

依据个体的概念，个体性就是个体所具有的独特性和差异性，它是在个体与社会的交往中得以呈现的，“个人心智功能和独具个性的形成和差异化——我们在此用‘个体性’这个词来表达——之所以可能，根本上是由于以下的因素，即个人的成长乃是在人类集体中、在一定的社会里完成的”（埃里亚斯，2003）。在本研究中，个体性与公共性相对应而存在，也是一个中性词，这里必须要明确的是，本研究认为，个体性与公共性不是对立的，两者统一于个体的公共行动，是一种彼此包容与建构的关系。个体性只有在公共的精神、空间、行动中才能最大限度地呈现，而公共性也不排斥个体性，恰恰相反，它需要个体性（独特的、差异的）在公共空间内的多元共在。

个体人的原初意义是指个体的人，是一个经验主体，与个体基本同义。但是随着社会的发展，特别是“经济人”概念的广泛使用，个体人概念的贬义成分逐渐增多，很多时候意指那些过度关注个人利益、对他人和社会缺乏公共责任应答的人。本研究正是在这个意义上使用个体人的概念，人是个体性与公共性的张力性存在，个体人并非没有公共性的特质，而是其个体性与公共性的平衡被打破，且个体性占据了主导，进而容易被异化为唯我独尊、唯我独大、自私自利的人，它与公共人相对应而存在。“作为单个人的个体所关心的事情和他们的当务之急占据着公共空间，并宣传自己是公共空间唯一合法的占据者，把其他东西都从公共话语中挤出去了。”（鲍曼，2011）[序26]可见，个体人在公共领域的膨胀往往会导致公共人的衰落。但是，必须明确的是，本研究所言的个体人并非只是一个自私自利的人，也不是与公共人完全对立的人，他首先是自由完整的个体；其次在个体性与公共性的关系上存在失衡，尤其是个体性占据主导；最后，他的膨胀对于公共事务的发展是有阻碍性的。因此，从这个意义上说，我们探索公共人的培育必须考察个体人的现实存在，公共人的培育并不排斥个体人的存在，而是要克服个体人发展中的异化现象，消解它在公共空间的负能量，从而为公共人的诞生创设条件。从这个意义上说，公共人的培育恰恰需要真正意义上的个体人的涌现。

个体化是彰显和捍卫个体性的过程，正如鲍曼（2011）[序22]所言："'个体化'在于，把人的'身份'从'既定的东西'转变成一项'责任'，要求行动者承担执行这项任务的责任，并对其行为的后果（包括副作用）负责。换句话说，'个体化'在于确立合法的自主性（尽管这种自主性在实际中并不一定能获得）。"本研究借鉴这个意义来使用个体化概念，在此还需要说明两点：其一，鲍曼将个体化与现代性等同，认为一个人要成为他所是的那样，是现代生活的特征，也只是现代生活的特征，原因在于鲍曼认为现代性之前的社会是没有真正的个体化的。因为我们要探讨的是个体性与公共性关系视角下的个体化历程，特别是要分析个体化对彰显和捍卫个体性的作用，所以，本研究不仅在现代生活特征的意义上，而且也会在历史意义上使用个体化概念。其二，个体化的进程并非只是个体所为，从历史的角度来看，个体化存在着"制度化的个体化（公民权利、政治权利、社会基本权利，新自由主义市场经济）和主观个体化（个体取向、意识、想象的共同体）"（贝克，2011）[序9]的区别，本研究主要是在客观层面（社会制度层面）来使用个体化概念，也会涉及主观个体化。

（二）个体化：个体与社会的共同选择

对于个体而言，每个人心中都会有这样的冲动，那就是冲破社会对自己的身份设定，一心想着去规划自己的人生、创造自己的人生，而且这种冲动还带着浓浓的强迫症意味。因此，萨特（Jean-Paul Sartre）说，人注定要个体化。乌尔里希·贝克（Ulrich Beck，1992）[128]曾对个体化进行了三重描述，其一是脱嵌，即个体从历史限定的传统语境意义上的社会形式和义务中撤出；其二是去魅，即个体中与实践知识、信仰、规则等相关的传统安全感的丧失；其三是再嵌入，即个体以一种新形式的社会义务重新整合进入社会。对照这样的理解，中国的个体化之路是比较清晰的。

古代中国，"天子失官，学在四夷"（《左传·昭公十七年》）的春秋战国时期，可以视为是社会个体化的一次重要演出。西周末年，随着铁制工具和水利灌溉技术的发展，自由民和中下层贵族竞相开垦私田，最终冲击了奴隶主贵族的土地国有制。经济基础决定上层建筑，随后周王朝以宗法制度为基础的分封制度瓦解，在诸侯争霸的动荡与变革中“礼崩乐坏”，于是出现了“诸子蜂起，百家争鸣”的状况。这次个体化是社会制度的更替造成的，借助于社会制度的更替，诸子百家从“政教一体”的传统文化束缚中脱嵌而出，他们以自成一派的私学来彰显自身的个体性，最终又以学术对政治的皈依完成了对封建社会的再嵌入。客观而言，从奴隶制度到封建制度，虽然是一种社会形态的更替，但是其变化主要在于土地私有制带来了身体与土地一定程度的分离，其在社会文化结构上的冲击是有限的。诸子百家的再嵌入路径就是一种文化的回归，如孔子的“克己复礼以为仁”，其礼就是指的周礼。从这个意义上来说，此时的个人（特别是诸子）获得了极大的个体性彰显，但是他们最终难以摆脱文化共性的束缚，这也从一个侧面说明，个体性与公共性本身的确存在着一种张力。

秦汉以降至明清，中国社会的结构总体上是比较稳定的，其中也出现过一些个体化的尝试，如魏晋南北朝的玄学就是一批知识分子对传统思维方式的脱嵌尝试，但是他们缺乏对自身个体性的阐释与捍卫，最终也没能找到新的嵌入点，所以其个体化只能昙花一现。类似的还有太平天国运动、洋务运动和戊戌变法运动等，它们共同的问题都在于仅仅是主观的个体化尝试，缺少社会制度的支撑，在个体性与公共性的天平上没有更多的砝码来支持个体性，因而，终难成功。但是，所有这些尝试无不展现了个体性的魅力以及个体化的冲动。

新中国的建立是对传统社会形态的彻底颠覆，因此，社会的个体化取得了巨大的成功。在社会主义新中国，“个人也被从家庭、亲属和社区所构成的传统网络中抽离出来，并摆脱了儒家和父权为主的传统价值和行为规范的束缚。更重要的是，个人被号召参与政党国家推动的政治、经济和社会运动，并将自身重塑为政党国家的公民”（阎云翔，2012）[356]。

在这里，人民成了国家的主人，这是个体对传统的一次彻底脱嵌，人的个体性得到了极大的彰显，并得到了制度层面的捍卫。但是，个体性与公共性的张力性存在并没有消失，恰恰相反，这次个体化的过程同时又伴随着个体对新的公共性的妥协。“国家将个人从个体——祖先的轴线上抽离出来而嵌入在个体——党和国家的轴线上。个体脱离了祖荫，但必须成为模范公民雷锋所说的革命机器上的一颗永不生锈的螺丝钉。”（阎云翔，2012）[356]由此可见，新中国成立带来的个体化是对旧中国的彻底脱嵌，但是在“再嵌入”的过程中，个体性却也受到了很大的制约。事实上，从新中国成立到改革开放之前，整个中国的个体化基本上是停滞的，个体性再次隐没于政治化的公共性中，这也正是个体性与公共性的张力使然。

改革开放使得中国的个体化之路再次启动。与前几次个体化的不同之处在于，这次的个体化是由主观的个体发起的，不是一种社会制度的更替，它是“社会混变”（吴康宁，1998）[181]带来的传统与现代的冲突、耦合。以农村为例，“文革”的结束使人们终于可以平静地思考自己的正常生活，此时，人民公社制度依然是农村的主要组织，它集政治、经济和社会管理于一身，全面控制着辖区内的每一个人，所有的农民都参加集体劳动，干多干少一个样。此时，部分个体性有所觉醒的农民开始了主观个体化的尝试，现在通常认为安徽凤阳小岗村是最早开始以“包产到户”为特征的家庭联产承包责任制的探索，很快，这一做法取得了显著效果，它极大地调动了个体农民的生产积极性，于是国家在默许的基础上开始推行这一做法。这是一个极具代表性的个体化之路，“包产到户”的改革使得农民个体从集体的束缚中解脱出来，成为一个富有个体性的自由劳动力，而这种个体性的彰显又得到了社会制度层面公共性的支持，因此，成为席卷全国的改革运动。此时的个体农民虽然从集体组织的束缚中解放出来了，但是土地对农民个体的束缚依然存在，国家也正是以土地的公有制来制约着个体性的过度张扬。到了20世纪90年代，国家对个体性的进一步松绑（1985年开始发放公民身份证）和城市经济体制改革的推进，特别是市场经济的发展，为个体作为经济资源的存在创设了有利条件，于是“民工潮”成为我国最为壮观的周期性人口迁徙事件。这一事件的背后反映的是我国农民个体性的再次脱嵌，此次个体化是农民开始摆脱土地的束缚，与之相匹配的就是农村开始土地使用权流转的改革，涌现出一批“种田大户”①。由此可见，在当代中国，个体性与公共性的关系平衡正在个体化的社会进程中被不断地突破，个体性越来越多地得到呈现和保障。但是，这并不意味着公共性的消亡，恰恰相反，在社会个体化的进程中也伴随着个体的社会化。农民从最初的“组织的人”到“土地的人”，再到“经济（社会）的人”，个体的公共性依赖无时不在。最初是依赖于组织，现在则是依赖于整个社会经济体制，以前是显性的机械连接，现在则是隐形的弥漫式的拥抱。

综上所述，中国的个体化之路是中国社会结构优化、谋求民族振兴的必然选择，也是每一个中国人谋求自我解放与自我发展的必由之路，是社会个体化与个体社会化的统一。虽然，在个体性与公共性的天平上，个体性的比重越来越大，个体性与公共性的平衡不断调整，但是，平衡的突破并不意味着个体性与公共性张力的消失，恰恰相反，当前的个体化进程中，个体性与公共性的张力更加明显地表现在两者的紧张之中，并纠缠于每一个个体中。

第二节 公共性是包容个体差异的多元共在

“公”是相对于“私”而存在的，它是中国传统文化中非常重要的词汇，诸如“大公无私”“天下为公”。公共性与个体性对应存在，它是人类社会所特有的一种属性，现实的人是个体性的存在，但却不是孤立的

① 种田大户，最初是由同村人承包邻居中外出打工人员的土地，代为从事农业生产，一般只是为原土地承包者交纳各种税费和象征性的粮食补偿。随着大量农村剩余劳动力的转移，闲置土地越来越多，而且国家不断减免各种农业费税，这使得种田利润空间增大，希望种田的人增多，于是，外出务工人员不再是请人种田了，而是改为租给对方种田，以获得更多的收益。

个体存在，人的本质不是单个人所固有的抽象物，在其现实性上，它是一切社会关系的总和。因此，人既保持着个体的存在，同时又与一定的社会环境和社会关系相关联，并被这种现实的社会公共性所规定，从而表现出一种个体性与公共性的张力性存在。教育作为一种社会公共事业，是人类文化传递的一种形式，是国家为公民提供的服务，因此，其存在与发展必然与社会的公共性相关联，于是也就具有了公共性的维度。

一、中西方文化中“公”的观念

（一）中国传统文化中的“公”

在中国，“公”的观念萌芽甚早，内涵也比较丰富。（汉语大字典编委会，1992）[102]《说文》释“公”为：“平分也。从八，从厶。八犹背也。”韩非子曰：“背厶（即为私）为公”，即公是相对于私而存在。在具体的词义上，“公”首先是指公正、无私。《玉篇·八部》：“公，平也，正也。”其次，“公”有共、共同的意思。《玉篇·八部》：“公，通也。”《荀子·解蔽》：“凡万物异则莫不相为蔽，此心术之公患也。”另外，“公”有爵位的意思。《尚书·周书》中也多指周公、召公。“平王以后，诸侯通称为公。”在古代礼制中，蕴含着“德必称位”的精神，因此，“公”从最初与国君相关，到后来则都与一定的名位相联系。因此，在今天当“公”表示公事、公家的意义时，也是指与政府或公权力相关的事情与利益。

当然，作为一个政治社会学的概念，“公”的观念是不断丰富和流变的。台湾的陈弱水教授（2006）在《中国历史上“公”的观念及其现代变形》一文中对“公”的观念类型进行了很有见地的划分，这里笔者主要引用陈教授的观点，把传统中国“公”的观念分为五个基本类型。

类型一：“公”的基本含义是朝廷、政府或政府事务。这个含义源自于“公”字的“国君”义，到春秋中晚期就已经有了区别于封建主的政府、政务的含义，类似于今天的公事、公家。在这里，与“公”相对应的“私”主要是民间或私人，公私有分化，但是还没有绝对的对立。

类型二：“公”的基本含义是普遍、全体，尤其是指普遍的人间福祉或普遍平等的心态。在这里，“公”的伦理学意味很强，经常被定义为“无私”。因此，此时的“私”是一个完全负面的概念，处于“公”与“私”的绝对对立中。这个类型的“公”，主要产生于战国晚期，也是中国传统文化中最占势力的“公”的观念。对此，最浪漫的表述就是“大道之行也，天下为公。故人不独亲其亲，不独子其子，使老有所终，壮有所用，幼有所长，矜寡孤独废疾者，皆有所养”（《礼记·礼运》）。

类型三：“公”的基本含义是天理、道、义，它有时也包括儒家文化所鼓励的一切的德目。它是类型二的“公”的观念的演变物，但是与之又有区别。在这里，“公”不一定代表整体的福祉和利益，它强调的是“公”的心理层面，心无私欲之杂即为公。因此，与之相对应的“私”，并非是指错误的行为或事物，而是指错误的来源，即私心、私欲，其对立性主要在于心理层面。这个“公”的观念主要出现于宋明理学中，影响近世中国。

类型四：“公”的基本含义虽然是普遍、整体，但它却是对类型二、类型三的全面反攻。此时的“公”的观念，解除了公私的对立，强调的是一种“聚私为公”或是“合私为公”。顾炎武（1613—1682）明确地拒斥类型二、类型三中“公”的观念，“天下之人各怀其家，各私其子，其常情也。为天子为百姓之心，必不如其自为，此在三代以上已然也。圣人者因而用之，用天下之私，已成一人之公而天下治。……故天下之私，天子之公也”（《亭林文集·郡县论五》）。俞樾（1821—1907）则从词源上进行了有意思的推论，他认为“自营为厶，背厶为公”，可见，“私”一定是先于“公”的，于是他认为“自营为厶也。于是推己及人，使人人得以自营，是即公矣”。这个类型的“公”的观念出现于16世纪，明末清初时表现得最为明显，清代盛世后又较沉寂。

类型五：“公”的基本含义是共同、共有、众人，主要指涉政治、宗教、社会生活等场域的集体事务与行动。它描述性强，通常不与“私”

并举，但当带有伦理意义时（多与政治相关），与之对应的“私”就蕴含贬义，意为少数人的、私心的，如公论、公议。当然，这个类型的“公”的观念是传统中国“公”的主要观念类型中，唯一涉及社会生活的一个。

“公”是中国集体意识中一个非常根本的观念，其内涵丰富多样，且不断流变，在实际的语境中，不可能与上述的任何一个单一类型完全吻合，往往是不同类型含义相互渗透地出现。

（二）西方文化中“公”的观念

在西方，“公”的观念同样历史悠久，早期的词义比较清晰，但是近代以来，其发展变得较为复杂。

首先，从词源来看，“公”主要有两个方面的来源。其一是起源于古希腊词汇“pubes”（成年男子），拉丁文是 publicus，对应的英语单词是 public。而 publics 是从 populus（人民）变化而来，因此，“公”的基本意思之一，即为从属于人民的、公共的、公开的，或是公众、民众，从属于某一个群体的人等。在这个意思中，西方的“公”的观念与“私”（private），即私人的相对应，它强调的是一个成年人可以参加公共事务，必须考虑他人的利益或是公众的利益。其二是起源于古希腊词汇 koinon，英语单词是 commom，意指全社会的、公共的、一般的，或是共同、共有、共享，也指平民、普通人。在这个意思中，西方的“公”的观念与“私”（individual），即个体，是相包容的，它强调的是人们共同从属于一个群体，共有并共享。英语中 in common 的意思就是 in shared possession，就含有共同、共享的意思。虽然，“公”的观念有不同的词源，但基本意思都是区别于个体性的一种社会性、群体性，或者是反映个体之间的相互交往与相互依存。

其次，从与中国“公”的观念的比较来看，西方“公”的观念有着自身的特点。其一，在词源上，西方“公”的观念主要是与“人民”“群体”等观念相关联，所以，在后来的发展中，“公”更多地在社会生活的范畴内被使用，如公法、公权、公益、公共领域等。中国“公”的观念最初是与国君相关联，加之中国封建社会“家天下”思想的影响，所以，中国文化中“公”的观念更多是在政治生活或是政治伦理的范畴内被使用，如公事、公务。当然，这里也要明确，虽然西方“公”的观念与人民的关系较浓，但是西方语境中的人民不同于我们的人民概念，它具有鲜明的阶级局限性，自始至终都存在一个“公”的身份认同问题。比如，在古希腊，只有具备一定社会地位（主要是私有财产）的人，如自由民、官员等才能参与公共活动，而奴隶是没有权利的。

其二，从“公”与“私”的关系来看，中国的公私关系基本上处于一种二元对立的状态。漫长的封建社会主要是“崇公抑私”，强调私对公的服从，虽然在后来明清时期存在过“聚私为公”的思想，但是并非主流。而西方“公”的观念从一开始就与“私”存在着复杂的联系，而且不断变化。总的来说，在从亚里士多德到卢梭（Jean-Jacques Rousseau）的公民共和主义的传统中，公要优于私，但不是“崇公抑私”，他们主张个体以美德和责任积极参与公共事务，以行动表达对共同体的忠诚，从而实现“私”与“公”的相互受益。而在从洛克（John Locke）到罗尔斯所倡导的自由主义传统中，私要优于公，他们认为个体一旦基于出生地原则获得一个国家的公民身份，自然就可以享有相应的权利。当个体履行了法定的义务，政府就应该给予个体平等的庇护。在这里，“私”与“公”都是有边界的，尤其是“公”不可以侵害“私”的空间，两者只是一种利益交易行为。（雷森伯格，2009）当然，在西方的中世纪和一些专制主义盛行的时空内，其“公”的观念也会对“私”产生极大的压制。

其三，从概念的属性上来看，中国的“公”的观念更多是一个伦理范畴的概念，如作为“普遍、全体”意义上的“公”，它包括了儒家思想中的一切德目，其伦理价值不言而喻；作为“天理、道义”的“公”虽然强调的是心理层面，但是也具有显著的伦理特质，它排斥一切的私欲。相形之下，西方“公”的观念则更多是一种描述性的概念，它往往在社会的范畴内使用，伦理色彩相对较弱，很多时候指的就是一种公共领域（相对于私人领域），当然这个公共领域的界定也有一个发展的过程，既有早期的市民社会或国家与社会的二分理论范式，也有阿伦特的私人领域、社会领域和公共领域的三分理论范式。

二、公共性是一个多维立体的概念

结合前面对中西方“公”的观念的梳理，我们可以发现，“公”虽然也有“共”的意思，但是公共性概念并非中国传统文化中的固有概念，它与传统的“公”的观念有着较大的差异（与类型四有一定的相似性），可以说公共性是近代引入中国的一个概念。

（一）西方语境中的公共性

在西方，公共性概念是与“公”的观念相伴而在的，最早可以在古希腊的城邦生活中得以发现。近现代，对“公共性”进行系统阐释的学者主要是阿伦特和哈贝马斯。

在阿伦特（2009）[32-38]看来，公共领域就是共同，它具有两个密切联系但并不完全一致的现象。“首先，它意味着任何在公共场合出现的东西能被所有人看到和听到，有最大限度的公开性。对于我们来说，显现——不仅被他人而且被我们自己看到和听到——构成着实在。”“其次，公共一词表示世界本身，就是世界对我们所有人来说是共同的，并且不同于我们在它里面拥有的一个私人处所而言。”当然，“作为共同世界的公共领域既把我们聚拢在一起，又防止我们倾倒在彼此身上”。“公共领域的实在性依赖于无数视角和方面的同时在场，在其中，一个公共世界自行呈现，对此是无法用任何共同尺度或标尺预先设计的。”这里，阿伦特以一个形象的比喻来阐释公共性，她说：“在世界上一起生活，根本上意味着一个事物世界（a world of things）存在于共同拥有它们的人们之间，仿佛一张桌子置于围桌而坐的人们之间。”“虽然每个人有不同立场，从而有不同视角，但他们却总是关注着同一个对象。”“这个世界就像每一个‘介于之间’（in-between）的东西一样，让人们既相互联系又彼此分开。”

在哈贝马斯（1999）[23]看来，公共性基本等同于公共领域，他认为公共领域经历了三种历史形态。第一种含义针对古希腊城邦而言，是指城邦及其以政治生活为本质内容的公共性，姑且称之为“城邦型”公共领域，在这其中，公共领域对应城邦，私人领域对应家庭，两者是分开的。第二种含义针对中世纪欧洲封建社会，它既不是一个社会领域，也非政治交往的领域，而是一个如哈贝马斯所说的代表型公共领域。它是由一系列的行为规范、礼仪和象征符号塑造其形象并表达其自身。但是，它代表的不是民众，而只是其自身的所有权，因为这个公共领域只存在于君主贵族等上层社会中。第三种是资产阶级公共领域，它分为文学公共领域和政治公共领域两种，这是哈贝马斯最主要的考察对象。他认为随着市民社会逐步建立起来，国家或政府就相应地成为市民社会的对立力量。于是，与政府抽象对立的公众渐渐意识到自己作为公共权力的对立物而存在着。“由于社会是作为国家的对立面而出现的，它一方面明确划定一片私人领域不受公共权力管辖，另一方面在生活过程中又超越个人家庭的局限，关注公共事务，因此，那个永远受契约支配的领域将成为一个‘批判’领域，这也就是说它要求公众对它进行合理批判。”资产阶级公共领域与古希腊城邦公共领域、代表型公共领域的根本区别在于，它产生于公共管理与私人自律的关系地带，与公共权力领域也是分离的。因此，哈贝马斯的“公共性”即公共领域，是一个介于私人领域与公共权力领域之间的中间地带，是一个向所有公民开放，由对话组成的，旨在形成公共舆论，体现公共理性精神的，以大众传媒为主要运作工具的批判空间。（袁祖社，2007）

简言之，在阿伦特和哈贝马斯那里，虽然公共性的解读是多维的，但总的来说，它指的是一个与私人领域相对应的公共领域，在这个公共领域内，每个人都有平等表达其个人愿望、信念、意见和建议的机会，这些个人意见通过公众批判转变为公众舆论，并最终促成公共行动，公共性因此得以实现。在这样的公共领域中所形成的公众舆论，“虽然不能代表每一位公众的意见，但却实实在在地表达了公众的普遍意愿，从而形成了卢梭式的‘公共意志’。它不仅将对行政权力产生深刻的影响，而且赋予行政权力以厚实的合法性基础”（李怀，2002）。

（二）公共性的中国式解读

通过研究发现，公共性问题在中国最早并非是作为教育学的问题被关注，而是作为政治学、管理学的问题被提及和研究。在早期的公共性问题研究中，有学者从我国政府职能转变的视角，将公共性视为政府的第一属性。（祝灵君，2002）对照公共性的本义，有学者提出国家和政府应按照社会的共同利益和人民的意志行事，从保证公民利益而不是私人利益这一基本点出发制定与执行公共政策；同时公共性还意味着公职人员应从人民利益而不是个人利益出发，具备公共精神；意味着政府应对自己的行为负责，公开行使公共权力，保障公民以监督和批判的方式参与公共事务等。（王乐夫，2003）还有学者从政治学角度对公共性进行了定义，认为“公共性是指政府作为人民权力的授予者和委托权力的执行者，应按照社会的共同利益和人民的意志，从保证公民利益的基本点出发，制定与执行公共政策。现代公共精神主要涵括民主的精神、法的精神、公正的精神和公共服务的精神”（张茂聪，2010b）。

随后，公共性的概念还被引入社会学、经济学、教育学、文学、艺术等领域，虽然在总体上，各个学科对公共性的理解与政治学的解读有内在的一致性，其公共性的含义主要表现为公开性、公益性、共同性，也包含着公共利益、公共精神、公共价值、公共舆论等，但是，受到各个学科研究立场、话语体系的影响，也存在着不同方式的解读。具体来说，如下的几种解读是本研究所关注并借鉴的。

其一，将公共性解读为一种社会性的共在。王鑫教授（2010）认为，“公共性是人在实践活动中所表现出来的一种社会属性，是在人的利己性与利他性的整合中所形成的人类生存的共在性，体现了人与人之间的相依性”。在现代社会中，“人的存在的公共性不断以其理性形态体现出来，民主、正义、理性、共生是公共性的现代意蕴”，其中，民主性是公共性的内在要求，它针对的是国家的公共权力和公共事务；公共性在现代社会的主要内容或者主要体现就是公共理性，体现在公民身上就表现为一种理性能力；公共性加速了民主化进程，主要体现在由公共选择到协商民主；公共性促进了“自我”的实现，主要体现为人的理性提升和价值实现。

其二，将公共性解读为一种有层次的系统联系。郭湛教授（2009a）认为，公共性是一种社会文化现象，它的发展经历了不同的发展阶段，也呈现出不同的样态。而且，这些样态之间存在着系统的联系，并且呈现出一定的层次。因此，公共性从根本上讲，是人的平等问题，是同样的人共同生活在共同的世界上，共同面对和解决公共的问题，建设共有的家园。据此，他罗列了诸如共在性、公利性、公正性等15种公共性的表现形式。再如，沈湘平教授（2007）认为，从当下的现实出发，公共性一定是复数的、多层面的，据此他提出，民族—国家内部的公共性层面、民族—国家之间的公共性层面、跨越国家界限的个体之间的公共性层面、人类与自然之间的公共性层面是当代公共性四个典型的层面。张继亮教授（2011）则提出了三维结构的公共性，即公共性是抽象的精神维度与现实的利益维度以及生存的空间维度的有机统一。据此，公共性论题探讨的是“公共领域”而非“私人领域”的问题，涉及的是公共利益而非个体利益，关注的是放大的人的需要，而非生命个体的人的需要。

其三，将公共性解读为一种个体的自我实现方式——在沟通中确认，在交往中共生。随着社会分工的日益细致和全球化的影响，现代生活中的人们逐渐将自己与他人从表面上分离开来，但是在实际上，人们却因为分工而相互依赖得更加紧密，因为任何一个人都已经无法离开他人而独自存在。传统的亲密关系也随之发生着改变，人们在这样的分离又依赖中，越发地关心自我的实现，这“不仅是个人对几乎无法控制的带威胁性的外部世界的自恋式的防卫，而且部分地也是向全球化影响对日常生活环境冲击的一种积极调适”。而这种自我实现，又离不开对他者的基本信任，这种基本信任“在个人化的情境下只有通过自我向他人‘敞开胸怀’才得以确立”（吉登斯，2011）。倡导公共表达与交往的公共性能帮助人们实现对自我与他者的理解和确认，“它能够使人们在相互交往特别是在话语交流中生成、确证和表达自我同一性，包括自我身份和自我追求，承认他人的自我同一性，从而获得面对他人、尊重他人以及相互塑造的条件，并因此形成共同意识及其相应的表达方式”（郭湛，2009b）。

综上所述，不同语境中对公共性的理解也是各不相同的，尼古拉斯·亨利（Nicholas Henry，2001）用三个维度来描述公共性，即“行为者”“利益”和“可进入性”。受其启发，本研究的公共性理解从四个方面来界定。其一，本研究是在学校教育的语境中对个体存在与发展的考察。因此，在这里，公共性的首要维度是“人”的维度，公共性要求人成为“行动者”，区别于“行为者”。其二，公共性具有利益的维度，它谋求的是公共利益，即“类”意义上的人的利益，区别于个体私利和狭义的国家利益。其三，公共性具有空间的维度，它需要在“公共场域”内存在与发展。因此，公共空间是“可进入性”的空间，区别于“公共场所”。其四，公共性具有精神的维度，它追求的是公共精神和公共责任，是基于个体与社会互动、共在的精神世界，区别于意识形态化和人格化的集体主义。而且，这四个维度不是孤立的、分离的，而是以公共人为核心，以公共精神为引领，以公共空间为保障，谋求公共利益的有机统一。在这里，需要再次明确一下公共性与社会性、国家性的区别。国家性的本质是阶级性，社会性的本质是一种公众性，而公共性则或是跨越国家与社会，或是兼容其间，其强调的是一种个体性多元共在基础上的共享与共生，换句话说，相对于社会性的共在，公共性更注重基于公共利益诉求的公共精神的塑造、公共空间的构建和公共人的自我实现。

三、教育公共性是教育的首要特质①

随着我国政治体制改革的深化和社会主义市场经济体制的完善，社会结构（产业、行业、阶层等）面临着优化重组的挑战，“政府主导型”的社会整合必然也必须坚守公共性的价值追求。“教育是社会实现相互合作(包括代际合作）以及个人发展与社会发展相互统一的方式，教育的公共性是教育的首要特质。”“如何促发和保卫我们教育的公共性，培养公民的公共精神，就成为我们教育变革的生命线。”（金生鈜，2008）[191,203]

（一）教育公共性是教育实践发展对教育理论的期盼

教育是社会生活的一个部分，教育实践的探索必然与社会生活紧密联系，教育理论的发展也必然扎根于社会生活的变迁。早在20世纪80年代，我国开始从计划经济向市场经济转轨，主体意识得以呈现，这催生了教育理论从客体灌输向主体学习转变。因此，教育理论实现从教师主体到学生主体的转变，学校教育在追寻学生的存在价值。20世纪90年代中期以来，随着社会主义市场经济的深入发展，特别是城市化浪潮的扑面而来，城市与农村二元社会结构的碰撞、交叉与融合不断加快，社会结构与社会文化变得日益多元。传统的单一的主体性教育思维模式逐步转向主体间性交往的建构思维模式。此时，教育理论的发展也从主体性向主体间性过渡，学校教育在追寻师生的成长价值。进入21世纪，全球化的影响触及社会生活的各个角落，人的需要的非自足性与非满足性日益明显，民族国家发展需要的非自足性与非满足性也更加明显。如前所述，此时学校教育逐渐陷入个体性、功利性的发展困境，教育的本真回

① 这里，笔者并不认为学校教育只是今天才开始有公共性的问题。事实上，当代的学校教育中，对公共性的追求是一直存在的，只是在不同时期，教育公共性的内容和特质是各不相同的。教育改革以前的学校教育也在追求公共性，但是那时的公共性是一种狭隘的单一政治化立场的公共性，是过度同一的，缺乏对个体的尊重，就类似于涂尔干所说的“机械团结”。在这里，我所设想的教育公共性则是充分尊重个体的、富有包容性的公共性，就类似于涂尔干的“有机团结”。据此，本研究的公共人也是基于真正意义的个体人的培育。

归成为教育的最大关注。为此，教育不仅要弘扬人的主体性，而且要倡导主体间性，矫正过度的个人主体性；不仅要倡导主体间性，而且要培育公共性。(孙迎光，2011)

（二）学校教育需要什么样的公共性

教育公共性的探讨就是要运用公共性的理论来理解和净化教育。因此，教育与公共性不是简单的概念拼凑，教育需要的是一个深嵌其中，积极回应教育实践的叩问来支撑教育理论发展的公共性，换言之，教育需要的公共性，不仅是一种分析的工具和立场，它更是学校教育发展的内在诉求和应然品质。

在我国，教育公共性的研究起步较晚，目前的研究主要集中在对教育公共性内涵、教育公共性危机的诊断与原因分析、教育公共性的理论溯源等方面，在这里，笔者只是想简单阐释教育公共性的内涵及其功能。关于教育公共性的概念很多，但大多数都是描述性的，这里主要借用日本学者藤田英典（2001）[201-202]的分析，他将教育的公共性划分为以下六个方面的内容：(1) 应该由谁来控制和管理教育；(2) 应该由谁来负责教育；(3) 应该由谁来教育学生；(4) 应该指向一个什么样的公民社会；(5) 应该保持何种程度的教育机会平等；(6) 教育应该指向什么程度的文化和经济水平。对这个框架进行简要分析，我们可以发现，教育公共性的内涵是比较丰富的，它可以是学校教育外部的公共性，如教育政策、教育财政等；可以是学校教育内部的公共性，如教育行为、教育内容、教育者等；也可以是学校教育内外共同关注的公共性，如教育价值、教育成果、教育功能等。在这一框架下，我国的不少学者也对教育公共性的内涵进行了具体的列举，如有学者认为教育公共性表现在“教育的目的与功能的公共性、教育价值观的公共性、教育成果的‘社会共享性’、教育影响的广泛性、教育管理主体的公共性、教育问题是公共管理的逻辑起点等”（余雅风，2005）。教育公共性的功能则表现为公共性是社会分析与批判的工具；公共性是行使教育公共权力和公共政策的基点；公共性是政府践行教育公共服务的价值尺度；公共性是公民获取教育公共利益的存在之所；公共财政是政府实现教育公平的基础。（张茂聪，2010a）

综上所述，公共人的培育需要公共的学校，教育公共性问题是当前学校教育发展的重要维度，本研究所言的教育公共性包含教育的公平正义，教育的公益性、共享性、共生性以及教育对公共人的培育等内涵。

第三节 公共人是基于个体性与公共性张力的自我实现

关于人的本质，马克思主义哲学认为有三种基本形态（马克思等，1979e），即最初的群本质（以族群为本位，是一种“人的依赖关系”形态）、个体本质（以个体为本位，是一种“以物的依赖性为基础的人的独立性”形态）、最高形态的类本质（是“建立在个人全面发展和他们共同的社会生产能力成为他们的社会财富这一基础上的自由个性”，是一种自由人联合中的个体本质）。由此出发，本研究的公共人是基于类本质的人之存在的思考，它不是群体化的个体，也非无我的抽象虚构，他是“以一种全面的方式，也就是说，作为一个完整的人，占有自己的全面的本质”（马克思等，1979d）。就本研究而言，类本质意义上的公共人是个体性与公共性的张力性存在，这就意味着“人的个性化生命，只能存在于同他人生命的内在统一的一体性关系中；人作为人的本性，只能存在于同外部世界即人的对象性存在的内在统一性的一体关系之中，而且这种一体性的关系不但构成人的有意识的活动的对象，同时还是人的自为活动所遵循的一个基本原则”（高清海，1998）。为此，我们的学校教育就是要引导个体在自身存在的审视中去建构一种人与人、人与自然、人与自身的新的关系性存在，探寻人之为人的类主体本质。

一、主体性的现代性困局

（一）“主体性的凯旋”与个体人的膨胀

探寻“主体性”与“自我”一直以来都是西方哲学的传统。在早期的社会形态中，人与物是一体的，因此无所谓自我的独立性、主体性。随着“人是万物的尺度，是存在的事物存在的尺度，也是不存在的事物不存在的尺度”命题的提出，人作为主体自我得以进入理论的视野。苏格拉底在“认识人自身与社会”的指引下，将“自我”这一主体从客体中分化出来，但是他对“自我”的认识与“神创论”相矛盾，于是借助于上帝赋予人类所特有的理念能力，“自我”可以与上帝对话，这样他又赋予了“自我”认识客体的能力。这种认识能力被柏拉图进一步普遍抽象化，从而脱离了个体的存在，成为一种普遍的实体——“主我”。柏拉图的“理念论”使得主体的思维领域成为哲学研究的对象。亚里士多德看到了柏拉图“理念论”对主体的超越所带来的空洞感，他指出“主我”超越但并不能脱离“自我”而存在，因此，主体不只是“思维的动物”，还是“政治的动物”。这就使得主体自我的发展更进一步，从与自然的分离走向与社会的关联。

中世纪，上帝是真正的主体，因此人的主体性是依附于上帝的，人的自我实现其实就是皈依上帝。但是问题在于，皈依上帝的自我，主体性如何体现呢？“神创论”的观点认为，主体的存在体现于上帝的意志中，同时上帝又赋予主体以理念能力。因此，人的主体性就是表现为自我借助于上帝赋予的理念能力，通过自我的内省思考，找寻到上帝，从而找寻到“自我”。在这里，以奥古斯丁（Saint Aurelius Augustinus）为代表的宗教哲学家们完成了一次很有意思的视线转移，将古典的“自我”（关注自我与自然、社会的关系或行为）转向“内省的自我”（关注的是自我如何感知自己与上帝的关系），这样认知活动本身，即“内省”就成为“自我”主体性存在的特质。因此，此时的主体“不要走向外部，回到你自身。内在的人存在于真理中”（泰勒，2001）。

文艺复兴开启了“现代性”运动的大幕，它试图将主体的人从对上帝的依附中解放出来，寻求一种自我的确定性存在。因此，怀疑便成为主体解放的可行路径。在笛卡尔（Rene Descartes）“我思故我在”的命题背后，支撑主体之思的正是对一切知识和真理的怀疑，因为这样的怀疑之思使“自我”得以呈现，而且笛卡尔认为只有正在怀疑的思维活动本身以及与之直接相连的思维者才是确定无疑的，由此，主体在思考中找到了自我，“我思”故“我在”。然而，笛卡尔将“怀疑（我思）”本身作为确定性的明证，也就意味着“自我”是不完满的（因为“自我”也有不思的时候），是有限性的，为此，笛卡尔只好又请出了上帝。随着笛卡尔对上帝存在的证明，原先作为本体论上首要确定性的“自我”，就只剩下认识论上暂时的逻辑前提地位，由此，笛卡尔的因“我思”而存在的“自我”就变成了上帝“天赋观念”的容器，丧失了理性自主性的主体地位，自我不再由自身来保证，而是依赖于上帝的天赋观念。

为了反对笛卡尔以天赋观念对自我主体性的置换，洛克（1991）把一切知识和观念的来源诉诸“感觉”和“反思”这两种主体所特有的理智能力，提出了“自我意识”概念。他认为自我意识不仅是思维的前提，而且是人格同一性（自我同一性）的前提和基础。“所谓人格就是有思想、有智慧的一种东西，它有理性、能反省，并且能在异时异地认自己是自己，是同一的能思维的东西。”这样，“洛克的自我—人格同一性，借助自我意识的延续性，试图克服笛卡尔那断裂的时间，使自我得以成立，复归于完整。自我（人格）成为变化着的不同时间中的不变者和自身同一者”（林少敏，2010）。然而这种建立在经验主义格局之上的自我意识与自我同一性，最终将被经验的有限性所消解，因为经验是流变的，也是易逝的，那么基于经验的“自我意识”也是不确定的，那么自我也就得不到确证。

基于此，康德认为只有超越经验才能找到自我并为自我奠定可靠的基础，于是，他提出了“先验自我意识”以区别于洛克的“经验自我意识”。同“经验的自我”相比，“先验的自我”是普遍性的“纯我”，是一个具有纯直观形式和纯粹知性范畴的理性统一体，它始终和对象意识是相互依赖的，对象意识的确立过程也就是自我的实现过程。至此，自我摆脱了异己对立的“对象”以及随之而来的所有经验有限性的纠缠，独立于经验之上，成为一个纯粹形式的“自在之物”。与此同时，“对象”也成为认知主体的自我建构、自我设定的东西，而不再是外在于主体并与主体相对立，由此，人便可以“为自然立法”，人的主体性得到了极端表达，世界成了理性主体自己可以随意支配和征服的对象。

客观而言，主体性原则的确立为现代社会提供了一种全新的知识与价值视角，使人从上帝的控制中得以“脱嵌”，个体性得以彰显，成为一个真正的“人”。然而，在这个主体自我的实现过程中，本身也隐含着对“自我”消解的现代性危机。因为，“差异性个体的自我选择加剧了价值多元化，而理性所必致的普遍性追求，使自我总是倾向于将个体价值上升为普遍和绝对的价值”（林少敏，2010）。这正如中国社会的个体化进程，个体的“解放”如脱缰的野马，在其自由奔跑的同时，谁也遮不住它身后扬起的滚滚尘土，个体人的膨胀便是这尘土中的魅影。

（二）“主体性的黄昏”与公共人的期待

当“主体性的凯旋”在现代化的困境中逐步走向“主体性的黄昏”，各种消解主体观念的理论层出不穷。后现代主义认为，“实在并非为一个单一的、整合的体系，恰恰相反，它是由异类元素和事件构成的一个非一统的、碎片化了的聚合。甚至‘自我’都不是一个统一的整体，而是一些非整合的意象和事件的杂合”（邵迎生，1999）。于是，主体被宣告“死亡”，“我”不再是主体人格的“核心”或“本质”，不再是一个有着可靠的、自主的能力来反映如何行动或如何理解“我”的生命及其意义的独特个体。于是，“自我”也不再是一种存在状态或是一个产品，而只是被视为一个过程。诚然，主体性的解构有助于消解主体的现代性困境，但是它并不能解决主体的存在路向。过程化地理解自我可以为自我研究开拓疆域，但是它同样也不能解决自我存在的现代性困惑。究其原因，就是这些主体消解的努力，其实只是为了从孤立的“自我主体”困境中走出来，都在以个体本质的视野来解决个体本位所造成的矛盾。无论是彰显个体本质的现代主体，还是消解个体本质的后现代主体，都只是一种个体本质意义上的人。事实也是如此，碎片化的主体并没有摆脱主体的现代性困境，反而在个体化的进程中越陷越深。“无中心、反权威的后现代性思想将我们带入一个断裂、碎片的扁平世界，偶然、混乱、表面被宣布为全部的真实，生活在联系的阙如中缺少了纵深感，感性的当下不仅意味着对现代性所崇尚的未来观念的颠覆，也表征了一种生存意义上的孤独。”（沈湘平，2008）

至此，这里的问题本质已经很清楚，主体的现代化困境原因很多，但是只局限于从单一的个体本质来理解主体的解放与消解，应该是其中最为重要的原因。因此，要走出主体的现代化困境，缓解当前我国个体人膨胀的趋势，就需要我们从类本质的角度来思考主体的自我实现，而公共人则可以是对此进行探索的一扇窗。

二、主体自我实现的新探索

（一）自我实现的两种路径

自我实现概念最初多是在哲学范畴内使用的，而马斯洛（Abraham Harold Maslow）的自我实现理论则具有开创性地位，被广为认同。马斯洛的层次需要理论将人的需要由低级到高级依次分为五个层次，即生理需要、安全需要、归属需要、尊重需要和自我实现的需要，而自我实现则是居于最高层级的需要满足，是一种“高峰体验”。那么，人为什么要自我实现呢？马斯洛认为原因就在于人性中具有与生俱来的满足需要的原始冲动。当然，这只是马斯洛对自我实现的最常见的一种理解。事实上，马斯洛对自我实现概念的使用并未形成一种连贯的、明确的自我实现理论，甚至是有些含糊不清，“有时他把自我实现看成是一种自发性动机，有时则看成是一种综合性的健康人格特征，有时把自我实现视作一种终结状态，有时则视为一种过程或趋向”（郑剑虹，2004）。此后，萨特、艾里希·弗洛姆（Erich Fromm）、莫里斯（Charles William Morris）等都对自我实现有过较多的论述，虽有差异，但是基本的共性在于以抽象、孤立的“个人”作为研究的出发点，以非理性的“体验”和“直觉”为自我实现的精神动力机制，以个人价值本位为基本价值取向（吴倬，1997）。可见，传统西方语境下的自我实现依然是循着现代主体论的路线行进的，因此，它同样无法摆脱主体的现代性困境。在现实层面上，个体的自我实现主要表现为对个人利益的无限追逐，这与西方的私有制经济相匹配，产生的是个人主义的种种表现，如个人英雄主义、自私自利等，甚至有些人陷入极端的个人主义而无法自拔。正是源于此，我国在很长一段时间内，都是以贬抑的方式来对待自我实现理论。

在现代中国，严格意义上说并不存在完整的自我实现理论体系，但是经典作家对人的自我实现是有关注的，而且在这样的思想指导下，我国的个体自我实现之路是完全异于西方的。马克思、恩格斯（1979a）指出，“在社会历史领域内进行活动的，全是有意识的、经过思虑或凭激情行动的、追求某种目的的人”，每一个人正是“追求他自己、自觉期望的目的而创造自己的历史”。可见，在社会活动中，个体都有自我实现的愿望，那么个体如何才能实现自我呢？马克思（1979f）认为是通过劳动来实现的。他认为，一个正常的人都有劳动的需要，而且劳动的目的首先是由外在的因素所提供的，当劳动的“外在目的失去了单纯外在必然性外观，被看作个人自己提出的目的，因而被看作自我实现，主体的物化，也就是实在的自由——而这种自由见之于活动恰恰就是劳动……劳动会成为吸引人的劳动，成为个人的自我实现”。概言之，马克思主义中的人的自我实现就是当个体把本来是外在要求的劳动变为自己的内在需求，并以自由的心态从事劳动，在满足了劳动外在目的和自身需要时，也就完成了自我实现。从这里，我们可以清晰地感受到，现代中国对个体自我实现的路径安排：第一步，承认每个健康的人都有实现自我的需要，但是驱动力不是这个原初的需要，而首先是外在目的对劳动的需求，在我国最初和现在都是生产力因素；第二步，因为个体与社会、国家是一体的，面对生产力的落后，每个人都想改变它，于是生产力发展的外在目的就变成了个体的自我实现的目的，这时新的驱动力产生了；第三步，当这样的一种劳动需要吸引个体自由地参与其中，一旦劳动完成，实现了外在目的即发展了生产力，同时也满足了自我发展的需要，那么此时的个体就实现了自我。由此可见，中国的个体自我实现之路是从国家需要出发，将个体的自我实现与国家社会的发展融合在一起完成的。这在一定程度上有利于个体性与公共性的融合，但是很遗憾，在具体的实践中，我们对这一观点存在片面的强化，在自我实现的出发点和归宿点上都始终坚持国家（集体）利益的绝对优先，而忽视了个体的利益诉求，甚至是以国家（集体）利益抹杀了个体自我实现的需要，曾经的"螺丝钉"精神、"大锅饭"体制都是具体体现。当然，随着社会主义市场经济体制的完善和社会的全面转型，劳动的国家（集体）性质有所弱化，劳动的外在目的和内在需要逐步转向个体，劳动成为个体的劳动，个体在自主劳动中谋求自我实现。正如前文所述，当这种劳动被市场经济所浸润，被消费主义所裹挟，它对自我实现又产生了新的异化，这也是对个体人原初意义的异化。

随着全球化趋势的进一步加强，中西方文化交流日渐增多、加深，自我实现理论的发展也呈现出一种相互借鉴与融合的趋势。上述自我实现的两个基本路径都试图在对方的发展中寻找嵌入点，就我国而言，它们逐渐演变为主体自我实现的两个基本价值维度，即科学主义取向和人本主义取向。简单来说，科学主义取向关注的是自我实现的客观规定性，包括社会规定性、自然存在的客观规定性等；人本主义取向关注的是自我实现的主观价值，包括主体的能动性、自觉性、创造性等。

（二）公共人：主体自我实现的当代路向

公共人意义上的主体自我实现，跨越了传统的个体本质视野中的自我实现，它是从人的类本质的视角来看待主体的自我实现，因此，这里的自我实现就是“一种与个体的自我知觉和经验相协调的潜能的发展过程。这种过程具有动力性和组织性，被一种既具有超文化的普遍性又具有个体的独特性的基本趋向所推动。这种趋向的最终目标是整个人的成长”（郑剑虹，2004）。

其一，作为公共人的主体自我实现，是“超文化的普遍性”和“个体的独特性”的有机统一。所谓超文化的普遍性，不是传统的国家性或社会性，而是一种公共性，即超越了民族国家的文化意识而存在的公共性诉求，它是一种基于共在而历史地达成的统一性。所谓个体的独特性，是指个体在与社会的交往中得以呈现的独特性和差异性，这是个体在一个敞开的公共领域因他者的存在而获得自我在场的真实体验。正如类本质的特点，它是建立在个人全面发展和他们共同的社会生产能力成为他们的社会财富这一基础上的自由个性，因此，公共人的自我实现追求的是在个体性与公共性彼此悦纳基础上的共进与共享。它们不是群体与个体的对立，而是共性与个性的有机融合，是个体人向公共人的自然演进。

其二，作为公共人的主体自我实现，其最终目标是“整个人的成长”。这里的“人”不是个体本质的人，而是类本质的人，是真正意义的个体人。正如康德（2002）所说：“不论是谁在任何时候都不应把自己和他人仅仅当作工具，而应该永远看作自身就是目的。”人是目的，这是公共人的最大追求，也是公共人自我实现的内在准则。类本质的公共人是一种自由人联合体中的自由个体。为此，一方面，作为公共人的个体，他不会把自己变成工具，尤其是政治或是名利的工具，他与他者共在，但不属于任何人或组织，他是真正的个体人而非“政治人”“组织人”或“经济人”等；另一方面，作为公共人的个体，也不把他人当工具，他们在一种相互悦纳的共在中通过“理性的交往与商谈”，而非政治的奴役、经济的压迫或是文化的囚禁，促成公共舆论和公共行动，并各自在此过程中激发公共性的彰显。

其三，作为公共人的主体自我实现，其动力性源自于个体性与公共性的合理张力。公共人不是一个预设的静态个体，而是一个动态建构的个体。公共人是以个体的形式存在的，必然存在着对个体性的追求，公共人又是具有公共性追求的个体，公共性才是其存在的本质特征和内在规定。传统的主体自我实现，无论是西方的个体人，还是中国的组织人，其实质都是打破个体性与公共性的平衡，消解个体性与公共性的张力，使得人的自我实现呈现出一边倒的失衡状态。也正是这样的失衡，使得自我实现缺乏可持续的有效动力。而公共人则不同，个体性的发展是在与他者的公共性交往中呈现出来的，越是丰富的个体性越会成为公共性提升的材料，反过来又引导着个体性更加丰富地发展。这种彼此悦纳与交往，使得公共人保持着鲜活的动力源。

其四，作为公共人的主体自我实现，其组织性源自于他们共在的世界。“人是存在着的，是在世界——这个世界不是自然意义上的世界，正如马克思、阿伦特、库尔珀强调的是属于我们的世界——中存在着，也一定是与他者共在着的，这是人存在的本真状态。”（沈湘平，2008）换句话说，公共人自我实现的组织性在于公共领域的建构，它不是一个预设的制度，也不一定是一个具体场所，而是“那些允许市民之间公开的和合理的辩论以形成公共舆论的社会机制”（埃德加，2009）[143]。由此可见，公共人自我实现的组织性其实也是一个场域自我建构的过程，并在这个建构的过程中，形成公共舆论，达成公共行动，完成自我实现。

三、公共人的现代特质

公共人是基于人的类本质而实现的个体性与公共性的张力性存在，他是当下个体自我实现的新路径。公共人的自我实现之路不仅是一个不断自我创造、自我实现的过程，而且是一个和他人不断相互创生的过程。相对于个体人、组织人、经济人、政治人等概念，公共人具有其自身的现代特质。

（一）公共人：公共精神的承载者

如前所述，公共性是具有精神、利益、空间和人等四个维度的一个立体概念，而公共精神又是公共性中最为重要的一个维度，因此，公共人的首要特征就是对公共精神的追求。所谓公共精神，“是以利他的方式关心公共利益的态度和行为方式，落实在公共生活、公共利益中，在主观意愿中寻找动力，自主地追求公共利益，并在态度、行为方式上达到与他人的沟通”（林琼斌，2009）。据此，“公共精神不仅表现为一种理念，更表现为一种行动。作为理念的公共精神表现为一种价值取向，即公共善；作为行动的公共精神表现为公共参与”（杨芳，2008）。基于这样的理解，公共人对公共精神的承载表现在以下三个方面。其一，公共人是公共精神的辩护者。当下的社会生活中公共善是一种喜忧参半的存在，既有“小悦悦”事件折射出的公共冷漠，郭美美事件引发的公益慈善危机，也有最美女孩的舍身相救，最美教师的大爱无疆，对此，公共人必须有所行动，他会打破个体人的冷漠与自闭，坚定地为公共精神辩护。其二，公共人是公共精神的践行者。公共人本身是公共性与个体性的统一，因此，他必然存在着对公共善的追求，并以自己的行动践行这种公共善，这是公共人区别于个体人的精神特质。今天我们不缺乏感动，尤其是在电子媒介的冲击下，我们每天都能看到、听到各种需要公共精神关怀的事件，但是电子媒介也隔离了我们，麻木了我们，很多人对待别人的苦难已经满足于一声叹息，而缺乏有效的践行。其三，公共人还是公共精神的再生产者。公共人不是被动的受塑者，他是在主动建构公共领域的过程中自我实现的人，他的自我实现是在与他者的互动中达成的，因此，互助责任就是公共人对公共精神的再生产。公共性是包容个体性的公共性，因此，公共人应该追求独立的人格，并以此来丰富社会的公共精神内涵。正如当下很多具有公共情怀的人，他们或选择默默奉献，或选择高调慈善，或选择临危受命，或选择恪尽职守，所有这些个体的精神都在不断丰富着公共精神的时代内涵。

（二）公共人：公共利益的捍卫者

公共性论题探讨的“是‘公共领域’而非‘私人领域’的问题，涉及的是公共利益而非个体利益，关注的是放大的人的需要，而非生命个体的人的需要”（张继亮，2011）。可见，公共人必然具有从类本质的层面捍卫公共利益的使命。然而，现实生活中“凡属于最多数人的公共事物常常是最少受人照顾的事物，人们关怀着自己的所有，而忽视公共的事物；对于公共的一切，他至多只留心到其中对他个人相关的事物”（亚里士多德，1965）。造成这种个体人利益观的原因，一方面是基于“人对物的依赖关系”而产生的个体自私性，它不是真正的个体性，而是对个体性的异化；另一方面则在于对公共利益的曲解。在传统中国，公共利益问题长期以来都被阶级和国家的形式所笼罩，公共利益被窄化为阶级利益或是国家利益。事实上，公共利益与国家利益、阶级利益、共同利益是有明显区别的，公共利益的关键在于公共性、开放性，它不是个体私利的聚合，也不是个体对某些利益的共同享有，而是基于公共交往所需要的，及其再生产所形成的公共利益诉求。具体来说，公共人对公共利益的捍卫表现为两个方面。其一，坚持利益的共享性。公共人是在“理性交往”中完成的自我实现，其本身就意味着个体对他人的利益敞亮，当然，这不是说个体不要有自身的正当利益，而是个体基于公共性交往的需要对彼此利益的共享。在这里，公共利益与个体利益不是二元对立的存在，而是一种交叉互嵌的存在。个体利益中有着对公共利益的分享，公共利益中也有着对个体利益的再生产。其二，坚持利益追求的正当性。毫无疑问，区别于国家、阶级利益的公共利益在本质上就决定了它的正当性，这也是判断公共利益的重要标准。这种正当性既表现为公共利益对他者利益的尊重与保全，而不是侵害，又表现为公共利益获得的手段与方式必须符合文明社会的道德要求。正所谓，“行不偏私，乐善好施”。

（三）公共人：公共空间的建构者

严格意义上说，今天的中国社会虽然开始出现国家与社会的分离趋势，但是在国家与个人之间，还没有出现一个真正意义上的“市民社会”。因此，本文使用的公共空间借鉴了阿伦特和哈贝马斯对公共领域的分析，但是又不同于阿伦特纯粹政治意义的独立领域或是哈贝马斯早期物质意义的市民社会，它是一个“介于私人领域与公共权力领域之间的中间地带，是一个向所有公民开放，由对话组成的，旨在形成公共舆论，体现公共理性精神的，以大众传媒为主要运作工具的批判空间”（袁祖社，2007）。从这个意义上说，公共空间不一定是一个具体的场所，它可能在一个具体的场所中诞生，也可能是存在于一个虚拟的空间，但是毫无疑问的是，公共空间是一个需要在建构中生成的空间（也可能只是一种社会机制），是一个充满对话与合理辩论的空间。基于此，作为建构者的公共人必须做到两点。其一，公共人需要培育批判精神。公共空间作为一个“允许市民之间公开的和合理的辩论以形成公共舆论的社会机制”（埃德加，2009）[143]，它必然是开放性的，为此参与其中的公共人本身必须具有开放性的品质，通过对现实问题或是他者观点的批判来形成公共空间的批判氛围。当然，这里的批判必须是基于共同利益观照下的观点辩论，而非私利。其二，公共人需要充分的公共交往。公共人不是一个业已完整存在的人，而是一个在与他者的交往中不断建构的自我。这里的交往应该是一种公共性的交往行动，它是人们之间有意义的互动，它既包括“将共同假定视为理所当然的‘共识行动’，也包括‘旨在获得一种理解的行动’，在这种行动中我试图建立起那种共同的根基”（埃德加，2009）[24]。由此可见，公共人在交往中建构自身的同时，也在建构他赖以栖身的公共空间。

（四）公共人：公共生活的行动者

人的维度是公共性的核心，无论是精神、空间还是利益，最终的落脚点都在于人。那么，生活中的公共人最重要的特质是什么呢？——行动。因为公共人是个体性与公共性的张力性存在，他本身就内在地规定了其行动者的本质，即为了承载公共精神、捍卫公共利益、建构公共空间，任何一个试图成为公共人的个体都必须进行有意义的行动，而不是只满足于个体的需要，做一个“旁观者”。这里要区分一下行动与行为，在哈贝马斯看来，“行动（action）是一个人有意图的和有意义的活动，行为（behavior）是一个人无意识地或因果性地被决定的活动”（埃德加，2009）[1]。在阿伦特看来，行动则是“行动者‘自我之展现’”。那么，公共人如何才能成为一个社会生活中的行动者呢？其一，公共人要成为“言说者”，而非“沉默者”。阿伦特认为，无言之行动不再是行动，因为不再有一位行动者。行动者，即践履某种行动的实践者，在他同时是一位“言说者”时才是可能的。因此，公共人的社会生活需要积极的公共表达，以促进公共舆论的形成。公共空间内的交往有利于公共舆论的形成，而公共舆论的形成则需要公共人敢于并善于进行自我的公共表达。所谓公共表达，在内容上必须是对公共利益问题的关注，在形式上则是要借助公共的话语体系来进行。正如哈贝马斯所担心的那样，公共舆论是“对一个共同立场的公开商议和辩论”，而不能演变为“个人的和主观的偏好的纯粹集合”（埃德加，2009）[146]。在今天的网络生活中，个体公共性的困惑即在于此。一方面，网络交往促成了很多基于公共利益诉求的公开商议，它有利于公共人的诞生；另一方面，网络交往中的很多公开商议和辩论正在被个体的、主观的偏见所占据，制约着公共人的诞生。其二，公共人要成为“行动者”，而非“行为者”。旁观是异化的个体人的存在方式，行动才是公共人的生活姿态。当下社会生活中最大的弊端就是个体人的膨胀与公共人的衰落，其原因非常复杂，但是缺乏行动是一个重要的根源。公共人以自己的积极而有意义的行动参与到社会生活中，不仅以自己的社会性表达打破沉默，助推公共舆论的形成，更为重要的就是以自己的公共参与打破旁观，促进公共交往，体现行动对公共人的塑造，从而实现对公共人的“自我之展现”。

综上所述，在我国，市民社会或是公共领域虽未成型，但是个体对公共性的追求却一直存在，特别是随着社会主义市场经济的发展，社会转型以及主体的现代性困境，使得公共性重回视野，公共人成为消解个体性与公共性紧张的一个有益探索。

就教育学而言，我以为学科发展的内在核心问题是对“人”的认识。教育学基本理论的突破，需要从对“人”的认识的反思开始。……在理论上，“人”的问题，既是教育学必须回答的前提性问题，又是教育学建构中不可或缺的核心问题。

——叶澜

第三章 学校教育中个体人的膨胀与公共人的衰落

学校教育的真正底蕴是“以人为目的，以成人为宗旨，以人对人的方式进行‘人’的教育”（王啸，2003）。人的问题，是教育必须回答的前提性问题，“教育的意义只能在探索教育与人、教育与人生、教育与生活等问题的过程中去寻找。唯此，教育学科才能将基础牢牢扎根于、建立于、生长于人的世界、生活世界之中”（金生鈜，1996）。因此，教育与人的关系是不言自明的。然而，学校教育中人的应然与实然，教育中人对人的方式如何，等等，却具有广阔的探讨空间。

在推进素质教育和实施新课程改革的进程中，在“一切为了学生、为了一切学生，为了学生一切”的旗帜下，学生被设计为学习的主体、成长的主人，教师被设计为学生成长的同路人、引路人，管理者被设计为教师专业发展与课程特色建设的设计师、服务者。那么，在素质教育深入发展、新课程改革已过两轮的今天，基础教育阶段学校的育人实然状态又是怎样的一番景象呢？

第一节 学校管理中的“集体人格化”

一、学校管理的合法性危机

从教育社会学的角度来看，“学校组织是外部社会与学生之间的一个中介，外部社会对学生个人的影响往往（并非总是）要经过学校组织的‘过滤’与‘加工’”（吴康宁，1998）[251-254]。事实上，学校的这一组织性质也非常符合我们传统意义与现实生活中对学校的理解。就传统而言，西周时期的教育就开始“崇四术，立四教，顾先王诗书礼乐以造士”。“司马辩论官材，论进士之贤者以告于王，而定其论，论定然后官之，任官然后爵之，位定然后禄之。”（《礼记·王制》）它通过“官师一体”的形式，实现了学校教育与官吏选拔的统一，这也成为我国漫长的封建社会所遵循的重要原则。就现实而言，今天的学校是国家进行意识形态与文化教育的机构，是国家与社会要求的代言人，它代表国家和社会来选拔、培育未来社会所需要的人才，在这里，接受教育是每个人的权利，同时也是一种义务。简言之，学校是社会与个体成员之间的纽带，是未来社会合格成员的孵化器，而这恰是学校及其管理的合法性依据。然而，在今天的学校生活中，这种合法性却受到了挑战。

（一）身份危机：这是谁的学校

学校作为社会的代言人，它承担着对未来社会成员进行甄别、选拔、培育的社会责任，同时也承担着促进学生个体社会化的教育责任。在韦伯看来，“一切权力，甚至包括生活机会，都要求为自身辩护”，而“任何一种统治都试图唤醒和培养人们对其合法性的信念”（哈贝马斯，2000）[127-129]。当下，学校也在通过各种途径来论证自己身份的合法性，并且引导其他社会成员对此身份进行认同和强化。然而，现实的困惑在于，这究竟是谁的学校？

回答之一：这是利益的学校。从学校的诞生之日起，无论是国学与乡学、官学与私学，还是世俗学校与宗教学校，都有其具体的身份定位，但是所有的学校又都离不开一个共性的身份，那就是兼具育人功能与社会功能的文化教育机构，学校是非营利性的。然而，今天的学校在这一核心角色上正在发生着异化。一方面，学校对未来社会成员的选拔，正在素质教育的大旗下，在打破考试选拔的呼声中，将学业竞争从依靠学生能力转变为依靠其他实力，结果就是“择校热”愈演愈热，高额“赞助费”屡禁不止。另一方面，学校对个体社会化的作用正在演变成一场“升学率大战”，个体社会化被窄化为个体学业发展，学业发展又被窄化为升学率，而在这一连串的异化行为的背后则同样是巨大的利益驱动。现实中，教育行政部门以升学率来决定是否增加对学校的行政拨款，学校以升学率来决定教师奖金的多寡，家长则以升学率来决定是否交以及交多少赞助费，如此一来，追求利益最大化就代替了责任成为推动学校运行的动力源。

回答之二：这是权力的学校。始于西周的“官师一体”一直都是我国封建社会学校教育管理中的重要原则，在新中国成立以后，虽然不再推行这一原则，但是学校的“官本位”现象却依然存在。其原因就在于，今天的学校依然是采用行政化的管理机制。以校长为代表的学校管理层都是“红顶学者”，他们有两个上升路径，其一是继续行政化，走官员升迁之道。一般来说，现在的教育行政管理部门的主要负责人都是从学校中提拔产生的。其二则是学术化，走业务发展之路，从现在的特级教师和教授级中学高级教师的评选来看，无任何管理职位的普通教师仅约三分之一。按照江苏省的现行规定，四星级的高中校长必须“在省市范围内有较大影响”，对照条件，一般都要达到特级教师、教授级中学高级教师的水平，如此一来，这两个路径之间又有着千丝万缕的联系。现实就是，教师业务要发展，最好先占一个管理位置，领导要有更好的发展，就需要占据更高的位置，这样，他才能集自己权力范围内的一切资源为自己开辟上升通道。校长要评特级，整理材料可以由办公室作为公务来做，课题申报只需签个名，其他的是教科室的分内工作。中层领导要评特级，处室的科员也会分工合作、全力以赴。但普通教师要评特级，却只能自己搞定全部。如此这般，学校的公权力就成了校长领导们的私权力。“官”则自然成为学校教育中挥之不去的魅影，而权力就是其后的硬道理。质言之，无论是利益还是权力，其本质都是一个“私”字，都是人之个体性的内在诉求。

（二）权威危机：管理的权力从哪里来

在“官师一体”的封建教育体制中，学校管理者本身也是政府官员，因此，其管理的权威同样来自于“君权神授”。到了现代社会，管理的权力是基于契约精神的一种让渡，因此，学校管理者的权威必须是内外兼修的结果。从外部来看，学校承担着为社会培育合格人才的工作，因此，社会必然要将自己的一部分管理权力让渡给学校，由学校代为施行，由此，学校管理者便获得了其权威依据，即他是代表全体人民、代表国家与社会的。从内部来看，这种外赋的权威如何转移呢？在学校内部，管理者的产生理应是教师群体内部的权力让渡行为，是教师群体将自己的权力在“教而优则仕”的规则之下的让渡，从而使学校管理者获得管理学校的权威，即他是代表全体教师、代表学校的。简言之，学校管理者的权威源自于社会与学校、学校内部教师群体之间的契约关系与权力让渡。

然而，当下的学校管理者却日益成为教师的对立面，甚至是学校的对立面，其管理的权威受到广泛的质疑。

其一，教育均衡化发展的异化，导致了契约精神的消解。教育均衡化的本意在于通过优质教育资源与相对劣势教育资源的整合，实现教育的均衡化发展。但是，在目前的实际运作过程中，多数地区和学校采取的都是一种浅层次的人才流动，或是“拉郎配”式的学校集团化发展，其结果则是消解了社会与学校、学校管理者与教师群体的契约精神。一般而言，校长是社会与学校契约关系的坚定执行者，然而在校长任职五年必须轮岗的条件下，他关注的多是在其任期内的学校“政绩”，而很难从社会发展对学校长远要求出发，规划学校的发展。当学校的制度修订、教育管理和课程教学都围绕这样的中心思路展开，缺乏了对学校未来发展的担当时，管理者就很容易滑向学校的对立面。在“拉郎配”式的学校集团化发展中更是如此，校长的工作不是苦练内功，办好学校，而是要多练外功，促成联姻。因为，一桩好的联姻能改变一个校长的命运。当然，这种对契约精神的消解是双向的，当校长等管理者走向学校的对立面，教师群体必然会走向他们的对立面，管理权威就失去了支撑。

其二，“教而优则仕”的权力让渡规则被打破，难以兑现群体对分享未来的承诺，弱化了教师的集体归属感。无论是作为社会系统，还是社会组织，学校本质上都是一个共同体。“作为一个整体，这个结构原则就是要消除一切歧视和苦难，包容一切边缘群体，并且相互尊重。”（哈贝马斯，2002）在学校内部，管理者的权威正是来自于群体在相互尊重基础上的权力让渡，其原则就是“教而优则仕”。但是，当下的危机在于，这种规则被逐渐打破。学校管理者的产生不再是教师群体内的权力让渡行为，而是群体之外的力量所致或是群体内部非“教而优则仕”的规则使然。具体来看：情形之一就是管理者的产生完全是群体外的空降部队，校长成为一个对该校毫无概念的“外来和尚”，甚至不是“和尚”也来了。以 N 市某百年高中名校为例，一年内更换了 5 个校领导中的 4 个，第三年另一个也调离，而在这个校领导班子内，既有来自郊县的教育局局长，也有来自职业学校的副校长，在学校这样相对专业化的共同体中如此组合，其管理权威从何而来？基于这样的操作，N 市的素质教育曾一度遭遇到“县中模式”的巨大冲击，很多传统名校的素质教育探索一夜之间消失殆尽，升学率、学生大学录取名单堂而皇之地挂在校门口，贴在道路旁。情形之二就是在校长负责制的权力运行机制下，中层管理者不再是教师群体中的“教而优”者，而多为和珅式的“媚而优”者，中层管理者只需要对校长负责，而不再是对教师群体负责，于是，管理者悄然走向教师的对立面。在这样的共同体中，群体对分享未来的承诺很难兑现，基于契约精神的管理者权威也就无从谈起，因为学校这样的共同体，对教师而言不是一个强制性组织，而是“兼具规范性与功利性的组织”。事实上，无论是契约精神的消解还是集体归属感的弱化，都会导致学校公共性的消解。

（三）信任危机：教育需要什么样的管理

学校是社会的代言人，学校呈现并践行社会发展对人的要求，基于为社会塑造符合其未来发展要求的人才的需要，学校就需要代表社会施行必要的管理，可见，学校管理应该是一种社会性、生成性的管理。然而，今天的学校管理在追求确定性、可控制性的道路上，正日益工具化、人格化，造成了严重的信任危机。

其一，科学主义主导下的学校管理，缺乏对教育、对生命的尊重与理解，带来的是管理的僵化和管理者的信任困惑。“教育是关怀生命、促进生命发展的活动，具有生命性，而且教育现象、教育活动也因为生命的‘在场’而具有意义。”（冯建军，2006）因此，教育学是“成全生命”的人文之学，而学校教育则是一个“成全生命”的文化活动。但是，事实并非如此，当前的学校管理几乎是一边倒地采用科学主义的管理模式，完全忽视教育本身的特性，忽视教育对象的生命特质，施行的是一种纯粹的物性管理。比如，某校在对课堂教学的评价中，为了凸显所谓的学生主体性，竟然机械地规定“一节课45分钟，凡是学生讨论发言时间少于25分钟的即为C级课（不合格）”，在具体的实施中，听课者都配备秒表，以便于精确计时。这是何等荒谬的事情，但却是真真切切的教育事件。而且，更为可笑的是，该校的领导还将其作为学校管理的创新经验对外进行宣传。仔细分析这个教育管理的实例，我们就可以清晰地感受到当前学校管理中的信任危机。在这样的管理中，教师和学生都是对象化的物，即便是他们最具个性化的教学活动和富有生命特质的学习活动，都需要依靠精确的计量。这一方面反映了管理者对师生作为生命存在的漠视以及由此产生的对其教与学结果生成性的不信任，在他们看来，既然无法确信师生可以生成教与学的成果，那就只能借助计量工具对教与学的过程与形式进行测量。另一方面则是将学校管理与教育剥离，成为一种纯粹的工具，从而造成管理行为本身的可靠性缺失。学校管理不同于企业管理，作为非营利性组织管理，它关注的应该是管理如何更好地为教育服务，而不是将教育置于管理之下。工具化的管理必然使得学校管理丧失可靠性，也就失去了可信任的基础。

其二，学校管理中的人格化、个体化取向，消解了群体自身的公共约束力，带来的是管理的公共性缺乏和师生对管理者的不信任。学校管理的本意在于优化群体的内部结构，通过公平与正义的彰显，激发教师群体的自我约束力，从而发挥群体的积极作用。然而，遗憾的是，在基于权力让渡基础上产生的管理层，却忘记了自身的教师身份，褪去了教师的群体特质，逐渐走向教师的对立面。这其中，最为突出的症状就是学校管理忽视了其公共性特质，俨然成为校长的个人舞台。具体来说，在普遍的校长负责制下，校长是学校管理的第一责任人，也自然成为第一权力人，校长的性格特质、知识结构乃至个人爱好都会在学校决策与管理中留下印迹，使得当前的学校管理日益呈现出一种“集体人格化”(桑内特，2008)[128]的倾向。如某重点中学，前任校长是语文特级教师，在校园布置上很注重文化内涵，在他的影响下，学校的校史馆和周边院墙都装饰了富有文化气息的浮雕作品和学生艺术课作业。然而现任校长是化学特级教师，小资作风，上台两年就提出了一系列的校园改造方案，其最大的特色就是要所谓的现代化，围墙亮化改造如同别墅，校史馆则改造成了科技馆的风格，如此这般，浪费钱财不说，更重要的是失去了师生对学校管理的基本信任。事实上，在各所学校中，前后校长在学校管理中大相径庭的做法比比皆是，这种现象造成的后果就是让师生们感觉学校就是校长的，学校管理就是校长的突发奇想，学校制度就是校长的金口玉言，于是学校管理的公共性与公正性遭到普遍的质疑，群体原有的公共约束力随之消解，学校管理的效力也会下降，这反过来又促使管理者变本加厉地进行更为工具化、精确化的管理，如此循环，学校管理自然危机四伏。

二、校园观察之管理者的学校

当下，学校管理的合法性危机所导致的直接后果就是学校逐渐消解了其自身的公共性价值，日益成为管理者的学校。作为学校管理的亲历者和观察者，笔者试图通过对学校管理中诸多重要事件的原生态描述，来呈现管理者学校的实然状态，并探析当前学校公共性价值消解的路径。

（一）学校招生：共同利益名义下的权力分赃①

观察日记：2011 年 6 月 20 日，晴，这是年度中招工作最关键的一次说明会②，参加人员是所有参与招生宣传的教师和工作人员。此时学生中考刚刚结束，也初步估出了自己的考试分数，这时的咨询是很有说服力的。分管校长介绍了各个重点初中的生源情况，但是强调这是事关学校发展的大事，任何人不得外泄。他重点介绍了如何把本校分数线上下 15 分左右的生源游说过来。具体是：对待分数接近的学生，要想办法让他相信招生考试的成绩绝大多数都会被学生低估，所以要敢于冲击我们这样的名校，否则人生会有太多的遗憾，但是绝不可以打包票，以绝后患；对待分数超出较多的学生，要尽量分析竞争对手（比本校好一点的那所重点中学）的弱点，特别是抓住初三学生普遍自觉性较差的特点，强调对方学校教师对学生要求很松，主要是依靠学生自学，同时强化本校有各种特色的实验班，可以很好地满足这些优秀孩子的发展需要。而且还可以分析估分不准的特点，抓住家长求保险的心理，鼓动他们报考本校。总之一点，招生宣传就是要让尽可能多的学生报考本校，至于学生考不上带来的巨大损失，不予关注。校长最后发言，明确要求所有参与招生

---

① 本研究有许多案例是笔者的校园观察日记，都是第一手资料，分析中带有笔者的思考，可能有不尽完善之处，但也都是研究的一部分，下文不再做说明。

② 我所蹲点的学校是一所四星级重点高中，它所在的市，中招实行估分填志愿，而且每个学生只能在全市四星级学校中填一所，所以偶然性非常大。一旦学生成绩达不到该校分数线，那么他将会丧失选择其他四星级学校的权利，直接进入三星级学校，这对学生来说是非常残酷的。

的人员要尽一切可能把好的生源拉过来，动员尽可能多的学生报考本校，并强调这是学校发展的命脉。

2011年7月10日，晴，这是年度中招工作真正具有决策意义的会议，参加人员只有校级领导。此时，学校已经完成了初步的录取工作，即所有达到分数线的学生都已经被录取，但是还有20%的扩招指标和少量的借读指标未确定①，这是中招工作中最关键的会议。按照该校的通行做法，先是各个分管校长把自己部门涉及的关系学生（从表面上看，所有的关系学生都是与学校发展而不是管理者个人息息相关，但事实并非完全如此）的背景，特别是与学校发展的利弊关系进行逐一说明，目的是让所有领导班子成员都知道这些关系学生的基本情况，以便于最后依据学生成绩和关系轻重来进行取舍。在关系学生人数不多的情况下，一般分管校领导有线下10分的权限，即一个副校长的分管领域中的关系学生只要在线下10分以内，通常可以直接录取。如果关系学生人数太多，必须进行取舍的时候，就以关系的轻重来判别，此时校长、书记的关系学生肯定是第一位的，然后依据各个副校长的实际影响力逐一分配。当然，学校还会留出少量指标，满足中层管理者5分权限的关系学生，即学校中层领导可以就自己部门关系密切的人员子女，在线下5分以内，学校考虑给予录取。至于那些几乎不受分数限制的借读学生一般都是校长的特权。当然，对于普通教师，这些规则都是不适用的。

观察反思：生源是学校发展的命脉，这一点对于管理者和教师而言都是非常明确的。但是在招生过程中，管理者实行的实际上是双重标准。对于普通的教职员工，宣扬的招生就是着眼于学校的整体利益和长远利益，并要求招生教职人员抛开个人私利，甚至是舍弃个人良知；对学校的管理层而言，所谓的招生则是在维护学校公共利益的名义下，展开各自私利的博弈，是各级管理者借助公私混杂的关系，为自己谋私利。在

① 按照该市的招生规定，每个学校都可以在线下20分以内招收20%的扩招生，并招收少量的几乎不受分数限制的借读生，这是最能体现管理者学校的地方之一。

这其中，校长是最大的受益者，因为他的关系学生肯定（至少名义上）都是关系学校生存与发展的重大关系户。随着管理级别的下移，各级管理者的关系学生似乎对学校发展的重要性也会随之下移，因此各级管理者在招生中的分数权限和关系学生录取人数也同步减少，到了普通教师则什么关系都没有。理由很简单，普通教师的关系肯定关系不到学校的生存与发展，既然只是关乎教师个体，那么就必然不能在招生这样的大事上胡来，否则会破坏招生的公平、公正。可见，招生很大程度上只是管理者的权力游戏。

（二）人事安排：一幕幕个体情绪的对决

观察日记：2011 年 7 月 4 日，阴，学校分管德育的副校长找一位年轻老师谈工作安排的事情，该王姓老师 31 岁，女性，已婚未育，工作 8 年，也做了 8 年班主任。她本想找副校长商谈能否在今年不安排其做班主任，因为她想为生孩子休养一段时间，但结果却是副校长要找她商量，今年高三有一个班主任做得不是很好，学校决定安排她到高三接这个班的班主任工作。一开始，王老师是百般诉苦，然后是千般请求，最后是万般无奈。因为，副校长的话掷地有声，作为青年教师要有追求，不仅是职称，还有各种学术荣誉，而且学校把这样的高三班级交给你，本身就是对你的高度肯定，所以希望王老师珍惜这样的机会，不要辜负学校和他本人的期盼。结果，王老师还是带着些许的幻想、无奈和期盼走出了副校长办公室，走向她的第 9 个班主任工作任期。

2011 年 7 月 12 日，晴，学校暑假前的全体教职工大会一结束，拿着任务书的外语钱老师就追着教学副校长走进了办公室，很快办公室里就传出大声对话。"校长，凭什么我要教两个文科班？我身体不好，文科班的学生那么差，教两个班我吃不消。""钱老师，正因为文科班学生弱，我们才安排你这样优秀的老师来教的。""凭什么！外语组那么多人，个个都很好，凭什么总是让我教？今年我要求教理科实验班。""这一届学生很特殊，对学校的意义很大，我还是希望你能顾全大局，再辛苦一届。""大局，怎么每次都是我顾全大局？大局什么时候顾过我呢？校长，我跟您交个底，我今年就是不教文科班！"……对话和沉默很长一段时间后，"这样子吧，钱老师你先回家，明天，我和其他领导商议一下，我再答复你。""不行，今天你不答应我，我什么地方都不去。"……在一次次重复的对话与沉默之后，最终校长不厌其烦，还是答应了钱老师的要求。

观察反思：对于学校而言，人事安排是关系学校全局的公共性事务，是学校教育工作得以顺利开展的基本保障，本应具有很强的法规性和严肃性，但是，在现实的学校生活中，上面观察日记所呈现的现象却是非常典型，也是很普遍的。很多时候，学校的人事安排已逐渐弱化其公共性的特点，甚至变成了随意的个体化行为。这具体表现在两个方面。其一，从管理者的角度来看，人事安排本应是全体管理者集体商讨的结果，唯有全体管理者的参与，才可以最大限度地、全方位地客观评价一个教师，从而也为教师的工作安排提供最科学的决策依据。但是在实际的运行中，一方面，具有较大决定权的副校长忙于行政事务，很少走进课堂，因此他就不可能准确地了解每一个教师的真实能力；另一方面，中层管理者为了向领导显示自己经常"沉"在基层，同时向教师显示自己有一定的话语权，就会迫不及待地表达出很多夹杂着个体喜好的教师评价，而这些来自中层管理者的个体化评价恰恰成为决策副校长的主要信息源，于是便会出现人事安排中类似于"刻板印象"的个体惯性，如"班主任做得好，做死拉倒"的顺口溜就是对这一现象的反映。其二，从教师的角度来看，基于第一点的认知，很多教师觉得人事安排就是副校长的个人意志和个体印象（特别是对某教师的评价不合实际的时候，该教师会更加强化这一认知），因此，虽然被冠以学校工作的名义，但是在教师心中，它只是教学校长与教师的个体对决，而非学校工作整体部署与教师作为教学部分的协调关系。本是公共性事务的人事安排工作演变为个体情绪的对决也就不足为怪了，而在这样的对决中，管理者的个体情绪和个体能力则成为最关键的要素。

（三）行政办公会：没有争论声的决策会

观察日记：2010 年 11 月 5 日，雨，今天的行政办公会[①]如期进行，会议讨论的话题是教室电脑的维护与是否要给教师配发笔记本电脑。会议开始，总务副校长简单介绍了基本情况，大致是说教室里的电脑使用时间已经较长，教师在使用中不能很好地爱护，所以故障越来越多，维护起来成本太高，建议考虑让教室电脑自然淘汰，同时为了教学方便给每个教师配备笔记本电脑，并责任到人，上课和备课都用自己的电脑。这本是一个充满争议的话题，因为教室电脑方便了学生，也方便了教学，但不方便的是总务部门的计算机维护人员；而笔记本电脑属于教师个人用品，使用和维护都在教师，计算机维护人员方便了，但是教师却不方便了，不仅上下班要背着笔记本，而且每次上课都要抱着笔记本进教室，每次都要接装音视频线，这势必影响教师使用多媒体技术进行教学的积极性。对学生来说，也是不方便了，学生要拷一个课件，必须在老师一下课的时候就冲上讲台，再说学生的 U 盘太多，也容易感染和损害教师的个人电脑。然而，行政办公会却神奇地出现了一边倒的观点，或许是出于自己也可以得到笔记本电脑的私利，或许是已经了解校长们的真实意图，中层管理者都从不同的角度论证了取消教室电脑、配发笔记本电脑对学校教育教学发展的诸多益处。最后，会议一致通过该决定。事后，我了解到在这次行政办公会之前，已有风声，校长决定配发笔记本，并已经进入政府采购计划。如此看来，所谓的体现集体领导、集体决策的行政办公会不过是一个过场，而所有的管理者似乎也深谙其道，于是，本应体现学校公共性追求的决策会变成了校长意志的论证会。

观察反思：何为管理者的学校，那就是管理者完全控制着学校的发展，消除了学校本应有的公共性，使之成为管理者个体性的附庸的学校。

---

① 蹲点学校的办公体系：最高层是校长办公会，由校领导参加，主要负责一些大事情的初步决策；行政办公会是学校全体中层及以上管理者参加的具体工作决策会议，也是落实工作的协调会议。一般来说，校长办公会的决策都要到行政办公会上讨论、细化、完善，最后分工落实。

从这个学校决策机构的运行机制来看，管理层实际上就是一个校长主导下的权力金字塔；就其结构而言，它是权力分层与逐级减弱的；就其特质而言，它是（校长）权力私化的载体。在校长负责制的名义之下，校长的个体性会基本替代学校的公共性，校长意见就是学校决策的方向，即便是事关学校发展的公共性事件，也缺少应有的争论与对话，本应是观点碰撞与决策讨论的行政办公会俨然已经成为论证领导意图的猜谜游戏，这就必然导致学校的决策缺乏其应有的公共性。一个缺乏公共性的决策，自然难以推进学校管理的公共性。

（四）校园文化：校长个体性格的呈现

观察日记：2011 年 3 月 2 日，晴，学校校庆工作领导小组讨论决定学生校服的款式。为迎接学校的百年校庆，学校决定为学生更换新的校服。按照校长的意图，此次校服更换工作采取民主形式，充分听取学生的意见。在此之前，学校先邀请若干校服生产厂家展示自己的校服样式，然后由学生投票选取自己喜欢的款式，共选出五个套系的校服。在此基础上，学工处组织教师、家长和学生代表对选出的五个套系校服提出进一步的改进意见，并最终确定三个套系交由校庆工作领导小组讨论决定。今天的会议很热闹，学生穿着三个套系的校服逐一登场，各个管理者将会根据自身的判断填写选票，最终民主决定一个套系为正式的校服款式。每次一个学生上场，大家就开始评头论足，意见非常多，基本上是没有共识的，但是大家并不急于在选票上勾选，如此这番，三个套系全部展示完毕，分管的副校长并没有要求所有管理者赶紧投票，而是请大家再总体上评价一下三个套系。一开始，对每个套系，大家都是各有褒贬，但是，直到校长发话之后，似乎大家的意见就很快相对一致了，最后的投票虽然是民主的无记名方式，但是答案却是出奇的一致，那就是校长比较认可的那个套系入选最后的正式方案。

2011 年 4 月 6 日，晴，学校图书馆改造竣工典礼。这所学校的图书馆是四年前刚刚改造过的，时任校长是一位语文特级教师，他非常喜欢文化氛围的营造，所以此次改造前的图书馆很有文化味：墙壁以学生的书画作品为装饰；家具以木质为主，比较复古；办公设施相对简单，但藏书很多，特别是旧版图书比较全。然而，今天的图书馆则焕然一新：外墙进行了玻璃幕墙的装饰，并配置了外置式观光电梯；图书馆内从楼梯扶手到桌椅都采用了时尚的金属与木质混合结构；借书处和办公室全部升级为星级宾馆式的大堂；学生阅览室增设了最先进的电脑，但是图书杂志的种类明显减少，而且学生只能在中午一个小时内使用；图书馆设置了高档的多功能会议厅和咖啡厅，教师阅览室的杂志种类繁多，但是学生不得进入。总之，新的图书馆尽显奢华与现代，唯独缺少了一点书的味道，倒更像是一个文化休闲中心。

观察反思：校园文化是一所学校的精神气息所在，相对于制度、管理等文化软件，校园建筑、校服等文化硬件是最直观反映学校精神追求的载体。透析这所学校的校园文化建设，我们可以非常清晰地感受到校长性格在校园文化建设中的决定性作用，甚至可以说，一个校长的文化品位造就一所学校的文化品位。造成这种现象的原因是非常复杂的，但是最核心的问题则在于学校作为事业单位的公共性的消解，无论是学校管理还是文化建设，都存在着一种明显的“集体人格化”的倾向，即作为集体的学校正在被校长等管理者的个体人格所主宰，而且使得集体本身也呈现出一种人格化的趋势，学校在逐步成为校长等管理者个体性格呈现舞台的同时，也在逐渐丧失其公共性。事实上，这两年教育管理学领域对校长个体与学校发展关系的研究也佐证了笔者的观察。

第二节　学校教育中的“群体极化”

一、学校教育中的选择题

基础教育阶段的学校教育是整个国家教育体系的基础，它应该是造就未来社会人才和提高整个国民素质的奠基性工程，就个体而言，基础教育还应该是满足个体终身学习的必要手段，为人的终身发展奠基。然而，在今天的学校教育中，这种应然却面临着诸多的挑战，学校教育正在应然与实然间徘徊、抉择。

（一）是培养精英还是大众①

2001 年的国家《基础教育课程改革纲要（试行）》（下文简称《纲要》）中指出，“新课程的培养目标应体现时代要求，……要使学生具有适应终身学习的基础知识、基本技能和方法；具有健壮的体魄和良好的心理素质，养成健康的审美情趣和生活方式，成为有理想、有道德、有文化、有纪律的一代新人”。据此，《纲要》进一步明确“义务教育课程标准要适应普及义务教育的要求，着眼于培养学生终身学习的愿望和能力，让绝大多数学生经过努力都能够达到，体现国家对公民素质的基本要求。普通高中课程标准，则应在坚持使学生普遍达到基本要求的前提下，有一定的层次性和选择性，为培养学生的生存能力、实践能力和创造能力打下良好的基础”。因此，我们的学校教育必须坚持面向全体未来公民的全面素质目标，具有培养大众的“基础”意识，这种基础性表现在，“基础教育应奠定好儿童、少年的健康身体的基础、公民品德素养的基础、专门人才的基础和未来从事劳动的基础，而这四方面基础的统一点就是文化科学知识”（孙喜亭，2001）。用联合国教科文组织的说法，就是要着眼于人的终身教育，培育学生学会认知、学会做事、学会共同生活、学会生存的四大支柱。

然而，学校教育的现实选择却非如此。“基础教育中的教学实践窒息在应试的旋涡里，执着地追求着考高分进名校的狭隘的精英化目标，这种目标所导引的近乎残酷的选拔竞争，把教学什么以及为什么教学都淡化了。前者是淡化了课程与教学本身的意义，造成偏重考试结果的误区；

---

① 本文对精英和大众概念的使用不是严格社会学意义上的精英与大众，而只是采取了一种通俗的理解，精英对应的是学校教育中成绩优异并以此获得较多教育资源的小众，大众则是对应教育中的大多数人。

后者是淡化了课程与教学的社会意义乃至个体成长的意义，造成教学目的论的重大偏失，这是种舍本逐末的双重淡化。”（杨启亮，2003）可见，当前学校教育的实然是一种基于精英选拔与培育的教育追求，虽然它在一定程度上满足了社会发展对精英人才的需要，但是在基础教育阶段，这样的精英教育导致了我国的学校教育长期偏执于学科知识训练，难以摆脱应试的怪圈。更为重要的是，这种对精英的追求，造成了学生群体内部的极大分化，并由此产生对社会的分层和层际间的排斥。“虽然20世纪造就了一代在计算机和知识开发领域里的专家，但这些专家在价值观念、生活技能、对多样化持宽容尊重态度方面却不那么完美。可以说，这个世纪教育的失败不是在科学、语言和数学教学上的失败，而是在倡导人类之间和平共处上的失败，是在为了充分平等的发展而应发掘个人和社会潜能上的失败。”（联合国教科文组织，2002）

（二）是推进个体社会化还是个体功利化

以历史的观点来看，从古希腊的“城邦人”、中世纪的“宗教人”、近代的“理性人”（逐渐演变为知性人、工具理性人）到现代的“真实人”，个体社会化一直都是人类历史发展的一个重要维度，也是学校教育的主要价值追求。在我国，无论是曾经占据主导的“培养德、智、体全面发展的社会主义事业的建设者和接班人”的教育目的，还是现在“培育有理想、有道德、有文化、有纪律的一代新人”，乃至当下讨论较多的“培养具有平等、自由、民主素养的现代公民”的教育诉求，都在从不同的维度阐释个体的社会化之路，这也恰是教育的社会功能所在。但是，怎样的个体才是社会化的个体呢？个体社会化是个体与社会之间的互构，还是社会对个体的放逐，抑或是个体对社会的适应？对这些问题的不同回答就构成了学校教育的不同追求与品质。

我国的学校教育，从传统到现代，基本上是一种单向传承的教育，是前喻性的文化运动，其预设的前提就在于，学校和教师所掌握的文化永远是多于并高于学生。长期以来的这种单向教育思维，也造成了学生的被动依赖和教师的自大妄为。而事实上，随着社会经济的发展，特别是信息技术的迅猛发展，学生个体获取文化信息的途径日益多元，能力也逐步提高，所以，在今天，学生个体越来越有可能获得某一高于社会主体的文化势能，从而反哺社会文化。据此，笔者以为，个体社会化应该是个体与社会的一种互为性交往，正如杜威所言，“在任何时刻，活的生物都面临来自周围环境的危险，同时在任何时刻，它又必须从周围环境中吸取某物来满足自己的需要。一个生命体的经历与宿命就注定是要与其周围的环境，不是以外在的，而是以最为内在的方式做交换”（杜威，2005）。这种内在方式的交换，必将有利于激发个体的创造性，并保持社会的开放性，从而实现个体社会化的良性建构。

然而，学校教育的现实状况又是如何呢？在素质教育的大旗下，在新课程改革的浪潮中，我们的学校教育却在穿着新鞋走老路，而且还是一条被异化了的老路。撇开政治色彩不谈（事实上，每个国家的学校教育都具有政治色彩），传统的老路虽然是单向的灌输，但在内容上是着眼于学生未来社会生活的必要素养与技能的培育，是符合当时社会历史背景的，但是今天的学校教育是怎样的呢？其一，灌输的方式没有改变，改变的只是灌输的工具，而且变本加厉。以课堂教学为例，在教育现代化的遮掩下，教师片面追求形式的花哨和多媒体材料的丰富，而忽视了学生的接受能力和对材料的“裁剪”，因此，课堂上的师生互动只是“看上去很美”，而教学却在走向另一种新的“灌输”——媒体强迫，即舍弃传统的“一言堂”，代之以大量的未经科学裁剪的视听素材填满学生的学习空间，这种灌输比以往单纯的语言灌输更可怕。其二，个体社会化在批判“政治化”，走向世俗化的过程中被异化为个体功利化。学校教育促进个体社会化的使命在于帮助学生准确了解、客观评价、科学展望我们所生活的社会，并为将来融入社会做好知识、能力与心理的准备。因此，我们需要批判过去个体社会化过程中单一政治化的不足，强调个体社会化必须着眼于真实的世俗社会，立足于学生参与世俗社会生活的能力培养，为此必须赋予学生自主发展的主动权、选择权，引导他们成为“社会人”，这些都是无可非议的，也是必须的。问题在于，当下的学校教育忽视了世俗生活是阳光与阴影同在的，忽视了教育的应然追求，在个体世俗化进程中，演变为个体的功利化，教育不再是帮助个体为适应社会而做的应然与超越的追求，而是混同于世俗、庸俗的个体放逐。学校教育促进个体社会化的社会功能被窄化为只为经济服务，甚至只是为了个体的未来收入服务。个体并未在批判“政治人”角色的过程中成为“社会人”，而是走向了“经济人”，甚至只是“金钱人”。在这其中，最为关键的因素就是学校教育的功利化，这种功利化倾向加上目前学校教育中仍然大量存在的向学生灌输枯燥无味的政治说教，已经导致学生综合素质的下降。

（三）是彰显群体合作还是群体自私

学校教育是一个系统工程，需要调动校内外各方面的力量和资源，以形成对学生培养的教育合力，因此，学校教育在本质上是一个群体行为。“一个群体之所以成为群体，是因为群体成员具有同一性。但同一性的另一面就意味着相异性。群体成员的同一，是以其他群体成员及其成员的相异为前提的。为了保持自己群体的同一性，就必须保持与其他群体的相异性。同一性使群体富有团结协作精神；而相异性则使群体自私而偏狭。”（高德胜，2008b）就学校教育而言，在微观层面上，任何一所学校，其全体教职员工都存在一个共同的追求，那就是不断提升学校的教育质量，所以他们成为一个紧密的群体；在宏观层面上，所有学校都有着一个共同的使命，那就是为社会培养合格的人才，所以学校教育系统也是一个群体。因此，无论是微观还是宏观，同一性所要求的群体合作都应该是学校教育的主流状态。为此，我们在宏观上倡导学校教育共同面对社会经济发展所带来的现实困惑与挑战，共同致力于基础教育的改革；在微观上则强化群体内的团结协作，共同致力于学校教育竞争力的提升。

然而，现实的学校教育在群体发展中却是另一番景象。宏观上，学校教育成为地方行政官员的政绩工程，当学校教育与政治、权力、利益沆瀣一气，那么它的群体自私性就占据了上风，这必然弱化学校教育的公共性特质。分管副市长、教育局局长在关注地区教育普遍性问题的同时，或多或少都会将显性存在的升学率作为重要考察指标，在此之下，校长也会把学校教育质量与升学率、上北大清华的人数简单等同，忽视教育的公共性价值，即忽视“教育所具有的既使社会受益，又使个人受益的责任和功效”（余雅风，2005）。当前出现的“高考移民”“择校热”等都是这一特点催生的副产品，而且择校现象的膨胀和泛滥，会反过来冲击正常的教育秩序，导致学校教育的进一步失真，并拉大教育的地区差距和校际差距，从而引发更多的社会问题，使学校教育在社会发展中陷入一个恶性循环的怪圈。微观上，学校内部的群体合作同样受到了挑战，学校教育不再是为了本真的教育而存在，它更多地表现为教育者群体自谋私利的场所。作为群体的学校，要想形成群体的同一性和群体合作，必然需要有共同的文化认同以及对分享未来的承诺，换句话说，就是要让全体教职员工浸润在共同的校园文化氛围内，并充满对分享学校未来发展成果的期待。然而，事实上，在今天的学校中，未来不是用来分享的，是被校长等权力群体所独占的，是管理者群体谋求自身权力升级的跳板。管理者的群体自私是针对教师群体的，那么教师群体是否合作大于自私呢？现实的答案依然令人沮丧。教师群体内的成员都有着共同的职业经历与职业追求，他们本应是基于互助责任的群体合作状态，但是在现实的学校教育中，教师之间的互助与合作并不是基于教师的使命和责任，而只是一种功利性的利益交换。因为，在班级授课制的体制下，所有教师被分别聚集在某一个班级内部和某一个年级的学科组内，而班级之间、学科组之间又存在着非常大的升学竞争，于是，这种群体被进一步细化到班级、学科，带来的结果就是教师群体本应在学校层面所形成的群体合作被班级、学科层面的教师群体自私所排斥和分解。而且，在这种群体自私之下，教师个体之间的越界伤害不仅是不承担责任的，甚至还能获得巨大的个体收益。这表现为，在学校教育中，某个教师会通过布置大量的本学科作业来排挤其他学科的学习时间，以获得自己学科的发展，而这种对其他教师的越界伤害，只要最终获得了学科成绩，就可以得到理解，并被鼓励。当前，中小学生的课业负担为什么越减越重，一个重要原因就在于每个教师都可能会出于自身的私利而违背教育规律，对学生产生类似的伤害。

二、校园观察之教师的群体极化

学校教育的失真最直接的表现就是教师群体的行为异化。“群体是一个中性词，是人类生存、活动与作用的一种形式，具有两面性：既是理性之‘群体’，也是情绪之‘群体’；既可以产生积极作用，也可以形成负面效应。”（黄建刚，2004）教师群体是一个比较特殊的群体，其职业特点决定了群体本身是继承性与批判性、个体性与公共性的有机结合。具体来说，教师群体对学校文化具有很强的继承性，他们乐于群体文化的传承，但同时又关注文化的发展性，乐于接受新的文化元素；教师是社会要求的代言人，其本身的知识构成与职业使命都具有公共性的特点，但同时教师的教学工作又是一个充分凸显个体性的文化活动。理想地来看，公共性与个体性的张力性存在为教师的职业活动创设了巨大的发挥空间。它一方面可以实现教师的职业价值，因为他们从事着“太阳底下最光辉的事业”，享受着“桃李满天下”的职业幸福；另一方面又能实现个体的人生幸福，既拥有较高的社会地位和社会尊敬，又享受着绩效工资的物质保障。然而，现实中的教师却有着另一番职业景象。

（一）失语与体罚：教师的群体极端

观察日记：2011 年 1 月 17 日，雨，今天是教代会召开的第四次会议，本次会议的议题是讨论并表决学校绩效工资的分配方案。（此次方案起草小组共 7 人，校级领导 2 人，中层干部 2 人，教师代表 2 人，职工代表 1 人。方案的主要精神是遵循“奖勤罚懒，奖优罚劣”的原则，实行多劳多得，但是具体条款中都存在偏向管理层的倾向。比如，奖勤就是依据承担的行政岗位进行分配，具体来说，校级岗1300~1500元，中层岗1000~1200元，组长岗700~900元，教学岗满工作量是800~1000元，行政岗与教学岗可以兼得。简单来说，就是一个管理者即使不上课，其岗位津贴也可以等于或高于普通教师的满工作量津贴，如果他上课，则拿双倍的津贴，而且对于中层和校级，他们只要上1/2或1/3的课，即视为满工作量。应该说，这个方案是争议较大的，特别是对普通教师而言，非常不公平）昨天和今天上午，会议已经开了三次，主要是分组讨论绩效工资的改革方案。具体做法是，由起草小组成员代表（主要是校级领导和中层干部，起草小组中的教师和职工代表没有被安排发言）进行小组内的方案说明，并征求教代会代表的意见。在会场上，大家都有发言，但是基本上没有实质性的意见和建议，而且一有触及要害问题的话题，总会被多位管理者代表接过话题。（按照规定，所有的管理者都作为列席代表参加会议，但没有表决权）因此，会场上，管理者具有显著的话语优势，于是很多代表都选择了沉默。下午，进行会议的表决，此次会议应到代表57人，实到55人，最后表决的结果是26票反对，28票赞同，1票为废票，绩效工资分配方案以微弱多数通过。这个结果出乎所有人的意料，在管理者看来，通过是正常的，但是非常勉强；在教师看来，通过是不正常的，但是却通过了。

2011年5月23日，晴，很快就要中考了，但是今天的初三教师办公室内却格外热闹。原来，初三（4）班数学张老师今天第一节课就被学生气得摔书。早上，张老师检查前一天的数学练习卷，结果有15人没有完成，这其中还包括他们的班长。于是，这15个学生都被停课到办公室补作业，一开始有两个同学与张老师争辩要上课权，但是随之而来的就是办公室老师们的轮番轰炸，“要上课权，那么你的作业权怎么不好好用呢？”“教育是权利，也是义务，你们别忘了初三还是义务教育！”“作为学生，你的本分就是好好学习，别一天到晚自以为是！”“都什么时候了，还不知道死活，作业不做，还上课权呢？”于是，学生们终于沉默了，并乖乖地开始补作业。

观察反思：这两个案例非常奇怪地统一于教师的身上，一方面，作为管理对象的教师在学校的公共生活中采取了失语的姿态，对关乎切身利益的事件，他们没有及时表达自己的反对意见，却是用投票来抵制，这对于具有知识分子身份的教师而言是奇怪的；另一方面，作为教学管理者的教师在与学生交往中采取了话语霸权的姿态，他们不允许学生发言，而是一味地将自己的意见强加给学生，这同样是奇怪的。为什么会出现这样的现象呢？群体极化的理论或许更能从群体的角度解释教师的这种行为。“孤立的个人很清楚，在孤身一人时，他不能焚烧宫殿或洗劫商店，即使受到这样做的诱惑，他也很容易抵制这种诱惑。但是在成为群体的一员时，他就会意识到人数赋予他的力量，这足以让他生出杀人劫掠的念头，并且会立刻屈从于这种诱惑。出乎意料的障碍会被狂暴地摧毁。”（勒庞，2000）

事实上，在上述的两个情境中，单个教师一般不会做出如此的异化举动，毕竟，每个人都知道对错误行为的无语就是一种默认与纵容，是违背良知的，是必须反抗的。试想一下，某人要以某种方式从你的口袋里拿走本属于你的钱，你会保持沉默吗？但是，群体的失语却为教师个体找到了理由，“别人都不说，我怎么能说呢”“我算老几，说了也白说”“这又不是我一个人的事情，听听别人的想法再说”等想法就会在群体的失语中被强化。事实上，在案例中的教代会讨论阶段，很多教师都有自己的想法，但是看到别人不说，自己也就没有站出来主动表达，其结果就是大家都以为没什么意见，于是就表决了。但是在表决过程中，每个人又希望把自己的意见表达出来，于是就出现了26票的反对票。同样的道理，单个人都知道体罚他人尤其是未成年人肯定是不对的，既不合法也不合理，但是在群体行为中，一旦“严师出高徒，适当的处罚是必须的”等观念占据上风，就会造成群体的极化。当然，我们说群体极化是双向的，有可能是好的一端，也可能是坏的一端，这就取决于群体内部的话语优势在哪里。在今天的学校教育中，群体更多的是一种自私与功利，因此，群体极化的表现会更多地表现为功利性的群体自私，这恰是个体人膨胀的结果。

（二）教师团队：公共场域下的私权俱乐部

观察日记：2011 年 1 月 6 日，阴，今天是教研组会议，主要工作是事业单位工作人员年度考核，也就是每个人在教研组（或年级组、管理组）内进行年度的工作述职，最后采取无记名投票的形式选出年度优秀人物。大家的发言都是程式化的，先说师德修养，再说工作业绩，最后是反思与期盼。组员逐一读完自己的工作小结之后，组长分发选票，进行优秀人物评选。我所蹲点的这个教研组共 12 人，只有 1 个优秀名额，最终的结果没有任何悬念，组长再次以高票当选为年度优秀人物，这已经是组长上任以来连续第三年当选优秀了。我在学校最后的公告栏里，对本年度的优秀人物进行了归类，结果更有意思，全校共 30 个优秀人物，其中 6 个年级组组长和 12 个教研组组长都成功当选，管理小组中 3 个名额，2 人为校级领导，如此一来，本年度优秀人物中有 20 人为行政岗位的人，占优秀总数的 67%。

2011 年 7 月 15 日，晴，高三年级组组长李老师去请示分管德育的张校长可否带两个班主任（他们和李老师等 7 人共同组成了一个班主任共同体，平时共同研讨教育问题，合作承担德育课题等，年级组组长李老师是该团队的核心领导）去庐山开一个杂志社组织的班主任工作研讨会。按照常理，一般这样的会议都是自费的，但是今年学校的高考质量非常好，校长非常高兴，因此，张校长欣然同意了李老师的要求，并给予了全额报销的待遇。但是，他提出可否带另外一个考得很好的班主任张老师前去，因为这种会议基本上算是一种福利。然而，这遭到了李老师的婉拒，他坚决希望带自己团队中的老师去开会，认为那个张老师虽然班级的高考成绩很好，但是他做班主任工作缺乏艺术，而且年龄大了，听不进别人的劝告，到庐山开会肯定没什么收获。最终，张校长同意李老师带自己团队内的成员前往庐山。

观察反思：教育是一个系统工程，需要各方力量的有效整合，因此，各种类型的教师团队是学校教育中的重要组织，如备课组、教研组、年级组、导师组、项目组等。上述两个案例非常清晰地勾勒出当前学校教育中教师团队的发展状态。

其一，教师团队是公共场域下的私权俱乐部。虽然教研组的功能定位是团结本组教师共同致力于推进学科教学的发展和学科教学质量的提升，但是在实际运行中，教研组的活动是大家共同开展，而教研组的成果却基本上是教研组组长一人独享的。在学校，教师间的互助不是以同情（罗尔斯语）和责任为基础的，而是以权力、权威的诱惑、威逼为基础的，教师在群体中只是换一种形式进行朝拜，是试图去顺从、模仿，而不是在得到同伴基于同情基础上的互助和创造性共生。在实际生活中，走进学校的任何一个教研组，你会发现该组的学科教学风格会深深地打上教研组组长的烙印，对于学校而言也是一样。曾有人说过，一个校长就是一所学校。这些都是集体人格化的后果，群体被主导的个体所主宰，并呈现出主导者的个体人格特点。

其二，教师团队的发展具有显著的排他性，这也是群体自私的表现。正如第二个案例所呈现的，教师团队的发展会助推其领导者的成功，反过来，在其自身利益得到保障的基础上，领导者又会以利益的诱惑来强化成员对他的依赖，从而更为极端地形成一种私权化的团体。在上述的评优案例中我也发现，如果是由于人数关系，安排两个教研组合在一起来评选，当选的绝大多数是人数较多的那个教研组组长。

（三）课堂教学：教师的个体秀

观察日记：2011年11月9日，晴，今天是学校的政治学习时间，全体教职工集中在大会议室，会议的主要内容是对为期两周的学校课堂教学示范课进行小结和颁奖。这是该校每年一度的课堂教学比赛，每个学科都有教师参加，以集中展现教研组学科教学的成果。分管教学的林校长正在做小结，他先以视频回放的方式，逐一呈现参与上课的16位老师的镜头，然后围绕自己对本次赛课的理解，再次逐一播放老师们在课堂上的教学片段，很有意思的是，所有的视频中都是教师的身影，几乎没有学生的发言或是活动的镜头。今年的示范课共有16节，我也现场听了8节，留给我印象最深的就是每个老师都仿佛在表演，课堂之上生旦净末丑，无论是选题还是教学过程，教师都在努力地将自身的个体特点表现得淋漓尽致。比如，某语文老师上的课是《背影》，她居然在黑板上用粉笔勾勒出了父亲的背影，引来了学生一阵惊叹；某外语老师上的课是《美国文化》，她组织学生和自己一起演了一段电影对白；某政治老师上的课是《传统文化》，她现场秀了一把自己的剪纸绝活，同样引来学生的赞叹……

观察反思：课堂教学是学校教育的主要环节，也是教师实现专业成长的重要平台，是促进学生个体社会化的基本手段。但是，今天的课堂教学确实问题很多，有学者将其概括为“教学观念化、教学权威化、教学复杂化、教学幼稚化”（陈云奔，2009）四个方面。有学者指出课堂教学存在着解释无度的现象，具体表现为：对教案的把握解释无度、对教材和知识解释无度和教学过程组织无度等。（李钰靖，2010）在这里，我无意去全面反思我们的课堂教学，只是想借助这个观察案例来说明教师与课堂教学的关系。传统观点认为，作为社会要求的代言人，教师是课堂教学的权威，既是知识的权威，也是方法的权威，而新课程改革已经改变了这一定位，提出课堂教学应该是教师和学生互动、共进的平台，为此《基础教育课程改革纲要（试行）》提出：“教师在教学过程中应与学生积极互动、共同发展。……教师应尊重学生的人格，关注个体差异，满足不同学生的学习需要，创设能引导学生主动参与的教育环境，激发学生的学习积极性，培养学生掌握和运用知识的态度和能力，使每个学生都能得到充分的发展。”可见，新课程改革要求教师在课堂教学中学会退隐，要努力把学生的学习过程呈现出来。但是在今天的学校教育中，受到各种功利化目标的驱使，课堂教学日益成为教师的“讲台秀”，教师正在借助课堂这一平台，展示自己的才艺，展现个人的权威，成就自身的私利，这在各种形式的公开课中表现得尤其明显。毫不夸张地说，在很多公开课上，学生和教学都在一定程度上变成了教师展现个人魅力的道具。

(四) 有偿家教：公共资源支撑下的私利场

观察日记：2011 年 3 月 9 日，晴，今天召开的一次临时行政办公会，只是为了宣布对一名违规教师的处理决定。学校数学学科的王老师，因为在家中组织多名学生进行有偿家教，被人举报。在教育局的指示下，学校成立了由纪委书记、办公室主任、教研组组长等组成的小组进行突击检查，事实的确如此。故根据市教育局的相关规定，决定将该教师调离教学岗位，到图书馆轮岗一年，一年后视情况再重新研究该教师的工作岗位问题。对此，校长的解释很清楚，也很有意味。他说：“学校对有偿家教，是‘民不告，官不究’，但是如果你搞有偿家教被举报，那么‘谁坏学校的名声，学校就砸谁的饭碗’。”

2011 年 6 月 28 日，阴，在二楼的会议室里，正在召开高二年级组的备课组会议，会议的议题是讨论今年暑假的补课安排。按照省教育厅的“五严”规定，任何学校不得利用节假日对学生进行有偿补课，因此，今天的会议主要是统一思想并动员学生报名。首先是教务处主任介绍了学校为此做的前期安排，为了有效地规避省教育厅的检查，学校专门成立了一个“民办性质的培训机构”，虽然对外宣传与学校没有关系，但是其法人代表和具体组织者都是学校的老师在兼任，这样就能确保按照我们的要求进行编班和上课。主任强调的理由很简单，其一，学生总是要补课的，与其让他们在外面补，不如我们自己补，“肥水不流外人田”，一来可以控制进度，二来可以增加老师的收入，且规避有偿家教的风险；其二，现在别的学校都在补，我们不补课就会处于被动，万一高考成绩差了，没法向家长、学生和社会交代，言下之意，我们必须做出点努力的样子。这个思想统一了，下面的问题是如何报名。按照民办培训的做法，学生的报名都应该是自愿的，班主任不能强迫学生来补课，但是我们老师可以隐晦地暗示学生，暑假补课是准备以正常进度上课的，希望学生好好考虑。最后一个环节更厉害，为了确保学生都报名，在操作上采取了五门学科捆绑报名的做法，即学生想要选择 1~2 门薄弱学科进行补课是不行的，必须五门全都选择。如此这般之后，整个年级700余人没报名的学生只有8人。

观察反思：有偿家教是学校教育中的一个顽症，其实质是被私利所裹挟的公共资源的不公平分配。如第一个观察案例，就个体教师而言，她所进行的有偿家教完全是依托学校的教育影响力来谋取自身的私利，但是她的破坏力却不是针对个体的，而是针对学校的，因为她教得不好或是收费太高，别人的理解是该校教师水平不高或是品德较差，而不是她个人。因此，在这里，个体对公共资源的侵蚀是非常明显的。第二个案例反映的情况虽然较为复杂，但是其实质依然是私利在公共场域中的发酵。一方面，这种集体补课是为了分管领导的政绩服务的，领导者的个体私利是集体补课的主要驱动力；另一方面，这种集体补课收费很高，也满足了部分教师想要搞有偿家教又怕担风险的心理。我们可以算笔账，原先在省教育厅出台“五严”规定之前，每生每节课是1.2元，但是现在按照民办培训机构的补课费用计算，每生每节课是30元，足足上涨24倍。对于教师而言，原先的补课是学校行为，每节课的收入是30~40元，而现在是培训机构的行为，每节课的费用高达600元，我想这应该是有偿家教屡禁不止，而又变本加厉的原因之一。综合起来看有偿家教，无论是个体的单兵作战，还是集体巧妙伪装后的团体战，在本质上，它都是利用全体师生共创的学校声誉为一部分人谋私利。

第三节 校园生活中的学生个体化

校园是学生生活的重要场所，也是教育实施的主要空间，这个空间不同于一般的物理或自然空间，它有着自身的独特性，是一个从“相处”走向“相依”的空间，是一个制度化的空间，并且作为一个教育人的地方，是一块“道德净地”（高德胜，2006）。简言之，在校园生活中，不仅存在着学生之间、师生之间的社会交往，而且这种交往关系也被制度所规范、引导，从而使校园成为道德教育的平台。换句话说，校园生活也是一种社会生活，校园内的学生状态也是其真实社会生活的状态表达。

一、校园生活中的个体无奈

（一）旁观：校园生活中的个体姿态

2011 年，笔者曾围绕学生的校园生活设计了一份调查问卷，其中两题的调查结果很有意思。当学生被问及“看见别人在校园内乱扔垃圾时，你的想法”，选择“想主动捡起，但怕别人异样的目光”“见怪不怪”和“最好我没看见”的比例高达 84.41%。当被问及“你对迟到人的处理态度”，选择“我个人无所谓”和“没关系，迟到就迟到吧”的比例为 75.11%。这个调查结果从一个侧面折射出当下学校教育的困境，也反映出学生在校园生活中的基本姿态——旁观。

按照常理，学校是学生的公共生活空间，当有他人在场的时候，学生应该积极表达自己的正确意愿，通过正确行为的行使，既实现自身的个体善，又获得群体的认同。然而，问题恰恰在于正是他者的在场导致了学生对正确行为的不作为，于是“见怪不怪”“最好我没看见”的旁观行为反而占据多数。可见，这不是简单的知行脱节问题，它在深层次上反映的是学生自我认同的迷失，即无法确定自己的角色，无法定位自己的发展，所以采取旁观的姿态。同样，面对迟到这一错误行为，本该人人谴责，但是由于迟到不直接损害个体利益，而且是一种屡禁不绝的顽症，所以学生就容易据此产生旁观心理，选择“我个人无所谓”和“没关系，迟到就迟到吧”的比例高达 75.11%。当学生“被那类曾经带来震撼和引起义愤的影像所淹没，渐渐失去了反应的能力”（桑塔格，2006），旁观，就是他们所能采取的最好姿态。

今天校园生活中的旁观，首先是由于各种不道德现象频繁地刺激学生。诸如：乱扔垃圾、同学间互相抄作业、上课玩手机、考试作弊等行为是学校教育中的顽症，也已成为学生校园生活中的一种常态，这就使得学生对这些不道德现象习以为常，正所谓“苦难的饱和伴生着道德上的麻木不仁”（高德胜，2009），应接不暇，而又无能为力，学生只能选择旁观。其次，旁观是校园生活中人际互动性缺乏的必然结果。旁观是个体对外在行为的一种自我封闭，或是不屑，或是害怕受到伤害，或是缺乏正确的认知，或是缺乏有效的行动力，也可能只是因为对旁观的习惯，也就是说，学生在校园生活中是“被旁观”的。今天的课堂上，虽然强调学生的主体性，但是事实上，教师借助多媒体进行的是新一轮的绝对话语权的轰炸与灌输，学生在绝大多数情况下依然是被动的受众，而且是来不及思考地全盘接受，于是，旁观便成为学生课堂学习的一种姿态。今天的校园内，学生的身影注定是孤寂的，他们赶在太阳升起前走进教室，拖到落日后才能回家，校园生活被大量的作业、考试和答疑辅导所占据，伙伴交往成为一种奢望，没有交往的生活，如何不旁观？当学生像一个轮子被作业、考试推动着不停地旋转，机械而无生机，他们不仅旁观这个世界，而且也在旁观自己。

（二）迷失：情境化个体善的实然呈现

“人的道德过程就是一个求‘善’的过程”，因为“道德的本身是善的，它植根于人的‘善良意志’”（赵志毅，2012a）。作为道德本质的善是人的一种应然状态，是无须论证的。“在康德看来，善的问题从根本上说不是一个能力或才能的问题，而是一个意愿或意志的问题，或者说，善的问题是应然的问题，而非实然的问题。换句话说，道德行为不是有没有能力去做的问题，而是愿不愿意去做的问题。”（苑秀芹，2010）在前面的问卷调查中，面对乱扔垃圾，选择“见怪不怪”和“最好我没看见”的近 1/2；面对他人迟到影响教学，选择“我个人无所谓”“没关系，迟到就迟到吧”的高达 3/4。由此可见，当前学生对事件的评价与行动很大程度上不是源自对事件本身的道德判断，而是取决于该事件对个体利益的实际影响程度。换言之，私利而非大义，情境而非本性，是当下学生决定是否采取行动的主要动因。从本质上说，乱扔垃圾和迟到都是错误的，本应受到谴责，但是当这些行为被置于个体利益的情境中时，道德就受到了挑战，个体善就出现了情境化的选择。因此，这 1/2 和 3/4 的数据背后显示的绝非学生的宽容心，而是利字当头的个体善的迷失。为什么会出现这种情况呢？

个体善的迷失首先在于学校教育中对学生“善的生存”的道德教育的缺失。“‘善的生存’不仅指出了人具有生命性、本体性或存在性，同时意味着人的存在离不开世界、离不开他者、离不开‘类’。”（赵志毅，2012b）简言之，“善的生存”就是要教育学生回归“善”的本性，善待他者。但是当下，无论是家庭、社会还是学校，都在向学生灌输一种“一切靠自己”的成长观念，虽然这种观念有利于克服中国传统的保姆式培养的弊端，但是当一切的成长都归结为自身，所有的荣耀与耻辱都是自身努力的结果时，个体性必然成为学生的主导性特质，因为在他的字典里别人都是不可靠的。“在现今利益多元、价值多元的社会里，义利对立的关系已经结束，相互包容的关系已经建立，义中有利，利中有义。”（赵志毅，2006）因此，在今天的学生看来，义的考量需要利的情境，一切的事情最好都与我无关，他们在考量周围的事与物时，都习惯于以自己的个体利益得失为标准，而道德的天平则逐渐远去。虽然，我们的学校教育也倡导集体主义、乐于助人，但是大都止于口号，流于形式，当我的成败无须他者的支撑，当义的担当需要利的考量，公共生活就必然缺少个体的担当，道德也就只能是一个符号的幻想。

个体善的迷失还在于学校道德教育本身的异化。在价值澄清学派和道德认知发展理论的影响下，当前的学校德育将道德相对主义四处扩散，忽视了价值标准存在的必要性，把德育的重点放在道德发展的过程而非价值内容上，注重发展学生的道德思维，却忽视道德价值本身的教育。一方面，这与当前学校重知识教育、轻价值教育是密不可分的。在当下的课堂上，教师问得最多的是“昨天教的知识，你还记得多少”，而诸如“你是谁”“你在哪里”“你要到哪里去”这些人生思考题却很少提及。这就造成了学生是非观的模糊，当学生被问及“如果你在考试中，好朋友通过各种方式要求你把试卷给他看，你会怎么办”时，选择给好朋友看的高达94%，不给的只占6%，这就是很好的例证。另一方面，这也是当前学校德育急功近利的恶果。当前的学校德育已经超越了育人的本分，成为学校招生的第二张名片（第一张名片是中高考升学率），尤其是对小学和好的中学而言，德育特色是吸引优质生源的王牌，因此，很多学校的德育工作就是一心只想着快出课程、快出特色，重形式、轻内容，其结果是各种德育活动形式翻新，却缺乏真正的教育意义；各种德育课程层出不穷，却没有真正的育人价值。如此一来，学生在这样的形式化的道德教育中成长，生成的绝非对道德的向往，而是对道德的反感。

（三）疏离：个体成长与校园的关系趋向

作为学生学习和生活的重要场所，学校应该是“一个目标明确的场所，一个相互交流思想的场所，一个充满正义感的场所，一个纪律严明的场所，一个互相关心的场所，一个欢庆聚会的场所”（波伊尔，1998）。为此，我们要“把学校办成更能吸引学生的场所，并向他们提供真正理解信息社会的钥匙”（联合国教科文组织，1996a）。因此，学校不是一群人的简单聚合，而是一个以责任关系彼此联结在一起的有着内在教育生命力的有机体。学生的个体成长将很大程度上依赖于校园文化的建设，以及与学校教育环境的互动。但是，在“教育现实中，人与教育环境人为分离的现象并不少见，甚至在为数不少的人的思想深处，根本就没有将教育环境与人联系在一起，也许教育环境的本原意义就没有被人完整地解读过”（马维娜，2000）。纵观当下的学校教育，对学校教育环境的关注只是近两年才兴起的事情。当前，在很多人的观念中，校园只是一个场地，而非场所，更非教育环境。正是这样的忽视与误读，促使学生个体成长与学校教育环境之间的关系在悄然地发生着巨大的转变。

在“场地”意识的指导下，学校关注的是校园硬件设施的更新与完善。在学生个体的成长中，学校也一直扮演着控制者的角色，那高高的围墙，那钢制的大门，那严阵以待的门卫，那无处不在的摄像头，以及那令人窒息的管理制度，将学生死死地控制在校园之内，而这一切得以存在的前提在于，教师和学校掌握着知识的霸权和绝对的话语权。在这里，学生只是简单的、被动的管理对象，他与教育环境之间是不对等的服从关系，根本谈不上对话与互动。然而，随着社会经济的发展，人们越来越多地经由知识的积累而获得了谋取生存的“力量”，人们的自立性越来越高，独立性越来越强，在人们心目中，人越来越少地直接依赖于他人，依赖于外在世界，故人也越来越多地在疏离他人与世界。（刘铁芳，1997）当下的校园尤为如此，当手机成为一种必需品，当无线上网成为手机的基本功能，逃离校园便成为学生的主流心态。站在今天的校园内，放眼看去，几乎一大半的孩子都有手机；调出学生的手机账单，很多流量都是在上课时间使用的。这是现状，也是趋势。学生的身体被无情地束缚在校园内，而他们的心却早已逃之夭夭。原因何在？

知识传递方式的变革消解了学校的知识霸权，使教育在更广泛意义上得以实现。传统的知识传递是教师以印刷物为载体，依托课堂向学生的单向传递，因此，教室与围墙都是具有实际价值的。但是随着知识传递载体转向电子媒介，知识以信息的方式存在和传递，教师的知识霸权受到了挑战，学生可以在课堂之外获得知识、接受教育，而且是海量的、有选择的知识，这就使得教室和围墙失去了原有的存在价值。此时，如果我们的学校还没有意识到这种教育环境与学生成长的关系转变，依然坚持着对学生的固化，那么这种心灵的越狱就是不可避免的。

校园生活与社会生活的趋同性，使校园对学生的吸引力逐渐下降。传统的校园虽然教育方式简单，但它是一方净土，是生活的田园、学习的乐园、成长的家园，这里有丰富多彩的学生活动，有朴实无华的师生情谊，校园生活在学生的家庭和社会生活中是不可复制的，因此，它对学生有着独特的吸引力。但是，今天的校园，在硬件上几乎是“千校一面”，阔气的门楼似曾相识、校园设施高档奢华、图书馆搞得像网吧、食堂装修得像餐馆、教室布置得像书房，唯独缺少的是菁菁校园的遍地绿色、伴着朝阳的琅琅书声，还有同学少年的青春活力。在软件上，作业、考试几乎占去了学生所有的校园时间，活动成为一种奢望，同时校园生活中的师生关系、同学关系日渐功利化，沾染了太多的世俗气，使得学生在校园生活中必须谨小慎微，于是逃离便成为他们的最佳选择。

二、校园观察之学生的 N 种表情

（一）学生在哪里

观察日记：这里我记录下的是一位高二年级文科班学生校园生活中的两张表格，在这些表格里，我试图去寻找学生在校园生活中的存在方式。

表 3-1　学生的一周课表

<table>
<tr><th>时间</th><th>周一</th><th>周二</th><th>周三</th><th>周四</th><th>周五</th><th>周六</th></tr>
<tr><td>7：30~8：10</td><td>语文</td><td>数学</td><td>外语</td><td>语文</td><td>数学</td><td rowspan="3">语文</td></tr>
<tr><td>8：20~9：00</td><td>语文</td><td>数学</td><td>外语</td><td>语文</td><td>数学</td></tr>
<tr><td>9：00~9：30</td><td colspan="5">课间操</td></tr>
<tr><td>9：30~10：10</td><td>数学</td><td>语文</td><td>历史</td><td>数学</td><td>历史</td><td rowspan="3">数学</td></tr>
<tr><td>10：25~11：05</td><td>数学</td><td>语文</td><td>语文</td><td>数学</td><td>政治</td></tr>
<tr><td>11：15~11：55</td><td>外语</td><td>政治</td><td>语文</td><td>外语</td><td>外语</td></tr>
<tr><td>11：55~12：40</td><td colspan="5">午餐</td><td></td></tr>
<tr><td>12：40~13：20</td><td colspan="5">午自习</td><td></td></tr>
<tr><td>13：30~14：10</td><td>外语</td><td>外语</td><td>历史</td><td>外语</td><td>外语</td><td rowspan="3">外语</td></tr>
<tr><td>14：25~15：05</td><td>政治</td><td>外语</td><td>数学</td><td>政治</td><td>语文</td></tr>
<tr><td>15：15~15：55</td><td>体育</td><td>历史</td><td>数学</td><td>历史</td><td>语文</td></tr>
<tr><td>16：05~16：45</td><td>班会</td><td>体锻</td><td>政治</td><td>体育</td><td>体锻</td><td rowspan="3">政治与历史单双周</td></tr>
<tr><td>16：55~17：55</td><td colspan="5">每日测试（五个学科每天一门，时间一个小时）</td></tr>
<tr><td>17：55~18：50</td><td colspan="5">晚餐</td></tr>
<tr><td>18：50~21：30</td><td colspan="5">晚自习</td><td></td></tr>
</table>

注：（1）每周的两节体锻课，经常会被老师占用，讲作业或是试卷。

（2）周日基本上是自己安排的，目前是在外请老师补课，上午补数学，下午补英语。但是每个月会有一次月考，一般会占用周六全天和周日半天的时间。

表 3-2 学生的作息时间表

时间	内容
6：00	起床
6：00~6：30	早读
6：30~6：50	吃早饭
6：50~7：20	上学
7：30~21：30	在校学习
21：30~22：00	放学
22：00~23：30	在家自习（复习与预习）
23：40	洗漱、睡觉

观察反思：当我看到这两张表格的时候，我一直在想，我们的学生在哪里？在校园生活中，学生可以自由地做些什么？答案是令人沮丧且懊恼的。因为，在这样的校园里，学生几乎没有自由时间，每一天、每一个时间段都被学科课程排得满满的，除了上课，还是上课，除了体育课是正常的，仅有的两节体锻课还要经常被占用。这样的生活节奏，学生似乎无处不在，而又无处可在。从另一个角度来看，在这密密麻麻的课程表之后隐藏的是学生道德生活时空的缺失，学生根本没有时间与人交往，参加活动，从而进行道德体验，如此单一的高强度的学科学习之下，怎敢奢望孩子们的德性养成，更不要说公共情怀了。

（二）道德是别人的，学习才是自己的

观察日记：2011 年 6 月 17 日，晴，高二（4）班教室内正在进行本学期三好学生的自荐会。按照学校的要求，三好学生采取个人申请、集体表决的方式，先由学生在全班宣读自己的申请理由，然后全体同学投票，依照得票多少排列顺序，作为候选人，报学校批准。根据这个流程，只要你愿意，你都可以申请，但是很奇怪的是，该班有 11 个名额，最后上来公开申请三好学生的却只有 8 人。我带着这个困惑与他们的班主任老师进行了沟通。原来，这个申请只是一个前期的流程，在上报学校之前，班主任会根据申报学生的期末考试成绩进行排名和筛选，根据学工处的潜规则要求，凡是单科分数低于85分的原则上不会批准这个学生的三好生申请。但是，班主任又害怕名额浪费，于是班主任一般会将没有申请但成绩很好的学生代替成绩不符合要求的申报学生上报给学工处，于是就出现了每年申报学生人数下降的情况。据班主任回忆，三年前才开始这样做的时候，申请的学生有近30人，但是孩子们慢慢也了解到其中的奥秘，于是报名的人就越来越少了，只有那些成绩非常稳定的学生才会申请。

2011年11月19日，阴，期中考试之后，我在高二年级找了部分学生进行关于公民责任的访谈和问卷调查，当被问及“你如何看待那些因作弊而获得高分的同学受到老师的表扬”时，一方面是所有受访者都表示看不起这样的作弊行为，另一方面则是大多数受访者却又表现出对因作弊而受到教师表扬的嫉妒。对应调查问卷中的问题“当你有足够的便利去看别人的试卷时，你会选择参考一下吗”，学生中选择“有可能”的占到73%，选择“会”的占15%，选择“绝不”的只占12%。

观察反思：谁都知道，作弊是一种不道德的行为，但是谁都无法否认，作弊似乎永远无法在学生的学业生活中绝迹。在今天的学校教育中，分数依然是评价学生的最主要指标，某种意义上就是“一好遮百丑”，只要你成绩好，其他的都会鸡犬升天，至于这个成绩是怎么来的，其实老师们虽然关心但并不重视，于是作弊之风始终无法杜绝。这两个案例放在一起来看，我们似乎可以感受到学生的德性养成与学业生活之间二元对立式的疏离。今天的学校德育虽然融入了建构主义、生活德育等理念，但是纵观当下，学校德育的建构并非学生的建构，往往只是教师建构后的强行赋予；学校的德育生活也并非学生的真正生活，往往只是教师设计的学生生活。如此一来，学生的德性养成只是外在社会道德知识与规范的灌输，而不是学生的本性使然，更非发展所需，加之教师设计的生活场景缺乏真实性、针对性，这必然导致学生对道德教育的阳奉阴违，缺乏对自身德性养成的深切体认。相形之下，学习却是学生内在的强烈需要，他们虽然不赞同教师的灌输式教学，但是他们深知最后分数的决定性作用，为了分数，他们可以容忍教师的灌输；为了分数，他们可以无休止地做题；为了分数，他们甚至可以选择作弊，因为在被问及“当你有足够的便利去看别人的试卷时，你会选择参考一下吗”时，选择“会”或是“有可能”的高达88%。更为重要的是，如果学生利用不道德的手段获得了分数（前提是没有被发现），他不仅不会被谴责反而会获得更多的肯定和后续的资源，这必将加剧学生的德性养成与学业发展的进一步分离，当“道德是别人的，学习才是自己的”成为一种共识，那么我们还能指望学生对未来社会发展的公共担当吗？

（三）肯德基与奖学金

观察日记：2011年4月26日，晴，下午最后一节课，高二（3）班的临时班会课正在进行，此次班会的主要内容是评选年度的“××奖学金”，这是学校的最高奖学金，本班名额两人，每人奖励1000元。按照要求，申请人必须在全班公开申请理由，并由同学进行无记名投票，得票过半数的前两名同学作为候选人，上报学校批准。由于班主任身体不舒服，请假回家了。但是事情很急，班主任就安排班长负责此次班会的工作。本次参与的同学有六人，一开始，情况很正常，四位同学上台宣读自己的申请书，结果到第五位同学时，问题出现了。这是一位男同学，平时成绩在班级30名左右，为人谦和，也很幽默，他上台后，只说了一句话，“如果同志们选我，奖学金拿到后，我请大家吃肯德基”，班上先是一阵沉默，接着爆发出热烈的掌声。最后一位同学上台，虽然正常宣读了自己的申请书，但是最后也没忘加上一句“如果当选，我也一样请大家吃肯德基”。最后投票的结果很有戏剧性，最后两位宣称请吃肯德基的同学顺利当选。放学时，有两位同学来找我，告诉了我这个情况，其中一位是参与申请的同学，她认为这件事太滑稽了，而且很不公平，另一位同学也表达了类似看法。但是，当我问她最后选择的是谁，她却告诉我是宣布请客的两位同学，理由很简单，虽然这件事情很不靠谱，但是估计也不会选到她，干吗不选请自己吃肯德基的同学呢？我一时无语。随后，我与他们的班主任通了电话，她非常震惊，并且表示明天一定来好好处理这件事。结果，第二天，她悄悄找到我，告诉我这个男孩是学校老师的孩子，平时就这样随便惯了，毕竟是同学们选出来的，而且名单学校要得紧，她想找到合适的机会再进行教育。

观察反思：这是一件让我很有感触的事情，在学校这样的“净土”上竟有这样明目张胆的贿选，而且还是发生在高中阶段。曾经也见过小学生贿选班干部的报道，当时的理解是小孩子缺乏是非判断，容易受诱惑，可以理解，而且教育起来也很方便，小学生容易接受。但是，这件事发生在高二，此时的学生已经具备较强的判断能力，也应该有明确的是非观，这在后面两位同学的叙述中得到了验证，但问题在于为什么同学们都知道这样是不对的，却又助长这样的行为，原因仅仅是因为两顿肯德基吗？后来，我还特意多问了几位普通同学，他们的想法基本一致，只有一位同学表示，他选择后面的两人，不是因为肯德基，而是觉得每次机会都给前面的几个好学生不公平。这些观点的背后，我们可以看到，学生对事情并不缺乏正确的判断，问题是当这种判断与自身的利益情境相结合，就会带来行动的偏差，或是为了获得自身的私利（肯德基），或是出于对部分过多占有资源的同伴的不满（觉得不公平），所以选择了旁观，但是他们都忽略了自己作为个体所应该具有的基本道德。一个人不能因为私利而损害了公平与正义，一个人也不能只是心存正义而无实际的行动。因为在这里，“旁观者不仅面临着‘助纣为虐’的危险，也面临着蜕变成作恶者的危险”（鲍曼，2006）。

（四）我们都是“三无产品”

观察日记：2011 年 5 月 18 日，雨，在高二（3）班的政治课上，我在跟学生们一起学习《文化生活》的第九课“推动社会主义文化大发展大繁荣”。课堂教学的过程中提到建设社会主义精神文明的根本目标是培育一代又一代有理想、有道德、有文化、有纪律的公民，于是，我就问同学，你们觉得自己已经具备了哪些方面？孩子们在下面一起回答，各有不同，我也听不清楚，于是我就随堂做了个小调查。我逐一列举四个方面，请认为自己已经具备的同学举手，结果很是出人意料。全班48个学生，选择“有理想”的7位，在我的追问下，2位同学都说自己的理想就是考上心仪的大学；选择“有道德”的44位，在我的追问下，3位同学分别认为讲诚信、懂礼貌、孝敬父母是有道德的表现；选择“有文化”的4位，2位同学的答案是作为高中生已经有了很多的知识积累，而且他们都喜欢读书，觉得自己是个文化人；选择“有纪律”的只有2人，他们认为自己还是比较遵守纪律的，结果遭到了其他同学的反攻，举出了他们不守纪律的实例，最后他们不得不放弃原先的选择。这个调查活动让所有同学都很开心，而我则很吃惊。于是，我请同学用一句话来形容他们目前的发展状况。结果，班上的政治课代表一语中的，“我们都是三无产品”，引来全班的持续爆笑。最后，我又对课代表的这个“三无产品”进行了补充，即无理想但有梦想、无文化但有分数、无纪律但有纪念，更是引来学生的感触多多。

观察反思：学生的概括虽然是一句笑话，但是仔细想来，的确很有意思。全班学生首要认同的是自己都是有道德的，但是他们对道德的理解却非常浅显。他们所谈到的诚信、孝顺是道德的表现，但只是一般的社会公德与家庭美德，而人之为人的基本德性是什么，我们如何才能成为一个有道德的人，是孩子们尚未思考却又必须面对的命题。“作为人存在的精神形态，德性在意向、情感等方面展现为善的定式，同时又蕴含了理性辨析的能力及道德认识的内容，它为道德实践提供了内在的根据。”（杨国荣，2000）因此，坚持学校道德教育对学生“善的生存”的引导与培育是至关重要的。透过这个案例，笔者还想到，今天的孩子们对自己的发展是有认识的，甚至说是比较客观的认识，那么为什么我们的教育不能培育好这些孩子呢？问题定然是在学校教育本身。如前所述，或许正是管理者的学校、群体极化的教师，加上学校教育的功利性催生了学生个体的异化。

当政治和教育向人们允诺更多的财富、享乐、满足、安逸的时候，或者政治和教育把人们的心灵导向对于财富的追求的时候，这就会把人们的心灵降低到鄙俗的水平，在这样的状态中，没有精神的高尚的情感激越，也没有道德上追求优秀的动力，公共生活缺乏希望。

——金生鈜

第四章 个体公共性缺失的历史回溯

在我国，基础教育特别是义务教育，是为国家和社会培养合格公民的教育，它要求“以国家和社会的基本价值观念和行为规范为核心、‘共同教养’和‘共同道德’为基础的‘公共框架’培养学生，建设学校和课程”（蒋建华，2004）。因此，公共人是基础教育培养的目标，公益性是基础教育的基本特质，公共性则是其应有的价值诉求。同时，教育主要是依托学校来进行的，作为一种正式组织，学校是实现学生社会化和促进社会个体化的纽带。（赵志毅，2012c）所以，学校教育也应该具有公益性的特质和公共性的价值追求，坚持公共人的培养目标。当然，学校教育作为社会的一个组成部分，它在社会中生存，也必然要随着社会的发展而不断地变革。如前文所述，今天的学校教育呈现出来的现象是令人担忧的，学校成了管理者的学校，教育教学成了教师的个体秀，学生也在日渐逃离校园生活，学校教育的产出弱化了其“纯公共物品或是准公共物品”的特性，却助推了个体人的膨胀。那么，原因何在呢？本章试图从历史的角度来梳理学校教育在价值追求、教育内容和教育机制上的变迁，以期探寻学校教育难以为“公”，从而带来个体人膨胀的原因所在。

第一节 学校教育价值追求的公共性审视

教育公共性问题首先涉及的是教育价值的公共性问题，我国的学校教育在价值追求中是否具有公共性，以及具有怎样的公共性，公共性是否发生了变化，以及发生了怎样的变化等问题是解开当前学校中个体人膨胀之谜的一把钥匙。

价值概念在不同的哲学体系中有不同的理解，在马克思主义理论中，价值原本是政治经济学中的一个概念，主要反映人与物的关系，如商品的使用价值就是指商品对人的有用性。在哲学上使用这个概念，是从它的政治经济学概念演变而来。马克思（1979b）在《评阿·瓦格纳的“政治经济学”教科书》中对价值进行了描述，他认为，“‘价值’这个普遍的概念是从人们对待满足他们需要的外界物的关系中产生的”。因此，所谓价值，就是“人们所利用的并表现了对人的需要的关系的物的属性”（马克思等，1979c）。从这个意义上来说，价值已经从原本的人与物的关系上升为一种主体与客体之间的关系，即客体以自身的属性和活动来满足主体的需要。基于这样的哲学认知，我们认为教育价值也是基于教育作为客体对不同主体的需要的满足，“教育价值就是指教育作为社会系统中的一种客体，对社会主体和个体主体的发展需要的一定满足（适合、一致、促进等）”（王卫东，1996）。在这里，学校教育是一个客体，而学生个体和社会则是对应的主体，学校教育如何满足个体发展和社会发展的需要，就反映出学校教育坚持了怎样的教育价值。

一、不同时期学校教育对“公”的追求

（一）我国古代学校教育对“公”的追求

教育是和人类社会同时出现的一种社会现象，而学校则是人类社会

和教育发展到一定阶段的产物。一般认为，学校大概产生于原始社会末期到奴隶社会初期，真正有文字记载，同时又有考古文物作为实证的则始于商朝。据《礼记·明堂位》记载：“瞽宗，殷学也。”瞽宗其实是商朝用作祭祀的地方，由于当时的祭祀都需要礼乐，所以，这些祭祀的地方慢慢地就演变成进行教授和学习礼乐的场所。《礼记·王制》记载：“夏后氏养国老于东序，养庶老于西序；殷人养国老于右学，养庶者于左学”。另外，根据殷墟的考古发现，不少出土的甲骨文上有“学”的字样，且写法多样，同时还有命令武将在庠教射手射箭的记载，有的还标明了教学的人数。（陈梦家，1988）可见，在商朝，作为学校的雏形，序庠之学已经存在。此时的学校教育主要是教授与社会生活密切相关的一些技能，如射箭，或是宗教仪式的技能，如礼乐等。从这个意义上来说，此时的学校教育还是比较关注社会发展需要与个体发展需要的结合的。当然，这里的学生并非人人皆可，是有等级的，如右学为国老，左学为庶者，可以判断那时接受右学的必是社会地位较高家庭的孩子，而庶者的孩子只能在左学接受庶者的教育，这一特点与后来西周以及封建社会的学校教育基本一致，这也是阶级社会的必然结果。

西周是我国奴隶制社会高度发展的时期，经济上实行奴隶主贵族的土地国有，而各级奴隶主依据宗法制度获得土地与职位的分封，因此，在社会文化中必须明确君臣、尊卑、长幼之序，以维护这样的等级制度。此时的学校教育包括国学和乡学，国学是国家为贵族子弟设立的学校，而乡学是地方政府为一般奴隶主和部分庶民子弟设立的。《礼记·王制》载“崇四术，立四教，顺先王诗书礼乐以造士”，由此，“四术”即为西周官学的教学内容，即德、行、艺、仪四个方面，又以“六艺”即礼、乐、射、御、书、数为基本内容。西周学校教育的特点在于形成了“‘学在官府’‘官守学业’的局面，政教一体，官师合一，以‘明人伦’为教育宗旨，培养统治阶级的治术人才”（王炳照，2008）[8]。可见，西周时期的学校教育已经开始将学校的价值追求明确定位于统治阶级的需要，其对“公”的追求就是朝廷、政府（“公”的观念类型一），没有普遍性或是社会性的意义，也基本没有个体发展的意义。

春秋战国时期是奴隶社会向封建社会的过渡时期，社会的动荡与变革对教育的影响集中表现为官学衰落、私学兴起。在分封制的背景下，官学以贵族子弟为教育对象，他们不愁吃穿与出路，逐渐不乐学，于是官学也就慢慢衰落了。而同时，以孔子为代表的诸子百家，则开始兴起私人讲学的风气。私学通过针砭时事，思考治国方案，来吸引君王和贵族的关注，一旦得到赏识，就能被纳为士甚至入朝为官。因此，此时的学校教育与前面存在明显的不同，那就是其教育价值的追求，不再是完全受制于国君的要求，自上而下地进行，而是知识分子通过对自身素质的提升，对社会发展的思考与设计，寻找欣赏自己治国之策的君主，是一种自下而上的过程。其中，最值得一提的便是齐国的稷下学宫，它鼓励学术自由，而且是学无常师。师生或游士都可以自由参加学宫的“期会”（类似今天的学术论坛），辩论驳难，唯学术是从。虽然，此时的学校教育（主要是私学）最终目的还是满足君主的需要，但它是以个体发展需要为切入点和载体，而且也真正关注当时社会发展的需要，带有一定的“公共”意蕴。

秦汉至明清是封建制国家形成、确立、发展和走向衰落的时期，其学校教育虽有差异但是共性特征还是比较明显的。具体而言，秦朝通过“书同文”“行同伦”对教育进行了重新的统一，通过“焚书禁学”“以法为教”“以吏为师”将百家争鸣的学术自由与学校教育全盘否定，使学校教育完全为秦王朝服务。汉代“独尊儒术”确立了儒学为主导的传统教育制度，官学与私学并存，普通教育（传授儒学为主）和其他专门教育（如华佗私学传授针灸术）并存。此时的学校教育兼具育才与化民两方面的价值，但是其育才除了少数的专门教育外，绝大多数还是为帝王“造士”。魏晋南北朝时期学校教育的最大特点是冲破了“独尊儒术”的樊篱，成立了很多的专科教育学校，如医学、律学、文学等，这些专科学校以私学为主，也有官办，如宋文帝时期的儒、玄、史、文四馆。（王炳照，2008）[123]此做法在隋、唐、宋时期的专科教育中也有延续，特别是唐朝开设的天文学、兽医学、医学等专科学校在当时是首创，比欧洲的此类学校要早数百年。应该说，这是学校教育的一大进步，专科学校的设置很大程度上使学校教育的价值追求在对个体发展需要的满足方面迈出了一大步。隋唐时期，“重振儒术”但是“兼容佛道”，这对于社会文化的发展是有积极意义的，因此，可以说，此时的学校教育在唯国家需要是从的同时，开始适当兼顾社会的需要。宋、元、明时期的学校教育历经变法，官学发展得比较稳定，其中值得一提的便是书院的发展。书院既有私学，也有官学，在具体做法上与稷下学宫相似，以学生个人读书钻研为主，学术很自由，其意义在于使得学校教育的价值兼顾了个体发展的需要，但是宋朝的书院后来逐渐官学化，在明朝还多次遭到禁毁。然而，有趣的是宋、元、明时期的私学，尤其是蒙学（私塾，相当于小学）的发展很是兴旺，当时编制了很多蒙学教材，如《三字经》《百家姓》等流传至今。从这个意义上说，此时的学校教育，虽然官学依然固守其为君王服务的本质，但私学却为个体发展和社会发展提供了很多支持。最后，还要单独强调一下古代学校教育对国家君主需要满足的路径问题，它主要通过两个方面来实现。其一是“造士”。从察举制到科举制，都是通过把学校教育与君王的用人需要相对接，实现君王对学校教育价值追求的垄断。其二是“化民”。无论是早期的学在官府、以法为教，还是后来的独尊儒术、官师制度，都是君王通过对教育者和教育内容的控制实现对学校教育价值追求的控制，进而“愚生”“愚民”。由此可见，封建社会的学校教育价值主体是非公共性的，是君主化的政治追求。

综上所述，我国古代的学校教育，在教育价值的追求中，总体上始终是以满足国家（君王）发展的需要为主导的，学生个体发展的需要很少被关注，即使关注也是从属于国家发展的需要，而且，学校教育对国家发展需要的满足还是一个被彻底异化的过程。就封建社会而言，除了早期稷下学宫、私学书院等少数私学教育以学术自由来体现对社会发展需要的真正关注以外，学校教育基本上都是沿着“社会发展需要——国家发展需要——君王的需要”路线进行着异化。因为，在封建社会，“天下为家”“大人世及”的权力垄断必然使君王一家利益高于天下利益，帝王则以“我之大私为天下之大公”的价值逻辑来固化这样的学校教育价值。因此，在古代的学校教育中没有真正意义的人的存在，自然也就没有公共人的培育。

（二）近现代学校教育的公共性追求

从鸦片战争开始，中国踏上了漫长而艰辛的救国救民之路，社会经济、政治的巨大变革也促使学校教育不断变革，学校教育在与社会的互动中互构。

清末的学校教育，“官学名存实亡，私学教育业空疏腐化”（王炳照，2008）[247]，为此，封建地主开始了一场教育的救赎。其一是洋务运动从“师夷长技以制夷”的实用目的出发，开办了外语、技术和军事学堂。其二是维新运动从破除传统、唤醒民智的目的出发，废除八股，改革科举，并创办新式学堂，重在宣传变法理论，也教授西学中的自然科学和社会科学。其三是清政府面对内忧外患实施“新政”，废除科举，重立学制，其相异之处在于创办实业教育，并厘清教育宗旨为“忠君、尊孔、尚公、尚武、尚实”（王炳照，2008）[295]。由此可见，清末的学校教育基本秉持的是“中学为体，西学为用”的精神，在教育价值追求上更多地呈现出对社会发展而非国君需要的关注，也重视个体发展需要的满足。但是，由于这种教育价值的追求是在旧体制内进行的，其实际效果并不理想，最终演变为各个地主阶层培植亲信、扩大实力的工具。

从本质上说，教会学校是帝国主义对华文化侵略的载体。早期只是小学性质的学堂，第二次鸦片战争以后，帝国主义开始在华创办中、高等教育，形成相对完整的教会学校体系。在教学内容上，自然科学和社会科学并存，既教西学，也存中学，教学方式灵活多样。客观而论，教会学校教育在价值追求上显然是为西方列强培养教徒和治华代理人的，无公共性可言。但是随着其存在和发展规模的扩大，它客观上对中国传统教育的冲击是巨大的，如女校的创办对传统女子教育观念的冲击，而且其自然科学课程的教授也为中国培养了一批优秀人才，特别是数学、天文学等方面。在后来的民主革命中，不少人都曾经是教会学校的学生。由此，“教会学校又不可避免地具有二重性和矛盾性”（王炳照，2008）[314]。

太平天国时期的学校教育虽然短暂，但是太平天国的统治者在定都南京之后进行了文教改革，按照《天朝田亩制度》的纲领实行普遍的、平等的、政教合一的教育，其教育对象是所有群众，包括妇女和儿童。在教学内容上不仅包括其宗教的知识，也包括自然科学、外国语、机械学等内容。同时，还改革了文风，对文字进行了部分的简化，所有这一切都带有明显的公共性的价值追求，既关注国家需要，也关注社会发展和个体发展的需要。因此，“太平天国这种不分贫富、贵贱、男女的平等的、普遍的教育，是教育史上光辉的一页”（王炳照，2008）[250]。

民国初期，蔡元培任教育总长发布新的教育方针，即“注重道德教育，以实利教育、军国民教育辅之，更以美感教育完成其道德”（王炳照，2008）[338]，并以此为指导，制定新的学制，突出之处在于：建立医学、商船、农业等专门学校以开展实业教育，培育专门的实业人才；同时，倡导男女平等的受教育权。此时的学校教育体系完善，课程设置完备，在教育价值的追求上带有强烈的“公共”意识，而且对个体发展的关注不再隶属于君权，而是从人的全面发展的需要出发，具有积极的进步意义。当然，由于资产阶级本身的双重性，这些改革在具体的实践中执行得不是很好。

“五四”新文化运动带来了中国教育的历史性转折，它以思想启蒙的方式，向社会展现了平民教育、国家主义教育（爱国教育）、工读主义教育（工学结合）、职业教育、科学教育等教育思想。1922年，新学制得以颁布施行，其突出之处在于：兼顾升学与就业，实行职业教育；切实保障了女性的平等教育权。在具体的指导思想中，强调“适应社会进化之需要；发挥平民教育精神；谋个性之发展；注意生活教育”等（王炳照，

2008)[371]。所有这一切就明确了新教育的价值追求在于彰显社会发展与个体发展的结合，尤其是平民教育、生活教育等做法体现出学校教育的公共性追求。此学制基本沿用至1949年新中国的成立。

新中国成立之后，我国全面改造旧教育，创建新教育。按照《共同纲领》的精神，明确新民主主义教育的方针是“教育为工农服务，为生产建设服务”（王炳照，2008)[457]，据此改革学制、课程和教材，并全面学习苏联的教育经验。1958年，《关于教育工作的指示》确立社会主义教育的方针是“教育为无产阶级政治服务，教育与生产劳动相结合”（王炳照，2008)[472]。此时的学校教育是基本稳定的，主要调整的是高等教育。从教育方针的变化中我们可以看到，新中国的学校教育主要是一种“社会本位”的教育价值追求，它注重教育的实用性，强调教育与劳动的结合，在社会主义教育方针中则更为明显地强调教育为政治服务，这符合当时的社会实际，为巩固新生政权发挥了积极作用，但是这一价值追求对后来学校教育的影响是有双重性的。“文革”时期的教育破坏很大程度上是基于对这个教育价值的夸大与曲解。1985年《中共中央关于教育体制改革的决定》重新调整了这一价值追求，明确新时期的学校教育要以“三个面向”为指导，确立了“教育必须为社会主义建设服务，社会主义建设必须依靠教育”的指导思想（王炳照，2008)[502]，这一变革使得新时期的学校教育改革突破了狭隘的政治性束缚，真正开始追求教育的公共性。

综上所述，从鸦片战争开始，我国逐渐沦为半殖民地半封建社会，这个时期的学校教育也经历着从传统型向近代型的转变。整体而言，此时的学校教育虽然破除了帝王之私为天下大公的封建价值逻辑，但是社会与国家未曾区分，依然保持着一元化的存在状态。因此，学校教育对社会发展的满足并不具有显著的社会性，而只是呈现出典型的国家特质和利益阶层的特点，其间则夹杂着中国教育与西方教育、国家教育与地方教育的碰撞、交往与融合，各种学校教育的价值追求非常多元。五四运动之后，近代教育完成了向新民主主义教育的转型，真正将人的全面发展置于学校的教育价值之内，无论是平民教育的探索，还是实业教育向职业教育的转变，都反映出教育价值的转向。新中国成立之后，新民主主义教育进一步发展并最终转向社会主义教育，则更加科学、合理地保障了学校教育对社会发展（不仅是政治需要）和个体发展需要的满足，进一步丰富了教育价值的公共意蕴。然而受到各种主客观因素的制约，学校教育的公共性追求并不彻底，其间夹杂了很多功利性诉求，使得公共人培育也没有得到有效呈现。

二、当前学校教育价值追求的公共性歧变

2010年2月，《国家中长期教育改革和发展规划纲要（2010—2020年）》开始向社会公开征集意见。为了广纳群言、广集民智，征集意见，《人民日报》和人民网开展了网上意见征集活动，根据他们的数据统计，在网民的教育期盼中，排列前四位的都是与基础教育相关的问题，它们分别是：期盼切实减轻中小学生的课业负担，期盼让更多的农村孩子接受优质教育，期盼教育别再乱收费，期盼改革高考制度。百姓的期盼是强烈而真诚的，而当前基础教育的困境也是真实而炙热的，择校热、家教热、补课热、乱收费等。这些问题背后的原因复杂多样，然而，教育价值追求的公共性缺失应是其根本的症结所在。

关于教育价值，本研究主要是从教育与社会发展、个体发展的主客体关系的角度来理解的，其中也包含有一定的主客体的意义思考。基于这样的分析框架，笔者以为，学校教育价值的公共性就包含着相对于社会的教育公益与公平，相对于个体的教育公正与共享。据此，当前学校教育价值追求中公共性缺少的症状可以归纳为三个方面。

（一）关注片面的社会需要，弱化了学校教育的公益性

教育与社会的勾连在于教育作为一种社会现象，能够对社会中的政治、经济、文化、科学等其他子系统的发展需要给予满足，而这种勾连主要是通过为社会发展提供合格的人才为载体的。基于此，公共利益是

学校教育价值追求的首要目标。然而，今天的学校教育价值在政治去魅的过程中，又陷入了市场化的窠臼，将社会需要窄化为经济发展的需要，学校则被很多利益主体视为其实现私利的方式和途径。当前，学校教育已经削弱了它在人们心中的公共事务的角色，正逐渐演变为一种消费或是投资。一方面，学生要通过自身的努力（包含金钱、权力）来选择自己向往的学校；另一方面，为了持续保持自身的吸引力，学校又会利用各种手段（也包括金钱、权力）千方百计地抢优质生源。于是一种错觉就产生了：选择学校是个人教育消费中的一种权利，教育是家庭最大回报率的投资。更为可怕的是，在今天的社会中，这种错觉已经成为一种共识。以择校为例，以前法规明确基础教育是不允许择校的，但是事实上悄悄择校是存在的，为了防止教育腐败，一些教育行政部门出台了择校“三限”规定，即限人数（不超过 20%），限分数（不低于线下 20 分），限钱数（义务教育 1.5 万元，高中 3 万元），并对择校收入与学校进行分成，使得择校费也成为国家的财政收入。这一政策能否防止腐败姑且不谈，但是它却实实在在地从政策和法规层面给了“择校”一个合法名分。如此，当学校教育成为一种投资，教育中所包含的公共价值观念和行为规范要求就可能转变成为具有一种“消费”属性的活动，那么，学校教育的公共性从何而来？

（二）关注部分人的发展，弱化了学校教育的公平性

基础教育本是面向全体学生的国民素质教育，而且义务教育还是所有适龄儿童和青少年的基本义务，但是当前的学校教育却在精英教育的价值导向下，做出了不同的选择，那就是“以占有式的个人成功为基础的教育竞争结构。教育所要培养的，是成功的‘占有者’；鼓励的，是通过竞争获胜的那些佼佼者，给他们充分占有权力、资源和利益的优势条件，从而获得社会身份和社会地位，成为社会精英集团中的一分了”（金生鈜，2007）。这种人人争当精英的教育竞争弥漫于教育的微观、中观与宏观的每一个角落，校内学生间竞争是个体的荣誉，班级间竞争是教师

的荣誉、校际竞争是校长的荣誉，地区间竞争是局长的荣誉，国家间竞争则是政府的荣誉。于是乎，每个人都不愿意轻易失去这样的占有优势。因而，今天的学生成长基本奉行的是从幼儿园、小学、中学到大学的名校路线，每一个阶段的学校都将自己定位为学生谋取下一个名校的阶梯，在这样的教育思路中，学校和教师很容易就将自己定位于为学生实现这些目标的工具和途径，而忘记了作为教育者“育人”的社会责任和公共情怀。这种家校关系、师生关系的错位，也必然使得学校教育所承载的社会与个人的关系转变为一种个人与个人之间的利益交换关系，从而弱化了教育的公共性。

（三）关注个体发展的部分，弱化了学校教育的基础性

“基础教育是‘打好人生成长基础’的教育而不是‘社会分层流动’的教育，是‘素质教育’而不是‘考试选拔教育’。”（吴亮奎，2010）简言之，基础教育是为人生奠基的教育。既然是奠基性的工程，那么基础教育就应该关注人的全面发展。但是事实是什么呢？在第三章里我们展示了学生的课程表和作息时间表，在学生的校园生活中，除了上课还是上课，除了作业还是作业，除了考试还是考试。因为，在学校和教师心中，基础教育乃是“为上一级学校输送合格人才的教育”，因此，上级学校需要什么我们就教什么，上级学校怎么选拔我们就怎么训练。于是，过度的知识教学代替了学生的全面素质发展，僵化的知识考试代替了全面考察，知识的灌输代替了师生的全面交往，学生已然成为一个学习的工具，而且只是一个知识学习的工具。“个体化规训造成了个体的犬儒主义形态以及个体对公共生活的道德冷漠和社会疏远，造成了个体人对道德责任的不可共契，从而使社会的公共秩序面临威胁。”（金生鈜，2008）[71]当学生在学校教育中成为一种被生产的产品，当学校教育成为一种单纯帮助学生成功晋级的工具，教育价值的公共性从何谈起？

当然，当前的学校教育在价值追求上并非一无是处，事实上，相对于传统的学校教育，它在价值追求上也出现了两个可喜的趋势。其一是将社会发展需要与国家发展需要进行了区分。它一方面继续满足作为社会部分的国家的发展需要，如国防、航天等，另一方面则开始关注真正社会意义上的公共需要的满足，如生态环境、公共精神等。其二是将社会发展需要与个体发展需要进行了结合，开始关注学校教育对个体发展需要的满足，如职业技能、生活常识、社会参与等。但是总体上，这种关注依然没有摆脱社会发展需要决定个体发展需要的思维惯性，尤其是在市场经济体制的影响下，这种对个体发展需要的满足，没有客观地分析社会发展需要的优劣，没有很好地克服个体发展自身的随意性、功利性等不足。在内容上，学校教育对个体的满足，不是基于真正的人的发展需要，而是片面的、狭隘的发展需要，甚至仅仅是功利性的技能需要，忽视了人的精神需要和人格发展需要；在方法上，学校教育对个体的满足忽视了学校教育对个体发展的价值引领，表现为学校教育对个体的简单适应，甚至是迎合，从而使得学校教育价值追求呈现出上述的消费化、利益化、工具化的不良症状。因此，当前学校教育的公共性及其对公共人的培育是“理想很丰满”但“现实很骨感”。

第二节 学校教育内容的公共性考察

公共人的学校培育需要学校教育的公共性，而学校教育公共性除了教育价值追求上的公共性之外，还需要具有公共性的教育内容来支撑。教育内容是一个比较复杂的体系，本研究并不在于全面阐述教育内容，而是试图通过教育内容的历史变迁来探寻其公共性的问题。因此，本研究将只对知识这个学校教育内容的核心组成进行考察，出于行文的需要，下文中有时会将知识与教育内容等同使用。

一、学校教育中知识的历史变迁

从词源来看，《说文・矢部》：“知，词也。从口，从矢。”（汉语大字典编委会，1992）[1079]它的意思主要有三种。其一，“知”就是知识的意思，如《论语·子罕》：“吾有知乎哉？无知也。”其二，“知”表示知道、了解。如《礼记·中庸》：“及其至也，虽圣人亦有所不知焉。”其三，“知”通智，表示智慧的意思。《说文解字注笺·矢部》：“知，智慧即知识之引申，故古只作知。”如《论语·里仁》：“里仁为美。择不处仁，焉得知？”其中，知识是知的主要意思，作为学校教育内容的知识在中西方的文化传统中都不是一成不变的，而是存在多种路径的变迁。

（一）知识与意义：从融合走向分离

教育公共性具有意义的特征，因此，考察知识与意义的关系可以窥见学校教育内容对公共性的关注。

“知”字从矢部，《广雅·释诂一》：“矢，正也”，可见，从知的本意来说，它与意义有着天然的联系。在中国的传统文化中，知识与意义的关系表现为知识与道德的关系。西周时期学校教育的内容已经比较丰富，以“明人伦”为核心，重视道德教育。《礼记·王制》载：“司徒修六艺以节民性，明七教以兴民德，齐八政以防淫，一道德以同俗。”所谓“六艺”即礼、乐、射、御、书、数是西周学校教育的主要知识，其中，礼是它的核心课程，内容就是宗法制度和道德规范，其知德统一是不言而喻的。乐类似于今天的艺术课，但是在西周学校教育中，乐却有极强的道德意蕴。《礼记·文王世子》载：“凡三王教世子，必以礼乐。乐所以修内也，礼所以修外也。礼乐交错于中，发形于外。是故其成也怿，恭敬而温文。”在这里，乐不仅是学音乐、歌舞，它还被赋予了修心的作用，所以也是知德统一的。再如“六艺”中的射，本身是学习射箭的课程，类似体育课或是军训课程，但是《礼记·射义》对射这门课程有这样的描述：“诸侯岁献，贡士于天子，天子试之于射宫，其容体比于礼，其节比于乐，而中多者，得与于祭 。”也就是说，每年祭祀的时候，很多人都想参加，于是天子就看他们射箭，但是在射箭中却要考察他的射箭是否合乎礼乐，在此基础上射中多的人才能参与天子的祭祀活动，可见射这样的课程也是强调道德性的。

自汉代至明清，儒家思想基本上是学校教育中的主导思想，因此，儒家文化中的知德关系可以反映出封建社会知识与意义关系的基本样态。《大学》中提出三纲八目，即“古之欲明明德于天下者，先治其国；欲治其国者，先齐其家；欲齐其家者，先修其身；欲修其身者，先正其心；欲正其心者，先诚其意；欲诚其意者，先致其知；致知在格物；物格而后知至；知至而后意诚；意诚而后心正；心正而后身修；身修而后家齐；家齐而后国治；国治而后天下平”。虽然，在儒家文化中对“格知”的理解略有差异，但是对“格知”的目的理解是非常一致的，那就是“明德”。由此可见，格物致知的知识学习，是为了“内修”，即个人的道德修养，而“内修”又是“外王”的基础。因此，儒家思想认为，“自天子以至于庶人，壹是皆以修身为本”。可见，儒家思想中知识学习本身就是为了道德的存在。再来看，它所要学的知识是否内含道德性呢？我们知道《诗》《书》《礼》《乐》《易》《春秋》作为封建社会一直奉行的传统教育读本，它的内容就具有很强的道德意义。正如司马迁所言：“《乐》以发和，《书》以道事，《诗》以达意，《易》以道化，《春秋》以道义。”(黄济，2006)[111]可见，儒家文化中的知识本身也是与道德融合的。最后，我们再来考察，封建社会的知识传授行为是否有道德的意蕴呢？《论语·述而》载“不愤不启，不悱不发”，意思是说老师要尊重学生的主体性，注重对学生的适时启发，这是为师之德。反过来，学生要有学习的道德，那就是严守师法。清皮锡瑞在《经学历史》中指出：“汉人最重师法，师之所传，弟子所授，一字毋敢出入，背师之说即不用。师法之严如此。”(黄济，2006)[125]概言之，就儒家思想而言，在封建社会的学校教育中，无论是知识本身，还是知识学习的目的与过程都是与道德紧密联系在一起的。

然而，在漫长的封建社会中，融合却不是知识与道德关系的唯一形态。对知德关系产生极大离心力的便是考试制度的变革。隋朝以前的古代社会主要是以察举制为选士的基本方式，由于察举制是地方察举，层层推荐，它对学子的名望、学识和道德都有考察，所以，此时的考试还是进一步融合了知德关系。隋唐开始的科举制度，则以试卷为选士的唯一标准。一般来说，科举对于考生知识储备的考察主要在两个方面，其一是考查学生对于儒家经典的背诵和熟练程度，其二是考查考生对特定话语形式的掌握情况。从隋唐到宋代，科举制度还是偏重对前者的关注，即关注儒家经典的内容，宋代的“八行取士”甚至将八种道德品质（孝、悌、忠、和（为上），睦、姻（为中），任、恤（为下））置于知识之上来进行选士。因此，此时的科举制度还是在加强知德关系的融合。然而，转折始于明代的“八股取士”。所谓八股，即“科目者，沿唐宋之旧，而稍变其试士之法，专取四子及《易》《书》《诗》《春秋》《礼记》五经命题试士，盖太祖与刘基所定。其文略仿宋经义，然代古人语气为之。体用排偶，谓之八股，通谓之制义”（《明史・选举志》）。简言之，八股取士使得科举考试对形式的关注超越了内容本身，不仅是对知识，更是对道德的漠视。科举与学校教育内容的关系，可以概括为两种演变态势：一是科举知识与教育知识有一一对应的映射关系；二是整个教育知识随科举内容形成一个近乎没有时间演化的同心圆。（吴刚，2002）事实证明，明清之际的科举制度使得学校教育知识成为科举知识的附庸，知识的内容与道德日渐被抽空，只留下形式的外壳。至此，传统学校教育中的知识与意义的关系进入了一个逐渐分离的通道。到了民国时期，学校教育知识的意义在理论上得到强化，知识承载着对民族、民权、民生思想的传递，但是受当时动荡的社会生活的影响，尤其是当局对实业教育和专门学校的倚重，使得知识的意义被实用技能所代替，因此，知识与道德在实际上还是分离的。新中国成立之后，知识与道德的统一得到重视和落实，强调知识“为工农服务、为生产建设服务”，到后来又转变为“为无产阶级政治服务”。客观而论，此时的意义理解符合当时社会历史的发展状况，是正确的，具有很好的一致性。但是随着社会的发展，这一思路没有及时发展，致使后来知识与意义的关系又被窄化为知识与政治的关系，从而丧失了其内在的一致性，重新走向分离。

事实上，我国学校教育中知识与意义关系的这种发展趋势在西方学校教育中同样存在。古希腊时期，在苏格拉底“认识你自己”的命题背后，表达的是知识蕴含着人生的意义，这时知识与意义是融合的状态，学校教育就是引导人们审视内心来窥探世界，发现自己以探索真理。正如海德格尔（1996）所言：“所谓知就是，能立于真理中，真理是在者的坦露。因此，知就是能立于在者的坦露中，坚持在者的坦露。单纯有知识，即使这种知识很广博，也不是知。”到了中世纪，在“认识了上帝也就认识了自己”的命题背后，折射的是一个信仰的时代。学校教育成为个体与上帝的桥梁，学校教育在于引导人们在认识上帝的过程中认知世界与自身，为此诞生了严格的教育形式，欧洲的大学建制也是从此开始的。此时，知识与意义虽然带有强烈的宗教色彩，但是两者依然是融合的状态。近代，在尼采“上帝死了”的命题背后，预示的是一个理性的时代。然而，可惜的是，理性在近代发展中被知性所混淆，进而被科技所裹挟，窄化为科技理性，显现出鲜明的工具性，知识也因此被理解为脱离人生存实践的符号逻辑系统。由此，知识与意义也开始出现分离的趋势，教育沦落为权力的同谋，过度膨胀的知识论压抑了意义的追寻。

综上所述，知识与意义（道德）的关系变迁，折射的是知识对公共性（姑且不论公共性本身的异化）承载力的逐渐消退，由此可见，学校教育内容对公共性的担当也是处于衰微的进程中。

（二）知识与身体：在分与合的交错中逐渐疏远

教育的公共性追求教育的共生与共享，因此，学校教育空间内的一切要素都必然发生相互的关联。那么，作为教育内容的知识和作为教育活动主体的人，在学校教育空间内的遭遇，会发生怎样的碰撞呢？这里我想借用身体这个词来描述这一关系的演变，因为，身体更能准确地反映人与知识的交往体验。正如布莱恩·特纳（Bryail S. Turner，2000）所言，“一个社会的主要政治和个人问题都集中在身体上并通过身体得以表达”，也就是说，“我们主要的政治与道德问题都是以人类身体为渠道而表现出来的”。而且，人类的身体与空间的关系，明显影响了人们彼此间的互动方式（桑内特，2011）。

在中国古代的学校教育中，知识与身体的关系是分分合合、复杂多变的。“庠、序”是最早的学校雏形，《说文·广部》：“庠，礼官养老，夏曰校，殷曰庠，周曰序。”可见，最早的学校虽然教授射箭、礼仪，但也是礼官养老的地方。到西周时，更是把视学与养老结合起来，天子与诸侯每年四次到学校视学，同时举行隆重的养老典礼。“每次视学，当日清晨，击鼓集众，天子至，行祭奠之礼。次日行养老礼。”“先祭先老，然后宴请终老，即席‘乞言’‘合语’。”（王炳照，2008）[15]简单来说，在这样的学校空间内，当时的知识具有很高的地位，作为知识的拥有者，受到天子与诸侯的尊重，因此，其身体是自由而愉悦的，作为知识的学习者，在这样的氛围内“乞言”，其身体同样是自由而愉悦的。此时，身体与知识是紧密结合的，身体是知识的载体，知识的传递也主要依靠身体与身体的对话。春秋战国时期，知识虽然开始一定程度地脱离身体而存在，但是身体间的对话依然是知识传递的主要方式，在“百家争鸣”的自由学术空间内，各家都以自己的知识来吸引身体的参与，因此对身体是尊重的，《论语·宪问》：“爱之能勿劳乎，忠焉能勿诲乎。”作为学习者的身体，可以选择知识的学习，学习中的身体对话是自由的、启发式的，而且学习的方法也关注身体与知识的统一，因此，身体与知识的相遇必然是愉悦的。

进入秦汉，中央集权制对身体的控制同样在学校教育中得以呈现。秦朝“焚书禁学，以法为教”和汉代的“独尊儒术”，在剥夺知识自由的同时，也剥夺了身体的自由，使学校教育中身体与知识的相遇成为一种强迫，此时的知识与身体是分离的，身体对知识的感受也是痛楚而警觉的。魏晋南北朝时期，玄学的异军突起，使得知识重新与身体友好起来。当时的学校教育盛行清谈之风（也称玄谈），类似于今天的学术沙龙，在这样的自由氛围里，知识与身体是一种自然状态的融合，是亲切而舒畅的。正如嵇康所言：“夫气静神虚者，心不存矜尚；体亮心达者，情不系于所欲。矜尚不存乎心，故能越名教而任自然；情不系于所欲，故能审贵贱而通物情。”（《嵇康集·释私论》）也就是说，只要身体保持一种心静无为、纵欲忘情的状态，自然就能与知识保持一种舒畅的相遇。但是好景不长，隋唐开始的科举制度再次将知识与身体推入分离的通道，进而走向深深的对立。在“学而优则仕”传统成才观念的支配下，身体向上的唯一路径是经由科举知识的提升而实现，如此，身体本应该是悦纳知识的，但是事实并非如此。其原因在于两方面。一方面，随着科举制度的僵化且日渐形式化，科举知识已经与教育知识相脱离，并迫使学校教育知识的服从，而其本身又已经不再具有知识的特质，只是一种格式化的修辞，由此，假借知识名义的科举知识变得面目狰狞，自然使得身体难以悦纳。另一方面，身体与知识的亲近，需要的是一种自然的相遇，而当知识成为身体向上的唯一且必须的路径时，身体便必须以扭曲的姿态接近知识，自然也就无法悦纳。这让笔者想起范进，一朝中举，本应鸡犬升天，却因身体扭曲的时间太长，压抑太久，终而无法承受，走向身体的癫狂。当然，在封建社会后期，也存在一个知识与身体自然相遇的相对独立空间，那就是兴起于宋代的书院。整体来看，书院中的知识与身体是以合为主的，但是后来书院也受到科举制度的牵引，知识呈现出功利化的特点，从而与身体保持一种若即若离的状态，不少书院被官学化后，知识与身体同样出现了分离。

到了民国时期，科举制度被废除，被释放的身体与知识有了短暂的相拥，但是很快又被北洋军阀的复古主义生生地拉开，然后就是这样的分分合合的交错，直到一个新的知识体系——马克思主义的到来，身体与知识再次在救国救民的革命浪潮中相遇、相拥。新中国成立之后，身体与知识依然保持着这种革命式的亲近，那是在社会主义大生产浪潮中的相遇，身体渴求知识的指引，知识需要身体的热情。但是，十年浩劫再次使得知识与身体分离，而且是一场撕心裂肺的分离，无论是知识的拥有者，还是知识的学习者，他们的身体都被迫与知识遥遥相望。1977年恢复高考，1978年改革开放，当知识以改变命运的阶梯、改变生活的力量之面目走近身体，身体便如饥似渴地抓住知识，它们的此次相遇是发自内心的激动，但也是酸楚的，因为这些渴求知识的身体，曾经都是自觉或是不自觉地远离知识的身体。到此，这本是一个美好的结局，但是时代并没有停止脚步。当改革开放给予了身体极度的物质满足与更大的物质诱惑，当文凭认同大于知识认同成为一种潜在的共识，身体与知识已不再是发自内心的彼此悦纳，而是转变为一种功利的寒暄。在这近乎礼节性的寒暄背后，每个身体都试图去紧握知识的手（也只是想握手），但是知识却瞧不上世俗的身体，用一个词来形容，那就是貌合神离。

同样，在西方，知识与身体的关系虽然也是分分合合，但是知识与身体的分离是主流，也是当下的现状。在古希腊，知识与身体之间是截然对立的。在柏拉图看来，灵魂和肉体是可以分离而且应当分离的。灵魂的理性先天具有知识，而身体感官所得只是虚幻的意见，因此，灵魂必须摆脱肉体才能把握真实、求得智慧。柏拉图（1996）说一个人要"尽量不和肉体交往，不沾染肉体的情欲，保持自身的纯洁"。中世纪，"漫长的教会和修道院的历史，是身体沉默无语的历史，克己、苦行、冥想、祈祷、独身、斋戒、甘于贫困，这都是控制身体的基本手段，并旨在将身体的沸腾能量扑灭，正是将身体陷入沉寂状态，信仰、启示以及上帝的拯救才能纷至沓来"（汪民安，2003）。在这里，神学知识的学习必然伴随着对身体的控制，甚至是一种赎罪式的惩罚。在整个近现代的西方学校教育中，伴随着惩罚的规训是知识传递的主要方式，因此，身体自然也是与知识相分离的。当然，这是知识与身体的主要姿态，并非唯一的姿态。身体解放的"呐喊"也同样贯穿于近现代的西方教育，从尼采、福柯到梅洛·庞蒂，无论是理论的呐喊，还是实践的批判，都振聋发聩。"我完完全全是身体，此外无有，灵魂不过是身体上的某物的称呼。"（尼采，1992）"哲学史上对于身体欠下了两千多年的债，脑袋越来越大，身体越来越小，这么一个畸形的西方哲学，到了梅洛·庞蒂这儿，对身体做了一次赔偿。"（张祥龙，2003）到了现代，随着科技理性在学校教育领域的优势不断扩大，知识也同样面临着被工具化的命运，它与身体的距离也越来越远。

综上所述，在中西方的学校教育中，知识与身体的关系分合交错，但是主要的时间和趋势却是日渐分离的。没有了身体的悦纳，知识就无法履行文化传递的使命，自然也就难以实现对身体的改造，同样，缺失了知识，人的成长便失去了依托。从这个角度来说，公共人的学校培育必须创设条件，通过公共性课程的建设与实施，谋求身体与知识的相互悦纳。

二、当前学校教育中的知识危机

相对于传统的学校教育而言，今天的学校教育正在发生巨大的变革：素质教育思想的推进，赋予了身体更多的自由；新课程改革的施行，赋予了知识更灵活的形态；教育现代化的深入，则改变着知识与身体的相遇方式。这一切，正让知识与意义、知识与身体更加紧密地相连，推动着学校教育的公共性探索。但是，市场经济观念渗入学校，教育规训的惯性未曾破除，作为教育内容的重要组成，知识也面临着危机。

（一）建构：可能会让知识陷入一种虚无

什么是知识？在哲学领域，柏拉图最早在《泰阿泰德篇》中，把知识界定为一种确证了的、真实的信念。由此，西方传统的知识即是由信念、真与确证三个要素组成。在教育领域，当前最广泛使用的观点是把知识看作“人类认识的成果，它是在实践的基础上产生又经过实践检验的对客观实际的反映”（中国大百科全书编辑部，1987）。如此，知识具有这样的一些特征：知识是人类的认识成果，具有公共性。因此，它不是一部分人的认识，更不是别有用心的人的认识。知识是实践基础上产生的，它是与生活紧密联系的，而且是身体的真实生活，它不是某些人假想的生活。知识是被实践检验证明过的，它需要经历时间，也是瞬息万变的。据此，知识的教学必然要尊重这些特点，才能发挥出知识本身所蕴含的公共性价值。

当下的新课程改革充分借鉴了建构主义哲学和多元智能理论，对传统的学校教育发起了猛烈的冲击。首先，“教学不能把知识作为预先决定的东西教给学生，不要以我们对知识的理解方式来作为让学生接受的理由，用社会性权威去压顺学生”（孙喜亭，2001）。这是对传统教育方式的绝佳批判，灌输式教学已经让学生变成一个知识的容器，丧失了身体应有的生命气息，作为一线教师的我坚决支持这样的批判。但是，问题来了，既然知识不能预设地教给学生，那么如何才能让学生生成那已存在的知识呢？于是，教学方式在摒弃灌输的基础上进了一步，那就是创设情境，启发学生，但是很多时候，学生是启而不发，怎么办？那就挖好陷阱，引着、逼着学生往里跳。一个不行，两个，两个不行，三个。于是，问题又来了，这种启发只是形式化的启发，同样行不通。为此，我们得回到原点，对知识进行辨析。知识“不过是对客观世界的一种解释、假设或假说，它不是问题的最终答案，它必将随着人们认识程度的深入而不断地变革、升华和改写，出现新的解释和假设”（孙喜亭，2001）。这个批判同样精彩，它使得知识不再是一个静态的概念，为知识的建构与发展开拓了道路，但是这里的建构是一种人类层面的建构，绝非个体层面的建构。因为，无论在哲学视野中，还是在教育学视野中，知识的产生与生产，都不是个体的行为，也不是脱离生活的行为，它是要经过“辩护”（特别是实践的辩护，而不是辩论）的。然而，这个认知却没有得到教师的深切理解，反而误导了当下的知识教学。很多教师以为，知识教学就是要在课堂上发挥学生的主体性，让学生动起来，不可以把现成的知识交给学生，要鼓励学生的每一种发言，要让学生尽情地表达，尽情地生成……可是，这里却暗含着巨大的危机，知识对身体的尊重并不意味着舍弃自身的存在，知识不可以胁迫身体但并不意味着可以放纵身体，否则，当身体转而形成对知识的胁迫，那么就是知识陷入虚无的开始，这便是知识生产的危机。

（二）话语权：可能会让知识成为单纯的语言符号

知识是如何传播的？福柯倾向于认为知识通过语言交往而传播，而哈贝马斯则认为知识是依靠不同群体间的“商谈”行为来实现的，简言之，知识是言说和语言的表达，而其传播则是在交往中得以进行的。因此，在交往中进行的知识传播就必然要与交往的媒介——话语，保持一种密切的联系。

这里的“话语”是在福柯意义上使用的，它是一种“推理性实践”，即“话语”作为一种活动，既有语言的一面，也有非语言的一面。作为一个“语言事件”，其本身也有一种“物质性”，即有自身的时间、空间来支撑它。（叶秀山，1990）“一个社会如何选择、分类、分配、传递和评价它认为公共的教育知识，既反映了社会的权力分配，又反映了社会控制的原则。”（佛尔甘，2000）这种知识的控制是通过课程的话语权来实现的，在今天的课程改革中，三级课程体系的设置为知识的传播创设了巨大的空间。然而，事实如何呢？随着部分地方课程的开发，国家课程一统天下的局面被打破，但是，在实践中，受各种主客观因素的制约，地方课程的科学性受到越来越多的质疑，进而严重影响其作为“法定知识”的权威性，于是国家课程又再次回到了唯一的“法定知识”的位置。至于校本课程，那就更不用谈了，充其量只是一线教师的自娱自乐而已，或是缺乏课程的知识价值，或完全是国家课程的延伸。由此可见，三级课程体系并没有带来三级话语体系。为什么会出现如此与课改精神相悖的窘境呢？原因就在于知识传播中话语权的错位：作为课程内容的选定者，专家（包括政府官员）拥有知识的绝对话语权，但是他们没有知识传播的现实认知；作为知识的传播者，教师拥有最真切的实践感受，但是没有知识的话语权；作为知识的学习者，学生既没有知识的话语权，也没有实践的发言权。于是，知识传播中的群体“商谈”就永远无法在一个层面上进行。在专家看来，教师和学生在背离知识的初衷，于是，他会利用考试评价来强化知识的控制；就教师而言，他深知知识的困境却无法改变知识的控制，于是，他会回避真正的知识而选择为评价而教，知识的意义因此遭到消解；就学生而言，他感受到评价带来的知识控制，同时无法在教师为评价而教中感受知识的魅力，身体与知识的相遇是痛苦的，于是他选择应付，期待着逃离。在这里，所有的身体与知识的相遇都是不快乐的，而且这种痛感会弥漫在身体因知识而存在的每一个时刻。有一个非常熟悉的画面：一位教师，一边深恶痛绝地咒骂着英语，一边虔诚而严厉地让学生背单词。在这里，知识已经远离了意义，成为一种空洞的符号——应试的符号。这就是知识传播的危机。

（三）考试：可能会让知识演变为一种工具

知识有什么作用？从知识与人的关系来分析，它表现为两个方面：“一是知识与人的自然生命（实体性存在）的关系，这种关系指向‘物’，即知识有助于自然生命所需的生活资料的获得；二是知识与人的精神生命（意义——价值性存在）的关系，这种关系指向人的生存困境，知识有助于人解答人为什么要生存以及如何生存等价值问题和生活智慧问题。”（郭晓明，2005）从公共人培育的角度来思考，知识的作用主要就是指知识与人的精神生命的关系，表现为对人的意义——价值性存在的积极作用。我们知道，意义的获得是需要确证的，对知识于人的意义的确证方式本应很多，但是在今天的学校教育中，考试似乎是唯一的方式。

曾记否，1977 年恢复高考，亿人关注欢呼，万人激情四溢，田间地头、牛棚羊圈到处是手捧书籍、心怀憧憬的学子。在那里，考试成功意味着人生命运的改变，意味着人生意义的实现，更可以说是知识对身体的解放。2015 年的高考，同样是亿人关注，但不是欢呼，而是谨小慎微；同样是百万人参与，但不是激情四溢，而是诚惶诚恐。在这里，考试成功依然意味着人生命运的改变，但不再是意义的实现，更不能说是知识对身体的解放，倒是有些对身体的放纵（高考后的无度挥霍和大学中的懒散度日便是例证）。为什么同是高考，知识于人的作用却如此迥然呢？“考试是现代教育最为重要的规训技术，它不仅把个体规范化，而且也是现代社会和现代教育把人个体化的重要的权力策略之一。”（金生鈜，2008）[71]正如前文所述，在今天的学校教育中，知识被抽空为符号，教育成为一种个人的消费与投资行为，身体与知识的相遇已经不再是38年前的那种发自内心的喜悦与欢腾，而是一种利益的交换，考试也不再是身体对知识意义的确证，而是成为对投资成功与否的验收。在这里，知识成了一种工具，凭借对知识符号的记忆与运用，学生能够因此获得将来对社会资源的占有优势，实现身体向社会上层的流动；凭借对知识符号的成功教授，教师能够因此获得巨大的个人利益，学校同样也会获得更多的社会资源，从而吸引更多的教育消费者（学生）和教育投资者（家长）。正是基于这样的发展逻辑，当下的学校更懂得“经营”，教师更懂得“训练”，学生更懂得“应试”，当学校教育的知识再次轮回到被考试知识（符号）所裹挟，那么知识便缺少了对人的精神生命成长的意义关怀。这就是知识功能的危机。

第三节　学校教育制度的公共性考察

学校教育价值的追求与教育内容的实施都离不开教育制度的保障，因此，要探寻我国学校教育的公共性问题，教育制度也是一个重要的视角。当前，关于教育制度的理解是非常多样的，有从组织的角度，有从系统的角度，也有从结构的角度来定义教育制度的。本文主要借鉴当前使用较为普遍的一个概念，即教育制度是指“一个国家各种教育机构的体系，包括学校教育制度（学制）和管理学校的教育行政机构体系”（顾明远，1990）。这是从系统角度给出的定义，在实际中，它的外延很广，出于研究的需要，本文主要选取学校教育机构作为研究对象，适当兼顾学制和教育行政机构。

一、我国古代教育制度的公共性考察

（一）古代官学发展的公共性考察

《礼记·学记》：“建国君民，教学为先”“化民成俗，其必由学”。可

见，古代官办学校是伴随礼制社会的建立而开始的，至西周渐趋完备。西周时期的官学分为国学和乡学，以"六艺"为教学基本内容。其中，国学是专为奴隶主贵族子弟设立的。《礼记·王制》："天子命之教，然后为学，小学在公宫南之左，大学在郊，天子曰辟雍，诸侯曰泮宫。"而乡学的规模较简单，是地方为一般奴隶主子弟设立的。《礼记·学记》："家有塾，党有庠，术有序。"由此可见，从官学的一开始，它就是君王之命，以"明人伦"核心，实质上就是通过政治伦理的教化，维护君主的统治。为了保障这一政治意图的实现，西周实行的是"学在官府"的制度，即政教合一，官师一体。也就是说，它完全是依靠官府的力量来办学，而且教师也是由官员来担任。这样的教育制度设计对后世影响非常大，我国封建社会的官学教育制度基本上与其保持一致。在这样的官学体制中，虽然也有部分庶民子弟参与读书，教学内容也涉及社会生活，但是其公共性并不明显。

春秋战国时期，官学快速衰落，所谓"天子失官，学在四夷"。随着秦王朝的统一，官学再次兴盛，相对于西周，秦朝的官学更加专制，不仅在教学内容上奉行"以法为教"，而且"官师一体"制度化，同时创设了博士制度，而当时所有的吏师和博士都只是秦王的政治顾问，根本不论社会生活。汉代的学校制度，在"独尊儒术"的指引下，发展得比较完备，既有传授儒家经学为主的普通学校，也有其他专门教育的学校。在层级上，中央官学主要是太学、宫邸学与鸿都门学，地方官学则设有学、校、庠、序等。以太学为例，汉代的官学对吏师制度有所突破，其表现就在于太学的老师，即博士"秩卑而位尊"，也就是官阶很低，但是俸禄很好，而且以学术专家的身份可以参与国事的讨论，这一点从某种意义上来说是对知识分子独立性的尊重。当然，此时的博士都是以仕途升迁为目标的，因此，他们不可能真正保持知识分子的独立性来关乎民生。另一个方面的突破在于，太学的学生不再是贵族子弟一统天下，其中有不少寒门子弟，有的甚至需要勤工俭学。如《汉书·匡衡传》记载匡衡："从博士受《诗》。家贫，衡佣作以给食饮。"（王炳照，2008）[95]这是很大的进步，某种意义上说是一种教育公平的体现，是对教育公共性的探索。

隋朝虽然时间不长，但是其官学教育制度的贡献却很大。其一，创立了专门的教育行政机构国子寺（后改名为国子监，一直沿用到清代）。单独的教育管理机构的设立，体现了国家对教育独立性的尊重，有利于后来教育的专业化发展，也为教育公共性的探索创设了空间。其二，开始了科举制度（也一直沿用到清代），虽然科举制度后来的发展有扭曲人性和走向形式化的弊端，但是历史地来看，它的出现打破了封建社会“选士”的阶层门槛，对于发现、培植、提拔有用人才是个好方法，而且它刺激了庶民求学的热情，从而扩大学校教育对社会的影响力。换句话说，它使学校教育真正面向大众，从公共性的视角来看，这种制度有利于培育社会发展的公共力量（可能是官员，更多的怀才不遇的文人）。事实上，在科举制度之下，一部分有才华又具有公共情怀的人入仕为官，当他们深切地感受到国家的腐败，会终因这种公共情怀与当时主流价值不合而被贬或是流放，但恰恰是这样的一些人，具有极强的忧国忧民意识，给我们留下了很多宝贵的精神财富。自隋唐以降，历宋元明清，封建社会的官办学校教育始终与科举选士结合在一起，官学一般多分国学与乡学，几乎没什么显著变化。

（二）我国古代私学发展的公共性考察

虽然古代私学很多都不是以规范化的学校形式存在的，而且教育内容与官学相差不大，但私学是古代学校教育制度中不可或缺的组成，它与官学共同呈现出古代学校教育的发展脉络。而且从公共性研究的视角来看，私学的价值更值得一提。

如前所述，春秋战国时期“天子失官，学在四夷”，以学术争鸣和探索治国之策为主旨的私学开始兴起，而“学术下移与士阶层的崛起是其最为直接的原因”（王炳照，2008）[95]。由此，我们可以分析私学的发展对于教育公共性的意义所在。其一，私学破除官学教育的门第限制，扩大了教育的受众，在为社会培育有知识的人，其中一部分就是潜在的公共力量。《后汉书·儒林传》：“经生所处，不远万里之路；精庐暂建，赢粮动有千百。其香名高义开门受徒者，编碟不下万人。”（姜国钧，2005）这个场景非常壮观，也反映了私学在很大程度上激发了人的求知欲。事实上，孔子的七十二贤人中很多最终并未为官，而是成了社会发展的公共力量，如整理文化典籍、宣传仁爱思想，等等。其二，学术下移破除了官师一体、政教合一的官学垄断，为学术的独立性赢得了空间。虽然，在那个时代，学术主要是围绕治国之策展开的，但是不可否认的是，学术的相对独立性必然有利于学术对公共问题的关注。事实上，此时私学中的不少观点至今仍然熠熠生辉，尤其是很多关于教学方法的思想。如《论语·为政》中“道之以政，齐之以刑，民免而无耻。道之以德，齐之以礼，有耻且格”就很好地阐述了道德教育的重要性。其中，战国时期的稷下学宫就是一个杰出的代表。

到了汉、晋时期，私学在内容上与官学一致，主要是以经学教育为主，而且重师法、家法，类似于现在所说的学术垄断。所以，相对于先秦诸子的自由讲学，这时期的学术自由和学术的独立性是一种退步。汉代的私学分为两种，即“蒙学”（相当于儿童启蒙教育）和“精庐”（相当于太学，教授专经）。这一阶段的私学发展特殊之处表现在两个方面。其一，开设了不少传授科学和技术的私学。如名医华佗开设私学，教弟子“刳破”（外科手术）和针灸的方法；樊英、段翳等人设私学教弟子天文、星占之术。其二，女性也参与到开办私学之列。班固之妹班昭，精通数学、天文，一度成为皇后及诸贵人的老师。（王炳照，2008）[101]汉代私学的这些特点是具有一定公共价值的，其科学技术私学的发展使教育有了面向大众和社会问题的机会，也为解决社会发展问题培育了技术人才；其女性办学与受学，则很大程度冲击了传统“女子无才便是德”的错误观念，也一定程度上彰显了私学对教育公共性的追求。

唐宋以后，私学教育主要表现为书院和家塾两种形式。书院名称始于唐代，但是真正作为学校则是始于宋代，书院有官办也有私办。私学书院都是各路名士相聚于一处，共同研读。《衡州石鼓书院记》：“予惟前代庠序之教不修，士病无所于学，往往相与择胜地，立精舍，以为群居讲习之所，而为政者乃或就而褒表之，若此山，若岳麓，若白鹿洞之类是也。”（王炳照，2008）[183]此时的私学书院绝大多数都是一些名儒所设，而且不少还受到政府的支持，耐得翁《都城纪胜》载：“都城内外，自有文武两学，宗学、京学、县学之外，其余乡校、家塾、舍馆、书会，每一里巷，须一二所。弦诵之声，往往相闻。”（许结，2000）由此可见，当时的书院教育是何等繁荣。书院与官学以及其他私学形式的最大不同之处在于它的教育目的不是科举考试，而是一种学术的聚集，因此，它具有一定的公共性特点。其一，书院对人的关注是全面的，既关注知识的获得，又关注人格的培养。因为在书院里讲学的多为名儒，其讲学的主线依然绕不开时代的主题，那就是明义理，修身行。从这个意义上说，书院克服了官学的政治化倾向，使得人有了全面发展的可能。其二，书院倡导学术自由，无论是讲学的人还是听讲的人，都是来自各行各业、各个地区，这就为学术的独立性和公共性创设了巨大空间，也有利于激发文人的独立人格与公共情怀。其三，书院的教学方式非常民主，主要以学术的言说来促进学术的传递和发展。换句话说，在书院中，知识与身体的相遇是自然而愉悦的。所有的这些特点可以在朱熹的“白鹿洞书院揭示”中窥见一斑，其内容是“五教之目：父子有亲，君臣有义，夫妇有别，长幼有序，朋友有信。为学之序：博学之，审问之，慎思之，明辨之，笃行之。修身之要：言忠信，行笃敬，惩忿窒欲，迁善改过。处事之要：正其谊，不谋其利；明其道，不计其功。接物之要：己所不欲，勿施于人；行有不得，反求诸己”（王炳照，2008）[187]。当然，书院的发展无法超越它所处的时代，尽管有上述的公共性特点，但是书院在发展中并非如此理想化。一方面，在“学而优则仕”的封建成才观的影响下，不少学子到书院学习的目的还是参加科举，因此，他们学到一定程度后就不会甘于再守山林了。另一方面，书院的后续发展逐渐被官学所渗透，甚至直接官学化，因为大的书院，其主持者本身都是封建官员，其讲学的思想都是为了维护自身阶级的利益，开办书院的很大一个动因也是为了“养士”，从而培植未来的官场“门生”。因此，书院的公共性追求在历史的长河中只是“看上去很美”。宋代以后，书院发展虽有起伏，但是整体状况基本相似，一直延续到明清。

综上所述，中国古代学校教育制度的发展与学校教育的价值追求和教育内容的变迁是基本吻合的。官办学校教育虽然也存在破除等级门第、招录寒门学子的案例，但是其总体上还是以贵族子弟为教育对象，强化的是社会固有的等级制度。教育不是为了如何改善公共生活，而是贯彻如何归顺于君王的统治，而且官学始终与“选士”相连，特别是后来的科举制度，这就造成了官学制度中教育内容、教学方法、教学管理等方面的同质性，而同质性则是公共性的对立面。私学的发展很大程度上为知识分子的独立性创设了空间，但是正如前面对书院的分析一样，这种独立性很多时候只是昙花一现，最终还是走向了官学的同质性，或成为科举制度的附庸，或成为大儒们的私利所。

二、当前学校教育制度的公共性审视

教育制度公共性的审视是一个很宏大的命题，即使从“公共性”的角度切入，也依然困难重重。那么，为什么还要提出这个问题？原因有二。其一，本章探索学校教育为何难以为“公”，在梳理了教育价值、教育内容的历史，反思两者的现实困境之后，必须要在当前的教育制度中寻找支撑。其二，当前的教育制度的确是需要审视的，作为一线的中学教师，我无法驾驭如此宏观的话题，但是，我有深切的感受，那就是当前学校教育中个体人的膨胀是制度的责任，但又不仅仅是制度的责任。

（一）大众教育的理想，精英教育的体制

在基础教育改革的浪潮中，曾经有一句宣传标语打动过无数人，也被写在无数乡村学校破旧的围墙上，那就是“一切为了孩子，为了一切的孩子，为了孩子的一切”。诚然，基础教育课程改革的核心理念正是

“为了中华民族的复兴，为了每一位学生的发展”，人民的教育是为人民而教，从普及九年制义务教育到义务教育阶段全免费，大众教育一直就是我国学校教育孜孜不倦的追求。正如杜威（1980）所言，“一个民主的社会必须有一种教育，使每个人都有对于社会关系和社会控制的个人兴趣，都有能促进社会的变化而不至引起社会混乱的心理习惯”。这一点，在我国社会主义民主化的进程中尤为重要，因为，人民是国家的主人，教育是国家的教育，教育的使命当然是培育我们的人民。从历史的数据来看，我国的入学率、在校生数、义务教育普及率等指标都在真实地见证着大众教育的成就。然而，当教育的追求从扫盲、普及走向更高的发展水平时，大众教育的理想就遭遇到了现实教育体制的扭曲。

镜头一：自2012年4月开始，每个周五下午，学校舒适的小会议室里，总有五位同学围坐在会议桌前，聆听他们从全校各科老师中挑选出来的优秀教师的命题讲课。隔壁的阶梯教室里有50人左右在聆听年级组内各学科组长的提高班讲座。后面的教学楼里，班上的同学都埋头于自己的作业堆。（注：这种分班以学生高三以来的各次考试成绩为标准，五人班叫“北大清华冲刺班”，是年级前五名的学生；50人班叫“名校冲刺班”，是年级前60名的学生）

镜头二：2012年秋季开学典礼在大操场上隆重举行，鲜红的地毯上走来刚刚毕业的四位学生，他们是今年“×××奖学金”的获得者，全年级750人，只有四位获奖者，每人奖金8000元，3000名师生在九月的阳光下感受那四个人与校长的热情相拥。

镜头三：2012年，学校百年校庆日，美丽的鲜花和红毯铺满校园，欢乐祥和的音乐回荡在校园。当兴奋的校友走进校园，门口的礼仪学生非常热情，逐一查看每个人的请柬，根据标识，将不同的校友领向不同的签到处和休息室。没有请柬的校友会被一一领进会场的指定区域。大操场上座椅整齐又好看，前排的是红色软垫的椅子，边上和后面则是蓝色、绿色、黄色等不同颜色的塑料方凳。在每一个方阵的边上都竖着指示牌：贵宾席、杰出校友代表、80年代校友、90年代校友等。

学校本是学生的家，走进这个家门的时候，他们都是懵懂少年，都有着强烈的求知欲和上进心，可是现实是残酷的，一年或是两年，他们就得适应学校和老师依据考试成绩对其的人为划分，并享受对应的待遇。三个镜头的背后蕴含着一个事实，那就是今天的学校教育关注的是精英而非全体同学。没有了对全体人的教育责任，公共性无从谈起。那么，原因何在？“除了‘利益驱使’之外，一个同样具有根本性影响的重要原因，乃在于‘人’的观念始终未能在一线教育工作者的头脑中普遍地、虔诚地确立起来，与之相应的行为习惯始终未能在一线教育工作者的身上普遍地、切实地形成。”（吴康宁，2010）“人”在每一个学生的心中都有着崇高的地位，“被他人认为‘像样的人’是很光荣、很有尊严的，成为‘一个真正的人’‘一个纯粹的人’是人心之所向，是人的根本需要和追求”（鲁洁，2007）。但是，我们的教育在“人”面前保持了沉默，我们的教育者选择了逃避，老师们最爱说的就是“那是教育体制造成的”，或许是体制在最初的时候误导了我们，但是，我们的错误观念才是真正的罪魁祸首，它以我们的手在进行着这个体制错误的再生产。

（二）素质教育的思想，应试教育的机制

素质教育是一面旗帜，是引导当前学校教育改革与发展的旗帜。《国务院关于基础教育改革与发展的决定（2001 年）》这样描述：“实施素质教育，必须全面贯彻党的教育方针，端正教育思想，转变教育观念，面向全体学生，加强学生思想品德教育，重视培养学生的创新精神和实践能力，为学生全面发展和终身发展奠定基础。”为此，必须“继续减轻中小学生过重的课业负担，尊重学生人格，遵循学生身心发展规律，保证中小学生身心健康成长”。随后，国家为了保障素质教育改革的顺利推进，先后出台了新的课程方案和课程标准，编写了新的教材，发布了《关于积极推进中小学评价与考试制度改革的通知》，开始了全国范围内的各级各类教师专业培训。

然而，经过十余年的改革发展，我们学校教育改革进行得如何呢？

镜头一：晚上23：28，高中学生宿舍的走廊里开始躁动起来，大家赶紧收起小凳子，夹着书，冲向应急灯充电处，拿起自己的应急灯，再重回宿舍。2分钟后，宿舍公共位置一片漆黑，每个宿舍却亮起了一束束微弱的灯光。(注：孩子们的理由是，大家都这样)

镜头二：中午12：46，高二年级教室的走廊里，几乎每个教室门口都唯唯诺诺地站着两三个学生，嘴里咕哝着没有来得及咽下的午餐，手里拿着水，眼神尽是无助与乞求，他们的对面，班主任是一副冷冰冰的表情。(注：学校给学生45分钟的午餐时间，可是他们却用了51分钟，所以自习迟到了6分钟)

镜头三：下午17：35，再过20分钟就要放学了，第二天是劳动节假期，可是孩子们都面无表情地在收拾着抽屉里一沓沓的试卷和厚厚的练习册，脸上没有一丝的欢愉，嘴里则在抱怨“我最恨放假了”。(注：每到放假，各科老师都会布置大量的作业，于是孩子们宁愿不要放假，这样老师布置的作业量会正常一些)

看完这些镜头，有两点必须明确：第一，这不是所谓的县中，而是省会城市的一流高中；第二，这不是故事，更不是往事，而是发生在2015年5月的真实事件。想起雅斯贝尔斯（1991）[27]的一句话：“人从未认识到和希望自己作为工具，因为，就本源而言，人希望成为真正的人，而非异化的人。”但是，我想说，素质教育的思想还没有能真正拯救我们的孩子，教育要使人成为人，是人性的觉醒和教育的回归，所以，这没有“人”的教育是不能称之为教育的。那么，原因何在？基础教育制度的改革涉及课程、教材、教师，但却唯独专门发文积极推动考试评价，应试在教育制度中深深地藏匿，这就是真正的问题。可怕的是，应试并非躲在那儿不出来，而是以藏匿的姿态弥漫在教育的每一个角落。就高中而言，入学要考试，它可以让你成为名校的一员；月底要考试，它会让你发现自己的美或丑；期末要考试，它决定你下学期能否进实验班上课。考试能改变孩子的生活，也能主宰孩子的生活。教师和学校则是应试机制的享用者，也是应试机制的生产者。他们因为考试可以获得更多的利益、资源、荣誉等，所以，他们会创造出各种理由来考试，随堂天天考是为了以考代练，抓住学生的兴奋点；周周考是为了及时了解学生的学习成果，让学生用好周末；月月考是为了掌握学情，激励学生不能懈怠。凡此种种，教师在考试中感受并享受着考试所带来的权威感、存在感。所以，千万不要以为素质教育的艰难只是高考的错，其实它只是一个被共识的借口，学校教育对考试崇拜的利益机制才是最大的问题。在这个意义上，一心向上的校长、渴望被世俗认可的教师、望子成龙的家长和习惯了服从的学生，都是该利益机制的同谋。

（三）均衡发展的愿景，谋取私利的现实

均衡发展是国家出于对教育公平的追求，谋求校际之间、地区之间、城乡之间的优质教育资源共享，这是一个非常美丽的愿景。如果它像想象中的那样实现了，在我国960万平方公里的国土上，所有学校都是一样的好，所有的孩子都可以“在家门口上名校”，事实本该如此。“教育作为促进每个人精神发展的力量，必须平等地尊重、关怀和保护每个人平等的基本权利，确保所有的教育资源、教育机会、教育行动的公正性。”（金生鈜，2008）[135]所以，我们是应该为这样的制度设计欢欣鼓舞的。然而事实如何呢？

镜头一：早上的校门口很是热闹，初中语数外三个学科的特级教师，在校长的欢送下踏上开往距离学校80公里外对口帮扶的乡村中学进行师资交流，身后的大卡车则装满了学校淘汰下来的桌椅和电脑。他们上午到达，开了一个讲座，听了一节课，说了一段话，吃了一顿农家菜，睡了一个午觉，就又到家了。（注：按照N市的规定，为了推进教育均衡化发展，城市名校必须与一所乡村中学结成对子学校，并进行师资的交流轮岗，每年至少一名教师、一名领导）

镜头二：某高档小区内，彩旗飘扬，锣鼓喧天，这是学校第四所初中分校的开校典礼。校长满脸笑容地上台剪彩，并发表了热情洋溢的讲话，誓要把这所分校办成学校的品牌，为提升地方义务教育质量贡献力量，台下掌声雷动。（注：校长的笑容不是白给的，该分校是由该校以名字入股占30%，政府出土地占股40%，房地产商出全部资金占30%，在分校未出现盈利的前几年，投资方给予该校每年每个年级30万的教育管理补助，出现盈利之后，则按照股份进行分红。于是一个薄弱地区，因为大量房地产开发，有了一所名校，这就是现实的均衡化现象之一）

先来说说上面的两个镜头吧，第一个，按照政策规定是一个教师到对口学校支教一年，该校改成三个教师到该校一天，当然，也要略备薄礼，这样双方都开心。第二个，是现在的常态，哪儿有高档社区，哪儿很快就有名校的分校，看似教育优质资源的合理布局，促进了均衡化发展，其实，这些学校至多向分校派几个管理人员，教师都是现招的，所以大家不要担心优质资源会在均衡化中被稀释，因为均衡化不涉及总校。如此看来，我们就不难理解教育均衡化的美好愿景推进得如此之快，却收效甚微的原因了，因为一切都是利益在作怪。受到利益驱使，学校在执行教育政策的过程中就容易放大自身的利益，而忽视全局层面的教育公平诉求；而教师也会因为自身的个体利益能够在浮于形式的均衡化中得到更大的满足，从而忽视教育均衡化对育人的公共诉求。如此，对于教育均衡化，教育行政部门很乐意，因为它能证明治教有方，让教育资源公平配置；名校很乐意，因为它只要出个学校的名字就能每年赚上个百十万；教师很乐意，因为总校的教师可以提高福利，而分校的教师有了好的靠山，出来赚钱也容易（这也是很多分校教师疯狂做家教的原因）；学生和家长也很乐意，上不了总校上分校，反正它是名校。那么，谁不乐意呢？那些对教育和民族有着哪怕一点点责任心的人是不会乐意的。因为，简单的教育均衡化（至少在当前，在相当一部分地区）恰恰是在以制度保障并再生产着学校教育的功利心，从而以表面的平均掩盖着实质的不公平。

我们生活在这样的时代之中，民族国家、阶级、族群及传统家庭所锻造的社会秩序不断衰微。个体自我实现的伦理在现代社会中处于最有力的位置。人们的选择和决定塑造着他们自身，个体成为自身生活的原作者，成为个体认同的创造者，这就是我们所处的这个时代最重要的特征。

——乌尔里希·贝克

第五章 个体公共性缺失的现实追问

通过前面现实的呈现和历史的梳理，我们可以看到，学校教育对个体人的膨胀负有重要责任，但是学校是社会的一个组成部分，个体的生活场域也不仅仅是学校，因此，探讨个体人的膨胀还需要从个体本身的角度加以考量。换句话说，学校教育在管理、教育、价值追求、教育内容以及教育制度等方面的公共性缺失只是个体人膨胀的原因之一。就个体而言，他本身是否具有公共人的可塑性，其他生活场域中是否存在个体人膨胀的诱因等，也应该是我们思考个体人膨胀的突破口。跳出学校教育看教育的问题，这也是对教育的公正。

纵观我国个体化的发展历程，可以看到现代社会的个体发展是一个双向过程，表现为：“一是个体化，即个体作为自主性主体，首次具有了对自己的行为做出自由规划的能力；二是社会化，即社会通过纪律等手段，使个体具有了自我规定和自我控制的道德实践能力。”（渠敬东，1999）正是这样的特点使得个体性与公共性的张力性存在得以很好地呈现。一方面，个体化促进了个体性彰显，保障个体拥有更多的自由与自决权；另一方面，人的关系性存在又使得这样的个体化始终处于社会化的进程中，并在不断地寻找“再嵌入”的连接点。

第一节　个体公共性的社会转型之惑

从20世纪80年代开始，中国社会开始经历一场深刻的结构变迁。这一转型的实质是从以自然经济为基础的传统社会向以市场经济为基础的现代社会的根本性转变，其主要内容包括八个方面：在资源配置方式上，从国家调配转向市场交换；在资源占有关系上，从集中转向分散，从一元转向多元；在分配关系上，从直接转向间接，从单一转向多样；在社会功能结构上，从高度综合转向高度分化，从同质性转向异质性；在社会阶层结构上，从封闭到开放，从等级身份到平等契约；在社会政治与公共生活上，从集权到分权，从伦理型到法理型；在精神文化生活上，从大一统到多样化，从愚昧到文明；在对外关系上，从封闭到开放，从脱轨到接轨。（陈烽，1993）面对中国社会的大转型，我们每一个生活在其中的人都必然与之共同脉动。

一、经济转型推动个体的资源化

（一）市场机制与个体性的彰显

中国社会的现代化转型是从经济转型开始的，在从传统的计划经济走向社会主义市场经济的进程中，生产、交换、分配、消费等一系列社会大生产的环节都发生了巨大的变化，其中最为重要的，也是最根本的在于确立了市场在资源配置中的基础性作用，这标志着社会主义市场经济体制的建立。社会主义市场经济体制的建立和发展使得市场领域从社会的“整体性结构”体制中分离出来，逐渐发展成为一个较为成熟的社会结构要素主体，并反过来深刻地影响着社会的整体发展和结构调整，也改变着个体的生存方式与发展路径。

计划经济体制下的个体本身也是计划的一部分，其存在与发展都是按既定的计划进行的，出生按计划、升学按计划、工作按计划、结婚申请按计划，唯独死亡计划不了，但是火葬还得按计划办……因此，计划经济之下的个体只是一个缺乏自我身份的组织附属品，其个体性得不到应有的尊重。改革开放犹如一夜春风吹绿大江南北，中国大地发生了翻天覆地的变化，特别是经济发展成果举世瞩目，三十余年的发展使中国经济实力一跃成为世界第二。与此同时，中国人的个体生活也发生了巨大的变化：生活水平越来越高，结婚三大件从手表、自行车、缝纫机变成了今天的汽车、房子、海外游；经济生活的自由度越来越大，从个体经济、私营经济到投资教育、水利等传统国有经济领域，从夜市练摊、淘宝网店到万达广场中的专柜，到处都是个体的经济存在，这反映了我国公民在经济领域中的个体性非常之高。特别是随着市场经济体制的建立和完善，个体也以资源的形态进入社会经济生活的各个领域，它遵循价值规律的要求，通过供求关系与价格的相互影响进行着市场范围内的配置。于是，在这里，个体以独立经济主体的身份获得了个体性的尊重，从而使“为自己而活”成为可能。

作为资源的个体是流动的个体。在今天，个体通过升学、就业等方式逃离旧有的传统关系网络，开始一种脱嵌后的新生活，这种生活是个体自由选择的结果，能够给予个体真实的命运体验。“生在农村，长在城市，漂在北上广”的年轻一代比比皆是。在社会层面上，商业文明的高速发展与社会流动性的增强，突出地表现为社会情境的“破碎化”和生活追求的“插曲化”。如鲍曼（2002a）[序10]所言，在插曲中度过的生活是一种不必为后果担忧的生活，因为后果的兑现会被延迟甚至是遥远而不确定。流动带来了活力，彰显了个体性，但是流动也暗含着个体“再嵌入”的危机。

作为资源的个体是竞争的个体。竞争是市场机制的核心动力，通过竞争才能实现资源的流动与优化配置。任何一种竞争都需要可交换的资本（不仅仅是金钱），所以个体必须注重自身竞争资本的积累，必须为自身资源的再生产负责，因此，消费成为竞争个体的必然选择。“我们的社会在根本上是一个‘消费者社会’……今日社会塑造其成员的方法是首先并主要由消费者的角色的义务所决定的。”（鲍曼，2001）在消费者的社会里，“物也具有了标签个人的身份、地位、富有程度的社会符号的意义，人们把物作为区别自己与他人的符号来使用”（金生鈜，2008）[43]。于是，物的消费成为个体追求个体性的过程，人的生命也因此导向一种物化的形态，过度的物的依赖必然导致人对意义追求的式微。同时，市场竞争又是一场优胜劣汰的竞争，所谓“同行是冤家”，个体竞争的结果会导致同质性个体的相互分离甚至是对立。

作为资源的个体是利益的个体。流动性与竞争性的基础是个体对利益的追逐，个体利益成为个体在市场经济体制中的最大关注，于是，自由市场与利益相连所产生的个体间交往只是一种利益分享的工具性交往，而非真正的人与人之间的交往。在商业化的影响下，这种交往所承载的人情关系更是被泛化为一种世俗的资源，社会交往被冠之以资源共享，这种生活体验对个体培育具有很大的迷惑性，它以公共性之名，谋取的却是个体人之私利。当个体成为利益的附属品，人与人之间就是一种利益之外的陌生存在，看似熟悉，其实离开了利益便遥不可及。

（二）经济依赖与公共性之惑

问题蕴含着方法，困境孕育着出路。在向社会主义市场经济转型的过程中，集流动者、竞争者、消费者、利益者等诸多标签于一身的个体极大地彰显了自身的个体性，但所有这些现象的背后也隐含着对公共性的期待。

在全球化的背景下，中国的市场经济发展已经具有了更为广阔的开放性，一方面，是中国继续“引进来”，让国际资源进入我国的市场链；另一方面，则是积极地“走出去”，参与到更广泛的国际分工之中。基于这种全球化的社会分工，任何一个国家、企业或是个体的发展都必须与他人保持紧密联系。事实上，当前，国家间、企业间和个体间的合作在深度和广度上都有了长足的进步，并保持着进一步加强联系与合作的期待，这正是公共性追求的体现。然而，这种经济合作在今天却又异常脆弱，因为这种合作的唯一动因就是利益的获得，当彼此之间的利益分割不均或是利益的相对优势不足，那么这种合作就会瞬间分离，随着资源在全球范围内的流动，资本对利润的追逐也进行着全球范围内的挑选，于是，看似公共性追求的合作，其实质则是个体的利益诉求在支撑。

生产的公共性如此，那么消费的公共性又如何呢？当下的生活，个体消费日渐多元化、多层次，越来越多地呈现出个体性的特征，也因为如此，任何个体都无法独自实现消费的自我满足，个体必须借助于他人的帮助，才能实现自我的消费满足。基于此，个体之间本应出于共同利益的考虑，而保持一种消费链条上的相互依赖与相互负责。然而事实并非如此，从瘦肉精到三聚氰胺、从地沟油到毒饺子、从反式脂肪酸到蜂胶制假，从非典时期的抢购口罩到日本核事故时期的抢盐，经济生活中各种缺乏责任担当的消费插曲不断上演。原因何在？其一，流动性与“插曲化”生活带来的是责任兑现的延迟，使得公共利益与个体利益的关联度下降。也就是说，追求公共利益的消费行为无法快速地在个体利益上得到回赠，而追求个人利益忽视公共利益的行为也不会瞬时得到惩罚。其二，消费的身份化消解了消费行为所承载的共同价值观念。作为社会大生产的一个环节，消费不仅是对社会文化的呈现，而且还是对社会文化再生产的一种引领。如“勤俭节约，适度消费”曾是我们社会认同的价值观念。然而，在今天，消费能力被视为个体成功的一个重要指标，消费水平往往与个体的身份高低相关联，成为个体身份的标志。因此，贷款买房、买车的人比坚持适度消费却依然蜗居骑车的人要显得更有能力，素质更好。既然，消费不在社会意义上被规定，而只属于个体，那么消费领域的唯利是图，也就是针对个体了，如情人节套餐贵得惊人，燕窝造假等，它们对公众的刺激度就会下降，因为“那是发生在别人身上的事情”。再进一步说，这也与当前传媒的狂轰滥炸呈现出的“苦难的

间接性、日常性”而造成了“同情疲劳”密切相关。(高德胜，2008a)[7]

二、政治转型阻滞个体的“再嵌入”

(一) 转型中的政府与权利的旁观

当下的社会转型强调和谐社会的建设，党和政府也试图树立人在社会发展中的核心地位，从早期政府工作报告中的“以人为本”“民生”到2012年报告中的“惠民”，无不显示出中国政府坚持以人为本的科学发展路线。

在从集权走向分权的转型之路上，对于政府而言，职能转变是一个有效的抓手，目前政府的职能定位正在积极从管理为主走向服务为主。如各地区统一设置了政务服务中心，将所有职能部门合署办公，极大地方便了人民群众。各级政府都设置了24小时的政府服务热线，大多数还开通了官方网站和微博、微信等。这样做就是为了对人民负责，充分彰显和保障公民的个体性。对于公民而言，权利的彰显是此次政治转型的最大体现，个体正在从单纯的义务责任角色走向权利与义务相统一的现代公民角色。在这样的政治转型中，个体的权利意识在个体的心中迅速觉醒并快速发酵。如：总理与网民的第一次在线交流，数以百万的网民同时在线留言导致新华网几乎瘫痪；国家第一次召开春运铁路票价听证会，近千人报名应征几个名额；南京市第一次开展万人评议政府活动，连班上的中学生都自己下载表格积极参与，等等。然而，社会主义民主政治建设十余年，在这一连串的第一次之后，面对总理在线，围观者越来越多，发言者却越来越少；听证会越开越多，老百姓却越来越不满意；民主监督，送到百姓手里的调查表都未必收齐……似乎，旁观成了个体权利行使的主要姿态。这是为什么呢？

权利的行使本是个体性的最大呈现，也是实现个体与社会之间公共性互动的重要载体，权利的旁观则意味着个体对个体社会化进程的放弃和对公共性的冷漠，其实质是一种纯粹的个体人行为。究其原因主要有三点。其一，权利行使的动力不是基于权利的公共价值，而是基于私利。权利是公民依法享有的权力和享受的利益，它是基于社会层面的法的约定，因此，权利的行使本质上也应该从维护权利再生产的机制，即从法的公正性出发，这样才能确保个体权利与法之间的良性互动。但是，当前，我国公民的权利行使很大程度上都是由私利诱发的，这就使得与个体私利相关的权利，他们会紧紧地甚至是越界地加以捍卫，而对与己无关的他人利益或是公共利益，则采取旁观的姿态。其二，权利行使的方式是非常个人化的，缺乏权利行使的公共机制。当前，个体权利的行使完全是依照个体的文化、态度、利益、情绪、性格来行使，没有考虑程序本身的合法性，也不关注权利行使的公共机制，所以，生活中经常会出现权利被侵害的人反而成了罪犯。这就会带来两个方面的影响。一方面，权利行使者觉得自身无法维护权利（事实上是他的错误维护导致的），因此，他会选择逃避或者更激进的错误行为；另一方面，其他具有相同权利认知水平的人会觉得正义没有得到伸张，因此，他会选择继续旁观。其三，当前，国家对仅有的权利行使缺乏尊重和有效的保障机制。正如前面所说的案例，为什么第一次时，那么多的人积极行使自己的权利，而到了后来却是应者寥寥呢？这是因为，很多人在第一次的热情参与之后，没有得到及时有效的应答，所以次数多了，慢慢也就淡了。简言之，权利的旁观不是政治转型的必然结果，但却是当前民主政治建设进程中的一个真实状态，它的原因既有政府的因素，更有个体发展中的私利倾向，旁观意味着个体的自我保护，更是个体的自我封闭。

（二）法治社会与“再嵌入”的迷茫

政治转型的另一个表现在于社会从伦理型走向法理型，即从“人治”走向“法治”，从礼俗社会走向法理社会。（费孝通，1985）关于法治社会，又分为社会优位型治理模式和国家优位型治理模式。（马长山，2002），我国的法治社会应该是偏向于国家优位型治理模式，即主张国家依法进行统治或“依法施政”。

随着我国民主法制的逐步健全，公民正从对个体权威的崇拜中解放出来，形成一种对法这一公共权威的热切与敬畏。还记得2004年，一位63岁的老人黄振沄手持修改后的《宪法》挺立在一片拆迁后的废墟中，以蓝色圆珠笔写了一句，“第十三条　公民的合法的私有财产不受侵犯”，保护了始建于清朝的那座自家院落。于是，坊间一片欢呼！然而，我们欢呼的，不是法的尊严，而是个体利益在公开抗争中得到了实现，是欢呼“我”的利益在未来的可保障性。在众多的欢呼者中，很少有人知道这个法律条文是如何生成的，更不会去关心它对社会发展与个体解放的价值。只有一种情况你才会关心，那就是当你的个体利益（或是未来可能获得的个体利益）受到侵害时，这多少有些讽刺！法治社会首先是一个公民参与的民主社会，是社会对公民法治需求的应约，因此，法治社会不仅是要用法律去彰显个体的权利，它同时更在引导着个体的“再嵌入”，那就是个体对立法的参与，对法理精神的体认，个体在法律框架下的勇于承担。然而，现实就是如此的矛盾：一方面，法在保护着个体的权利，赋予个体充分的个体性展现；另一方面，个体只在涉及私利时才运用法来保护自己，而忽视了个体性与公共性的互动，更为缺失的是个体基于法的精神对公共性的捍卫。

如此看来，个体的“再嵌入”是清晰可行的，但是为什么难以实现呢？根本原因在于我们穿着法治的外衣，却怀着传统礼俗的心。我国传统礼俗社会是“以道德代宗教，以礼俗代法律”（梁漱溟，2005）[257]，社会秩序的维持是以“礼”而治，所以礼是最高的公共权威，而礼只是个体权威（如君王、领袖）的国家化，因此，礼俗社会中个体性与公共性的紧张表现为个体与国家间的紧张。虽然，我国的民主法治进程已经大步向前，但是上述案例给出的启示还是没有摆脱这种礼俗社会的思维，将公共利益与国家利益、公共权威与国家权威混淆，自然难以找寻个体自身“再嵌入”的路径。其原因是比较复杂的，但是可以从以下两个方面来理解。其一，中国的法治进程中缺乏契约精神。个体对法的关注与使用完全取决于与自身私利的相关度，既缺乏对公共利益的关注，也缺乏公共精神的培育，同时，国家的立法也缺少畅通民意的机制。其二，中国的法治进程主要还是国家主导的自上而下的一个过程，而非个体自下而上的法治觉醒，这就必然带有强烈的国家意识，而弱化了其公民意识和公共意识，自然容易引起个体本已根深蒂固的传统礼俗精神的发酵。①

三、文化转型加剧个体的娱乐化

伴随着经济与政治的社会转型，当下的中国社会正在经历着一场深刻的文化变迁，我们正在从传统农业文明社会走向现代工业文明社会，文化也在从大一统走向多样化。与这场社会变革相伴随，人们的精神世界和心理世界也同样经历着前所未有的共振。

（一）多元文化并存与“人”的发现

总体而言，中国的传统文化是缺乏个体意识的文化，是“人”被遮蔽的文化。传统文化以自给自足的自然经济为基础，以家族和血缘关系为纽带，强调社会群体本位和以维系封建伦理纲常为主要功能的封建宗法等级秩序。因此，它将人伦关系凌驾于一切关系之上，缺少对个体存在的尊重。正如梁漱溟（2005）[102]所言，脱胎于古宗法社会的伦理本位的中国社会，没有个人观念，一个中国人似不为其自己而存在。即使是个体的存在，也不是作为“人”的存在，而是作为“圣贤”的存在。“中国人之思想，动欲为圣贤、为王者、为天吏、作君、作师，不肯自降其身，仅求为社会之一分子，尽我一分子之义。”（陈独秀，1987）这种“动欲为圣贤”的文化心态，直接导致了“人”的遮蔽。新中国成立之

① 2015年3月15日，全国人大通过了修改《中华人民共和国立法法》的决定，修改内容中明确“立法应当体现人民的意志，发扬社会主义民主，坚持立法公开，保障人民通过多种途径参与立法活动”。这在法律层面为立法明晰了民主通道，必将有利于民意的畅达，这或将为个体的“再嵌入”创设良好的政治和法律环境。

后，封建宗法等级秩序被彻底打破，但是“动欲为圣贤”的文化传统依然存在着影响，特别是在革命文化一统天下的阶段，虽然不是要求人皆为圣贤，但也是宣扬人皆为英雄，成为革命的螺丝钉。在这里，个体归属于政治组织，真正的“人”依然是被遮蔽的。而且，传统文化基本上还是单一性的文化，封建社会是“罢黜百家，独尊儒术”，而到了新中国，政治文化则是文化领域中的一枝独秀。

在今天，随着国际文化交流的日益频繁和互联网的快速发展，转型中的中国，多元文化已经势不可当。这种文化的多元是多种因素综合作用的结果。其一，中西方文化交流产生的文化多元。全球化背景下的文化发展呈现出一种相互碰撞、相互交锋并相互交融的态势，多元化、多样性的西方文化思潮伴随着各种进口商品与服务多渠道、全方位地涌入中国。其二，古今文化碰撞与传承中的文化多元。社会主义市场经济体制的建立和日趋完善催生的自由、平等、竞争等思想，现代工业社会推崇的是技术理性和人本精神，而传统文化则恪守封闭、保守、驯化等思想，古今的对话，衍生的是传统与现代的多元呈现。其三，时代特点造成的文化多元。今天的中国是多时空文化并存的社会，既有传统农业文明的传承，也有现代工业文明的生成，还有西方后工业文明的影响。于是，在这样一个无以形容的多元文化并存的社会阶段，个体有了非常多的文化选择，特别是人本精神为内核的现代工业文化和以消解主体性、重建人与自然的统一为内涵的后工业文化，使个体能够从传统文化的束缚中脱嵌而出，文化从群体意识走向个体意识的觉醒，使得“人”在文化中得以真正地呈现。“过去文化由传统来界定，今天文化应该被界定为一种自由的领域，它守护着各种类型的个体，有能力生产并为自身的个体化进行辩护。具体而言，文化就是一个场域，我们在其中可以求同存异地生活在一起。”（贝克，2011）[32]

（二）消费文化与娱乐化的个体

文化的多元与市场经济的全面渗透共存，伴随着个体意识的觉醒和

“人”的发现，每个人都获取了自由选择与发展的空间，个体正逐渐学会自主地选择生活方式，确立属于自己的生活理想与价值准则，并将自己彻底带出一元化的文化生活境遇。当个体走出一元化的文化境遇，沉浸于多元的文化环境之中，他们是怎样的一种生活状态呢？

“每个个人都降生在先于他而存在的文化环境中。这一文化自其诞生之日起便支配着他，并随着他成长和成熟的过程，赋予他以语言、习俗，信仰和工具。简言之，正是文化向他提供了人之为人的那种行为的方式和内容。”（怀特，1988）从这个意义上说，文化不仅构成了人的存在方式，同时还在建构着人的发展方式。当下的中国，科技、经济和消费的现代化以超出人们想象的速度在社会生活中弥漫，大众传媒和文化事业迅速进行着市场化、产业化的改革，“中国文化的主流突然离开了‘五四’以来近百年的思想、美学和文化传统，人文知识分子对文化的控制权拱手让给了金钱、资本……中国文化进入了一个大众文化的时代”（尹鸿，1996）。在这样一个“消费者社会”里，快速的市场化正使得文化逐渐丧失其应有的批判功能，而沦落为一种消费品。

当文化以产业的形式生存，文化就必然要与所有的商品一样经历生产、交换、分配、消费的基本环节，并最终流到顾客的手中。为了那“关键的一跃”，文化受众的认可便成为文化存在与发展的终极目标。然而，在这样一个多元的消费社会中，不同层次的人有着不同的文化需求，而通俗化文化产品的需求又往往占据着社会的大多数，于是文化在为消费而存在的过程中又沦落为一种娱乐。这其中，现代传媒发挥了至关重要的作用。电视等传媒“把娱乐本身变成了表现一切经历的形式”（波兹曼，2009）[76]，于是，传媒走向了娱乐化，文化内容都试图以娱乐的方式呈现给大众。在大众传媒趋利动机和个体求乐动机的共同作用下，诸如戏说经典、明星秘闻、名人吸毒、无厘头的穿越等占领了大众的文化视野，仿佛文化与传媒等一切都只为大众的娱乐而生。文化的娱乐化带来的是“人的深度思维机能的丧失、文化的肤浅、精英意识的解体、人的精神生态的失衡”（张田田，2007）。于是，在这样的文化浸染中，个体也走向了娱乐化，“宁愿坐在宝马车里哭，也不坐在自行车后座上笑”的电视征婚女、以丑为美的某某姐姐，娱乐节目某某男生更是以“伪娘”吸引眼球，凡此种种，充斥着个体特征的娱乐化的文化泛滥，正是将很多人内心的“小”放大，并借助现代传媒进行传播与再生产。于是，消费文化建构着娱乐的个体，娱乐的个体又再生产着娱乐的文化。

概言之，我国文化的社会转型从单一走向了多元，实现了个体对单一传统文化的脱嵌，凸显了对个体性的尊重，使得真正的“人”在文化生活中得以呈现。但是多元文化的生活并没有带来真正个体性的彰显，更没有带来公共性的践行。在这里，文化成为一种消费，并进而演变为娱乐，“随着娱乐业与非娱乐业的分界线变得越来越难划分，文化话语的性质也改变了……大家都不再关心如何担起各自领域内的职责，而是把更多的注意力转向了如何让自己变得更上镜”（波兹曼，2009）[85]。由此可见，文化的转型解放了“人”，但是，要成为一个真正的“人”还有很长的路要走。

综上所述，中国的社会转型是一次社会结构的深层变迁，人是所有经济、政治、文化和社会结构的关键要素，人的发展必然成为这场变迁的主体与核心。当个体化的进程让人们越来越明晰自身的个体性并为之而着迷，甚至是疯狂时，个体也在积极地寻求自身对社会的“再嵌入”，而且这种“再嵌入”的努力与个体化的努力是同时进行的。然而，值得深思的是，在这场社会转型的过程中，被压制与遮蔽的人的解放过于快速，以至于缺乏基本的反思，失去基本的界限。“现代人加速的解放，实质上是使个人从物质、空间、关系等外在束缚中解脱出来，‘全世界都会为你让路’，以便让现代人过上更加个人、更加自我、更加私人的生活。”（高德胜，2011）可见，社会在彰显着个体性的魅惑，同时也在一定程度上积蓄着公共性的能量。

对此，我们可以用一组数据来加以阐释。数据一：“春运”被誉为人类历史上规模最大的、周期性的人类大迁徙。2012 年春运约 40 天的时间内，有 30 多亿人次的人口流动，占世界人口的 1/2，相当于全国人民进行两次大迁移。其中，农民工是主力军。国家统计局报告称，据抽样调查结果推算，2011 年中国农民工总量达到 25278 万人，比上年增长 4.4%。其中，外出农民工 15863 万人，增长 3.4%。数据二：2004 年开始，中国遭遇 20 年来第一次“民工荒”，以后年复一年，波及珠江三角洲、长江三角洲等地区。数据显示，广东有近 200 万人的缺口，其中，深圳目前缺口约 40 万人，东莞缺口近 27 万人。另外，福建的泉州、莆田两市用工缺口也在 10 万人以上。浙江温州等城市也反映存在不同程度的招工难问题。同时，2008 年，农业部数据调查显示，农民工提前回流量占农民工总量的 6.5%。如以此回流量估计，全国 1.3 亿外出农民工中已有 780 万人提前返乡。面对这样的数据，我们不免困惑，民工潮与民工荒看起来是很矛盾的一件事情，但是它们的确就是这样矛盾地并存于当下的社会生活中。民工潮源于农民对乡土的逃离，他们不想像祖辈们那样向土地要生计，于是便带着梦想、带着嘱托踏上南来北往的列车，这是个体自由的选择，更是个体对自由的向往。然而，在这流动的背后，农民后面的“工”字显示出，农民的地位并没有改变，他们不属于城市，国家也缺少切实的制度来保证城市对农民的接纳，恰恰相反，一道一道的政策关卡把农民拒于城外。简言之，农民对乡土的脱嵌似乎成了一种原罪，无时无刻不在漂流的人心中翻腾。于是，民工荒出现了，这是那些充分享受了个体性自由，但是却无法扎根于城市的灵魂对乡土的眷念，这种眷念是个体对家的眷念，更是个体性对公共性的眷念。可是，城镇化使得农村的土地越来越少，人口的城镇化聚集也开始出现城市生活的种种弊端，那么，今天的农村还有能力收留这些曾经逃离自己的孩子们吗？“中国的个体为了寻求一个新的安全网，或者为了再嵌入，被迫回到家庭和私人关系网络中寻求保障，等于又回到他们脱嵌伊始的地方。”（阎云翔，2012）[343]这像一个悖论，其实恰恰是一种张力性存在，是融合于个体实践之中的个体性与公共性的张力性存在。

第二节 个体公共性的网络生活之惑

随着我国社会经济文化的发展，“公私一体”的社会结构有所松绑，“私的领域”逐渐从“公的领域”中分离出来，但是这种分离是缓慢的，而且在“私的领域”与“公的领域”之间还缺少一种公共的关联。然而，随着信息技术的发展，特别是网络生活的兴起，极大地改变着人们的交往方式和生活方式。由此，一方面，“公共领域”得以隐现与建构，个体的公共性正得以逐渐生成与呈现，网络正成为公共人的栖居之所；另一方面，在与现实生活的互动中，网络行动也出现了被裹挟的趋向，个体的公共性发展又遇到了很大的障碍。

一、虚拟世界呈现独特的自我

（一）网络空间与交往方式的变革

从 BBS 论坛到 QQ 群，从博客到微博，从人人网到脸谱网，网络已经成为人们生活的一个部分。“上网意味着我们重新塑造自己的生活，强化人类的个性和品质，使每个人最终掌握自己的命运……上网撕裂了人类之间的由于政治和经济地位或由于种族、政治、文化、信仰的差异而建造的高墙……上网意味着你获得了做人的尊严……上网意味着你有了表达的自由……上网意味着你开始脱离‘单位’的束缚……上网意味着你进入了一个全球神经系统，意味着你能和所有的人对话和交流……”（李希光，1999）简言之，网络正改变着我们的交往方式和生活方式。

历史地来看，人类的交往方式并非线性的代替式发展，而是一个不断丰富与交融的过程。人类的交往方式最早可能就是面对面的直接交往，它以语言（口头语言和肢体语言）为载体，需要交往主体的同时“在场”，对话是交往的主要方式。随着印刷术的应用，人类的交往逐渐摆脱了时空的束缚，可以借助于文字符号等载体进行跨越时空的交往，阅读成为交往的重要方式，“阅读从本质上来说是一件严肃的事情，当然也是一项理性的活动”（波兹曼，2009）[47]，因此，“印刷机作为一种隐喻和认识论创造了一种严肃而理性的公共对话”（波兹曼，2009）[40]。以电视为主要代表的电子媒介的出现，使人类的交往方式超越了抽象符号的冰冷，它以生动的图文、音视频为载体，以观看作为主要的交往方式，将交往的彼此拉得更近、更具“在场”感。“与其说电视是视觉媒介，毋宁说它是一种触觉——听觉媒介，它使我们的一切感官深刻地相互影响。”（麦克卢汉，2011）到了今天，网络技术的迅猛发展使得人类的交往方式发生了巨大的变革，它以互联网为平台，借助语言、文字、图片、音视频等各种载体，在虚拟的网络空间内，对人类的交往方式进行着一次深层次的整合。

首先，网络的数字化使人类的交往进入了一个“失重时代”。信息专家斯蒂夫·赫尔蒙说，“人类已经从重重力的报纸时代和中重力的电视广播时代发展到零重力的数字信息时代，人们可以自由地进行信息交流，就像宇航员在太空失重环境中，身体可以自由向任何一个方向移动一样容易”（刘宇文，2001）。借助于数字化的信息交换，网络空间的交往突破了时空对人际交往的限制，大大缩短了人与人之间的空间距离，正所谓“天涯若比邻”。同时，数字虚化了一切，网络交往的“失重”状态也破除了现实交往中诸如身份、地位、阶级、性别、年龄等外在重力的制约，使得基于信息的交往成为一种真正意义上的普遍性交往。当然，“失重”的交往也意味着这种交往是一种悬浮的交往，个体的相遇来得快，消失得也快。

其次，网络的开放性使人类的交往回归本真意义。在网络空间中没有所谓的“中心”，因此，任何人、任何组织都可以在任何地点、任何时候进入或退出网络，个体就是交往的中心，交往因你而存在。然而，在印刷媒介的交往中，阅读书籍是与作者的交往，前提是你先认同并进入作者设定的语境与逻辑；在电子媒介的交往中，面对电视的狂轰滥炸，所谓的交往只是观看，因此，在这些交往中，个体往往是被动的，缺乏主动性和交互性。交往本意即互相往来。据此，交往应该是共享的，而不只是单向的给予。而信息共享则是网络的初衷，也是网络发展的内在要求。当前，网络正是通过对用户开放、对提供信息服务者开放和对提供网络者开放而从组织上为这种信息的开放与共享提供保障。当然，开放的网络也意味着交往的脆弱与多变，毕竟，交往因你而存在，也因他而存在。

最后，网络的包容性使人类交往的内容更加丰富。如前所述，人类交往的方式并非线性的过程，网络交往极大地包容了前面各种交往方式的特质，使得网络交往内容丰富多彩。其一，网络交往有着对话的亲切性。借助于视频聊天技术，网络交往不再是抽象的文字对话，而是可以看着对方的表情，感受交往的温度。其二，网络交往可以加深文本的理解性。超链接文本技术和电子书能快速把你带到想要去的任何地方，体现着迅速和直观。网络构建了一个丰富立体的多维世界，从而可以帮助我们全面解读一篇文字、一个事件，多维而深刻地去感受作者的思想。其三，网络交往同样具备媒介的娱乐性。借助于在线音视频和海量的图片，我们一样可以感受电视媒介的娱乐性，而且这种娱乐性更快、更广，且有选择性。其四，网络交往也包含着精神的交互性。借助于 QQ、微博、微信等各种互动平台，网络交往更能促成基于共同兴趣、责任的观点碰撞与智慧分享。

简言之，兼容现实的虚拟空间，把个体从“他律”为基本生活准则的现实世界解放出来，并赋予他们发起交往与结束交往的自主权。在这里，个体成为交往的中心，个体性得到最大限度的彰显与捍卫。也正因为此，如果个体缺乏“自律”，那么网络交往则会变成无休止的网络“交战”了。尽管网络交往是利弊共存，但是其发展是历史的趋势，正如“阿帕网”创始人利克莱德所言，在不远的将来，“人们通过机器所进行的交流将变得比人与人、面对面的交流更加有效”（郭良，1998）。

（二）网络生活中的独特自我

“把网络看成是电脑之间的连接不是对的，相反，网络把使用电脑的人连接起来了，互联网最大的成功不在于技术层面，而在于对人的影响。”（刁生福，2003）那么，网络生活对我们的个体产生了怎样的影响呢？恰如尼葛洛庞帝（1997）所言，“真正的个性化时代已经到来……个人不再被淹没在普遍性之中，或作为人口统计学中一个子集，网络空间的发展所寻求的是给普通人以表达自己需要和希望的声音”。网络生活中的个体奉行“我就是我”信念，在纷繁复杂的网络交往中都试图呈现出独特的个体性。

首先，是去除常人面具的本真的我。网络生活是匿名的，这将大大降低自我暴露的风险，去除个体现实生活中的种种“面具”，回归一个真实的我。“在网络交往中，身体以数字化方式存在，恰恰使此在摆脱了常人的控制，恢复了本真状态。在‘隐形人’面前，自己也安全地隐形，他人不会给我带来压力，我不必也无法以他人的尺度来衡量我自己，于是本真的我大摇大摆地走了出来，而不必像在现实社会中必须带上‘常人’的假面。”（孙彩平，2007）虽然，去除面具的个体，或许会因“缺乏身体的道德担保导致网络生活中的伦常松懈和言行粗鲁”（高德胜，2007），但是，一般而言，当个体回避了社会生活中的现实差异，就像“火车上的陌生人”现象所揭示的，它更容易进行一些单纯的、非功利性的精神交流，从更深层次上给交往主体带来本真的体验。

其次，是有着角色意识的立体的我。网络生活的匿名性只是表示个体不是以自己现实生活中的真实姓名参与交往，其目的是摆脱现实社会角色的束缚，但是他并不想抹去角色，恰恰相反，他是要通过网名更加充分地彰显自己作为独立个体的特殊性。因此，化名参与网络交往，既可以避免现实社会角色的干扰，又能很好地表达交往中的自我角色定位。事实上，我们在网络交往中很多时候通过网名也能感受到该网民的个体性。所谓化名，就是“个人给自己取一个法定姓名以外的名字，凭此在网上建立起一个虚假的，但经久不变的身份”（戴森，1998）。对于个体而言，这个身份就像一个角色，他会环绕着这个角色凝聚出一个人际关系的同心圆，慢慢地，个体和他的交往对象都会对这个角色加以确证，最终成为个体自我认同的一部分。显然，在实际的网络交往中，不少人还会有多个化名，其目的就是进一步地细分自己在不同交往圈内的角色身份。从积极的角度来说，这种多角色的自我呈现有利于个体构建一个多维共存的自我，从而最大限度地激发自身的发展潜能，也有利于塑造比实际生活中更令人满意的自我形象，为更好地应对现实生活积累信心。但是，从消极的角度来说，这种多角色的呈现，如果个体整合不好，反而会造成虚拟世界与现实世界生活的脱离，甚至是人格的异化。

再次，是皈依心灵的自我期待的我。网络交往的魅力在于你不知道下一个会遇上谁或者遇到什么，也不知道该以怎样的姿态与他相遇，但是，你确信你会与他相遇，于是你必须为此做些什么。任何一个个体都会为这种注定的不期而遇规划并创设一个自我形象，其实，这也是个体内心中的自我期待。“人们应该看到另一种教育之下的他们将成为什么，或者为了更多地体验和不可能获得最终的答案，他们可能怎样存在。”(雅斯贝尔斯，1991)[63]虽然，雅斯贝尔斯的话本意是讲教育中的人的期待，但是它在网络生活中同样适用，那就是只有敢于自我期待的个体才能接受网络生活的挑战，而网络生活的不确定性又迫使每个参与其中的个体必须对自己有所期待、有所设计。如前所述，网络生活中更多展现的是本真的我，那么这种自我期待就会具有更加积极的现实意义。反之，如果是一个邪恶的个体，他的这种自我期待与自我设计就会具有更大的迷惑性和破坏力。

最后，是充分开放中的孤独的我。这像是一个悖论，开放的网络本应有助于个体进入公共的关系网络，获得公共性的生活体验，但是，当个体全面地投入开放的网络生活之中，与其他人，特别是与基于同一信息关注而密切联系在一起的人相遇的时候，他反而会更加迷恋自身的个体性，感受到群体中的孤独。原因何在？因为，这种相连是过于同质化的聚合，是淹没了个体性的聚合。“未来信息时代的人都变成了头上顶着两根天线，焦虑地吸收轰炸而来的信息的新人类……他们在信息的汪洋大海里随波逐流，愈是和别人相同，愈觉得孤独。”（李志红，2002）从另一个角度来说，网络生活时间会对现实生活时间产生挤压，当网络交往时间过长，它必然侵占现实人际交往的时间，可能因此又增加了现实的孤独。网络技术的发展“促成了关注的丢失，也就是说根本不留意空间和时间中的他者。技术造就的密切其实孤立了我们，使我们没有了被他人接触的可能”（罗宾斯，2002）。

二、网络行动隐含公共性之殇

（一）网络行动与公共性的隐现

镜头一：2011 年 3 月，南京市地铁施工方案公布，按照要求，沿线将有数百棵梧桐树被移走。由于前期地铁施工中，梧桐树移走后的成活率很低，于是很快有网友在各大论坛上发起了“绿丝带”行动倡议，其内容就是号召南京市民行动起来，倡议市政府调整施工方案，以保护这些梧桐树。几天之内，该倡议帖被大量转发，很多网民表示关注，并计划统一时间走上街头，为梧桐树请命。在网络宣传和发动下，现实的“梧桐树保卫战”随即在南京上演，近千名网民和市民走上街头，给数百棵已经修剪完毕等待移植的梧桐树系上了绿丝带，以表达自己的抗议。随即，南京市政府出面协调，最终地铁施工为梧桐树让路，重新调整施工方案。

镜头二：2009 年 2 月，云南省晋宁县看守所发生一起死亡事件。据当地公安部门通报，24 岁男青年李荞明在看守所中与狱友玩“躲猫猫”游戏时头部受伤，后经医院抢救无效死亡，于是“躲猫猫”一词迅速在网络蹿红。2 月 19 日，云南省委宣传部发布公告，征集网民参与调查“躲猫猫”事件真相。2 月 20 日，网友调查委员会发布调查报告，称查看监控录像和会见当事人的要求都被拒绝，探寻真相还是要靠司法机关。2 月 27 日，云南省政府新闻办召开新闻发布会，公布调查结论：同监犯人张涛等人以玩游戏为名，将李荞明眼睛蒙上，并对其进行殴打，导致其头部撞击墙面后倒地，经抢救无效死亡。最终，在网民的直接参与下，国家司法机关做出正确处理，3人遭撤职，1名民警被辞退。

从网络行动的角度来看，这两个案例具有重要的现实意义，它不仅呈现了网络中的公共表达，更为重要的是，它开启了网络生活与现实生活的互动，而且是一种基于公共责任的公共行动。因此，它也反映了网络行动的公共性特点。回顾历史，网络行动的发展是一个渐进的过程。对待网络事件，网民的最初行为反应也只是“路过”“潜水”“报到”，此时的网络行动只是一种单纯的个体行为，它关注的是个体意见的呈现而非公共表达，关注的是个体的存在而非意义的获得。随着网络互动性的增强以及网络生活与社会生活的关联度增大，网民的行为反应开始出现“围观”“转发”“人肉”等更具行动意义的行为。虽然此时的网络行动开始关注现实生活中的公共问题，但是它还只是停留在网络空间内，缺乏与现实社会的真实互动。然而，相比较而言，此时的网络行动已经更多地体现出个体对公共责任的担当，呈现出一定的公共性特点。对应地分析国家和社会对网络事件的反应，最初的只是视而不见或是礼貌性地关注，但是后来也出现了积极的应对，如政府部门的网络新闻发言人、各种官方微博等。分析上述案例我们会发现，此时的网络行动才真正具有了公共行动的意义，即它已经不再满足于网络空间的表达，而是积极谋求公共舆论的形成并以此促成现实生活中的公共行动，以捍卫公共利益。从这个意义上来说，网络行动已经具有了真正的公共性特质。为了了解当前网络空间中的公共性萌发，这里还需要再补充说明两个问题。

其一，网络空间是否存在公共领域？无论是哈贝马斯的超越物质性追求，还是阿伦特的自由与行动，抑或是桑内特的角色化，其公共领域都需要一批独立完整的个体存在，换言之，完整个体是公共领域存在的基本要素。在今天的网络空间中，如前所述，虚拟世界呈现的是独特的自我，而且网络交往为个体平等、自由的表达提供了可能，在网络上个体可以真实表达自己的想法和观念，并与他者进行公开的辩论和商讨，于是网络成为个体“独特自我呈现的场所”。另一方面，网络上的身份认同是无须相互辨认的，即每个人都在进行的是“面具后”的表达和交往。在网络上，一个观点的表达与商讨、辩论都不需要辨认对方的真实身份，大家关注的只是你的观点和行动，换言之，观点与行动背后体现的责任取向才是彼此交往的依据。现实身份的隐退消解了社会成员现实状态中个体性与公共性的紧张，而同时，基于责任取向的网络身份则为公共表达与公共交往提供了可能，因此，此时的个体在建构完整自我的同时，也在进行着公共领域的建构。据此，笔者以为，网络存在着公共领域。

其二，网络空间是否存在公共舆论？我们知道，公共领域的作用方式主要是公共舆论与公共行动，前面我们已经分析了公共行动的发展，那么公共舆论的发展如何呢？首先，从表达的形式来看，在网络上，最初，个体借助的完全是原有的社会表达方式与符号，因此，这种纯粹的自我表达还缺少真正意义上的公共性。随着网络生活的丰富和发展，网络语言逐渐出现，并且成为网民共识的符号和表达方式（如QQ语言、私奔体、咆哮体等），笔者以为此时的网络表达已经逐渐具有了一定的公共性，个体的自我表达逐步转化为个体表述（注重他人接受的表达方式），具有了一种社会表达的意蕴。同时我们发现，网络产生的这种表达方式正逐渐进入现实社会生活之中，并得到确认和使用，成为与传统社会表达方式和符号并存的表达形式。如第六版的《现代汉语词典》就收入了“雷人”“囧”等很多发端于网络的语言。正是从这个意义上说，公共舆论的表达方式得以出现。其次，从表达的内容来看，最初，个体的网络表达关注的只是如何自由地呈现自我的内心感受，其内容是纯个体的，但是随着网络与现实社会生活的互通性增强，很多社会热点话题成为网络的主要话题，一个热点事件能够瞬间点燃网民的表达激情，如“小悦悦事件”一天的点击量超过3万次，跟帖达到数千个。正如案例所反映的，今天的网络表达更加关注涉及公共利益的事件，而且这种表达本身也不再局限于过去的个人小圈子，而是更加注重其在整个网络范围内的社会公开，以寻求公共舆论的形成。现在很多时候，一出现涉及公共利益的重大决策，很多网站都会采取网民在线投票的方式，进行公共舆论的制造。如，2012 年 4 月，有消息说要全面改革事业单位养老制度，要延长退休年龄，结果很多网站的调查显示，超过 98%的人坚决反对延长退休年龄，最终政府并未立刻出台延迟退休的决策。这也说明，今天网络生活中的公共舆论已经在一定程度上存在，并具有导向公共行动的功能。

（二）公共性之殇：被裹挟的网络行动

网络交往虽然是一种虚拟交往，但其本质依然是一种现实的社会交往，因为网络交往的主体本身是现实社会交往的主体，网络生活的主题与现实生活的话题越来越重叠，其交往方式也逐渐向现实生活渗透。“随着越来越多的人走进网络世界，网络已经不仅仅是提供信息交流的媒体，而更多地掺进了人的感情因素，因此，网络可以说变成了一个浓缩的社会，一个人性的空间。只要有人的地方，不可避免地就会产生人的特性：思想、爱情、真诚、虚伪、共性、个性、攻击、友爱……诸多人性因素。”（黄少华，2002）如前所述，网络空间的公共性源自于网络与现实的互动，但是这种互动是一把双刃剑，它既可以将网络的公共性延伸至现实，也可能是网络被现实所裹挟，逐渐消解其刚刚萌生的公共性。

镜头一：2012 年 7 月，药家鑫父亲药庆卫诉张显名誉侵权案宣判，经审查认定张显有 5 条微博、3 条博文构成侵权，宣判书责令张显删除博文，并在其新浪微博和博客上连续 30 日刊登声明向药庆卫致歉，赔偿精神损失费人民币 1 元。而事情的源头还是在药家鑫案进行之中，作为受害人的代理人张显在其实名认证的博客上，发布了关于被告药家鑫家庭情况的一些不实言论，主要是：其一，在房价高涨的西安，药家在市区内居然有四处房产，结合药家鑫平时生活之奢华，买五千块手机，花巨资整容，开十四万私家车，药家资产超出药家鑫父母收入水平数倍。其二，联想到出事之后药家鑫父母始终不敢正面示人，药父必有重大隐情，药父身居我军军械采购要职，利益纠葛颇多，望中央军委彻查此人经济问题，肃清军械采购环节蛀虫。暗示药家鑫属于“富二代”“官二代”。

镜头二：2012 年 8 月 1 日，《自然》杂志网站发表题为《为什么奥运会上的卓越表现引发怀疑》的文章，该文作者尤恩·卡拉韦认为，叶诗文夺得伦敦奥运会女子400米个人混合泳金牌的卓越表现是“异常”的，即使当前的药检结果清白，也不能完全排除服用兴奋剂的可能。随后一位署名美国宾夕法尼亚大学化学系Lai Jiang的普通网友在该杂志网站上跟帖评论，指出该文关于叶诗文表现“异常”的结论，来自不合适的数据比较，在统计学上是“典型的为了目的而选取数据”。即便药检结果清白也不能排除服用兴奋剂的说法属于“不可知论”，并不是科学的态度。随后，引起连锁反应，在一片谴责的舆论声中，《自然》杂志以编者按形式进行了说明和致歉。

这两个案例从不同侧面呈现出了当前网络行动中公共性发展的歧变路径，第一个案例中的当事人以真实的身份在发言，给人一种“真实感”，他借助网络的互动性，利用网民的“公共性”诉求，将一个大学生因无知和莽撞而犯下的罪行，描写成一个“官二代”“富二代”因狂妄和冷血而犯下的罪行，于是它很快激起了网民心中的“正义感”，并迅速形成强大的网络舆论，经过娱乐化的媒体炒作，便形成了强大的公共舆论，进而转变为公共行动，有不少网民对药家鑫家人进行了生活上的干扰。不可不说，这一舆论对案件的最终判罚多少是有些影响的。这样的侵害公共性的事件还有很多，虽然花样翻新，但是其基本路径就是利用网络虚构一个直面社会恶习或是道德冷漠的事件，激发网民内在的同情心和正义感，从而形成一定的公共舆论，来实现其个体的不可告人的目的。在这里，我们不禁要思考，为什么网民就这样容易被裹挟，舆论就这样容易被制造呢？西奥多·罗斯扎克的话一语中的，是因为在网络生活中“到处都是信息，唯独没有思考的头脑”（李河，1996）。

第二个案例的当事人以一个普通网民的身份在发言，使他获得了“公共性”的印象，即他是亿万网民中的一个普通分子，所以他的观点也是亿万网民的共同声音。然而仔细读来，这个网民也太不普通了。从运动技术的分析、运动数据的引用可以看出，这个网民是一位对游泳运动、对运动员训练非常了解的专业人员。很显然，他不应该只是普通的网民，那么，他为什么不亮明专业身份，与杂志进行专业层面的对话呢？原因有二：其一，以专业人士的身份会让人觉得他就是在为自己的专业私利与人打口水战，对于其他网民来说，“飘过”肯定是首选，因此，他难以赢得公众的支持；其二，以普通网民的身份会让人觉得他具有强烈的正义感和爱国情结，并且这一普通身份还会增添他的个人英雄主义色彩，也会激发其他网民类似的自我设想，从而赢得包括具有爱国主义情结、具有正义感或是欣赏这种英雄主义的所有人的支持。于是，一个人的想法成了亿万人的心愿，《自然》杂志就不得不道歉。在这里，我无意去评判案例中观点的对错，只是试图以此来探寻此类事件反映出的网络生活中公共性的歧变路径，那就是“托儿”的文化。所谓“托儿”，就是从旁诱人受骗上当的人。虽然在网络生活中，各种“托儿”的理由、面目、目的各不相同，但是他们的基本做法就是以类似旁观者的形式，通过精心设计的语言或行动，把一个本属于“私的领域”的事件包装成“公共领域”事件，从而获取网民的支持，以形成公共舆论，进而促成公共行动来实现自身的私利。此类事件在涉及国家和国别话题、利益集团话题的时候尤其明显。无知的善良原来也是一种邪恶，所以，网络生活中的个体都要加强学习，提高自身明辨是非的能力。概言之，公共性的网络存在正受到来自利益、政治、娱乐化等各种因素的胁迫，在萌芽之际，就开始发生着歧变，甚至被消解。

当然，公共性的消解也有来自网络生活本身的原因。网络一方面孕育着公共性，另一方面也在促成个体性的解放，而且两者始终保持一种张力性的存在，并在与现实社会生活的互动中不断调整。总的来说，网络公共性的诞生与维系需要网络生活中充分的个体自觉，也就是说，个体必须具备公共精神的诉求，对公共利益的关注，对公共空间的维护，进而积极地进行公共表达与公共行动。然而，这多少带有些理想主义的色彩，因为今天的网络生活中有这样的个体，其人数也在逐渐壮大，但是总体上这部分个体还不是网民中的多数，多数网民还只是表现为一种个体性的存在，缺乏公共性的个体自觉。比如，网络发言多为没有经过思考的随大流或是情绪宣泄；网络行为由于缺乏有效的规则和约束机制，也会出现道德失范的情况等。

综上所述，随着网络技术的发展和网络生活的日常化，私人生活的边界不断被突破，“共生”与“共存”等有关公共生活与公共事务的问题不断涌现，它也引发了人们如何参与公共事务和向“公共人”转型的思考。笔者以为，网络交往最大限度地彰显了个体性的存在，同时网络中的各种公共行为也体现了公共性的萌发，它是公共人诞生的一个重要启蒙。不可否认的是，今天我们的社会还没有真正的公共领域的形成，但是，今天的社会生活中，个体的公共性意识已经在逐渐增强，特别是在网络社会中，各种具有公共启蒙意味的事件不断发生，从“躲猫猫”事件到“微博官员”事件，网络正在孵化一个公共人诞生的平台。当然，我们在欣喜于公共性萌发的同时也必须明确，当前公共性的网络存在是艰难的、小众的，而且还在不断受到来自现实社会生活中的利益、政治、娱乐化等因素的胁迫，发生着歧变。

第三节　个体公共性的家庭教育之惑

家庭是孩子的第一所学校，家长是孩子的第一任老师。“家庭教育便是基本的教育。因儿童习惯的养成，知识的获得，品性的建立，皆须赖有良好的基础，而家庭教育即此基础也。在家庭所得之教育，与其日后在学校之所得者，互相衔接，继续发展，而教育方可臻于完善。”（王倘，1928）因此，探析个体人的膨胀必然需要回到个体的家庭生活中去，解析家庭教育对个体发展的影响。

一、家庭教育对“人”的发现

家庭是一个人最先接触的生存环境，它也是个体社会化的最初场域。在家庭生活中，个体可以接触到第一种社会关系，形成最初的社会角色，学会最基本的人际交往，从而为参与社会生活掌握最初的技能。所以，家庭教育是与社会教育、社会发展紧密相连、共在共进的，中国社会正在经历着从传统向现代的转型，家庭教育的发展同样发生着历史的变迁。

（一）传统家庭教育与“人”的遮蔽

《史记·历书》载：“家业世世相传为畴。律，年二十三，傅之畴官，各从其父学。”这里的“畴人之学”也就是早期家庭教育的代表，后来一直延续到西周。(马镛，1997)[5]西周贵族很重视家庭教育，甚至都有胎教的记录。“及其有娠，目不视恶色，耳不听淫声，口不出敖言，而生文王。文王生而明圣，大任教之以一而识百，卒为周宗。君子谓大任为能胎教。”（马镛，1997)[9]此时的家庭教育与官学“明人伦”的目的一致，既教知识也教品德规范，但是贫贱有分，男女有别，女孩子只学烹饪、纺织等家务技能。所以，我国“女子无才便是德”的家庭教育观念是很久远的。因此，西周时期的家庭教育不仅遮蔽了庶民，也遮蔽了女性。

春秋战国时期，王权衰落，伴随着“百家争鸣”的社会文化，家庭教育也从王室、贵族为主逐渐转向以士阶层为主。秦汉之际，政治文化领域的“罢黜百家，独尊儒术”使得以“三纲五常”为核心的儒家伦理纲常体系在社会各个层面全面确立，与强调君权的社会等级制相对应，家庭教育中也确立了强调父权的家长制，这一制度延续千年，至今遗风未绝。在这里，个体的“人”是被彻底遮蔽的，个体不是为自己而生，而是被设计为“君君、臣臣、父父、子子”中的一个环节。“家天下”之下，人归为家，家归为天下，于是人便是天下的，在“学而优则仕”的诱惑下，在“纲常之道”的约束下，“修身”只为“平天下”，个体完全被社会所压制，这也是整个封建社会家庭教育一直奉行与坚守的信条。

魏晋南北朝时期，由于社会动荡，家长都希望子女学会立身处世的知识，于是家庭教育走向了古代的成熟期，其标志就是出现了一批以家庭教育为主要内容的书籍，如颜之推的《颜氏家训》、诸葛亮的《诫子》，等等。虽然，这些家教书籍对家庭教育提出了很多有益的思想，如“父母威严而有慈，则子女畏慎而生存矣”（《颜氏家训·教子》），说的就是要坚持慈爱与严格相结合。但是，家庭教育的内容依然是以儒家的政治伦理为主，具有明显的封建家长制色彩，缺乏对个体“人”的解放。

隋唐以至明清是家庭教育繁荣发展的稳定期，一方面是社会经济不断发展为家庭教育提供了良好的物质基础，另一方面是科举制度的施行，使得文人入仕更具普遍的吸引力，于是，教子女读书以考取功名，成为许多家庭振兴家业、光宗耀祖的不二选择。在这样的背景下，家庭教育自然保持着强劲的发展势头。家庭教育的著作更丰富，教育方法更多样，但是教育内容却变化不大，从早期儒家思想对释道思想的吸纳到宋明时期的趋于完善的理学思想体系，家庭教育的发展始终是以儒家“三纲五常”的伦理体系为主。以王守仁为例，他认为“致良知”可以“明人伦”，在他看来，“致良知”就是“存天理，去人欲”，因此，封建社会的家庭教育一直是在为君王培养“顺民”，而非真正的“人”。

近代中国在殖民化与反殖民化、封建与反封建的斗争中求发展，中西方的惨烈碰撞带来了新的教育思想，古今的深层断裂为新思想的存在与发展开辟了道路，所以这一时期的教育思想非常多元，家庭教育也顺应这样的社会发展，呈现出复杂多样的特点。一方面，坚持着“中学为体”的思想，另一方面，有识之士又不惜血本送子女外出留学；一方面，坚持仁义礼智信的传统，修身齐家，另一方面又注重实业教育，求安身立命之能。用一个形象来呈现此时的家庭教育，那就是“穿着西服的长辫子男人”。因此，从总体上来说，此时的家庭教育虽然不断突破传统家庭教育的窠臼，破除封建礼教的禁锢，穿上了西服，但是，长辫子还在，根儿上对“人”的遮蔽还在。

（二）现代家庭教育与个体性的凸显

家庭在一定程度上是社会的缩影，社会发展中的一切现象都会在家庭中或多或少地有所反映。新中国的成立从制度上确立了人民在国家生活中的主人地位，因此，传统的父权主导的家长制在家庭中也失去了制度支撑，以男女平等为标志的人的平等成为家庭生活的基本原则，“人”

从封建礼教中走出来，也走出了“父权”的家长制。随着改革开放的实施，中国社会迎来了一场政治、经济和文化的全面转型，个体化进程迅速加快，无论是社会还是家庭，“人”都得以真正呈现。

首先，家庭结构的小型化趋势使儿童成为家庭的中心。中国家庭结构的发展趋势，“从总体上看，核心家庭、直系家庭和单人家庭为基本结构的状态将持续，仍呈现出核心家庭为主、直系家庭居次、单人家庭作为补充的格局。……‘五普’数据揭示的新变化在于，夫妇核心家庭迅速上升，单人家庭继续增加。尽管三代直系家庭的总水平相对稳定，甚至在农村有所增长，但家庭结构的小型化趋向仍在继续”（王跃生，2006）。在常见的三口之家中，儿童作为一个真实的“人”被发现，并被尊重，相对于传统大家庭对个体的湮没，在小家庭中，儿童的个体性得以全面展现，他们往往是家庭的核心，得到家庭最多的关注，以致现在不少家庭中的儿童成了“小皇帝”，个体性过度彰显。

其次，家庭关系的民主化趋势使儿童的个性发展得以持续。在今天，传统的家长包办婚姻制度基本不复存在，核心家庭夫妻双方的结合基本上都是自由恋爱的结果，因此，其家庭建立的基础就是平等和民主的关系。在家庭发展中，传统父权家长制的权威逐渐消亡，男尊女卑的思想和“养儿防老”的观念正在发生转变，无论是男孩还是女孩，往往都能得到父母的疼爱，并能够以平等的家庭一员的身份参与家庭生活的各个方面。基于此，现代家庭教育的方式也更加民主，家庭体罚的现象逐渐减少，父母与子女大都能以民主的方式进行沟通、协商，因此，儿童的个体性就能得到保护和延展。

最后，家庭的教育功能强化使儿童较早融入了个体社会化进程。一般而言，家庭功能涉及经济生产、生育、抚养与赡养、教育、休闲娱乐等各个方面，但是教育功能是家庭的基本功能。就家庭教育功能而言，“最重要的教育功能是它的社会化功能，家庭自产生之日起，就担负着为社会培养未来公民的重要使命。这不仅是家庭亘古不变的功能，也是家庭之所以存在的理由之一”（吴铎，1991）。如前所述，在社会转型的今天，个体社会化与社会个体化是共存的，而且社会个体化的进程更快，强度更大，这使得社会中的个体更显著地呈现其个体性。在家庭中，儿童承载着家庭的希望并聚集了家庭的主要教育资源，其目的就是帮助儿童适应社会的个体化进程，推进儿童的个体社会化。就当前而言，市场经济体制形成的“平等、独立、竞争、优胜劣汰”等观念也成为家庭教育对儿童的期待，那就是“将来一切都要靠你自己”，这使得儿童较早就接触到这些成人世界的个体化观念，并在自己的童年生活和学习中得到强化，因而，其个体性就会更强，甚至很多儿童在幼年和童年时期就表现出异化的个体人的种种言行。

二、家庭教育对公共性的漠视

家庭是以婚姻为基础、以血缘为纽带而形成的社会生活的基本单位，因此，它与其他社会组织的不同之处在于，家庭成员之间有着一种天然的亲近感和共在感，彼此之间保持着相互的责任共担，并彼此提供物质和情感上的相互支撑。从这个意义上说，家庭首先是具有“公”的特点的空间，这在传统的大家庭和现代的小家庭中都有体现。当然，这种“公”的特点并非我们所言的公共性，而且我们一般认为家庭都是属于人的“私的领域”。但是，分析家庭的这种“公”的特点的转变也可以帮助我们了解当下家庭教育在个体公共性培育中的样态。

传统的家庭是以父权为主导的家长制，所以家庭的“公”被父亲个体所主宰，家庭意志就是父亲个体意志的垄断，而非家庭全体成员的意志。因此，我们才普遍认同家庭是人的“私的领域”。这与当时“家天下”的国家封建等级制是相适应的，“天下之大公”实为“君王之大私”，国家意志也只是君王的个体意志，而非全体民众的意志。在这样的社会背景之下，家庭教育是无法培育个体的公共性的。与当前的社会主义民主政治社会相适应，现代家庭之中，父权垄断被打破，成员之间保持着一种平等、民主的关系，家庭意志一般都是成员协商之后的产物，成员以平等的主体身份进入家庭生活，并在家庭生活中保持着自由的表达权、决策权和行动权。家庭生活中的很多行为方式与社会生活中的行为方式有着内在的一致性，正因此，当前的家庭教育具有了培育个体公共性的可能。

这里，以儿童发展的阶段来划分，当前家庭教育在公共性培育上可以分为两个阶段。第一阶段为幼年和童年期，主要是学龄前儿童和小学低年级，此时的家庭教育主要表现为忽视个体性的公共性教育；第二阶段为青少年期，主要是小学中年级以至高中阶段，此时的家庭教育主要表现为漠视公共性的纯个体化教育。

（一）个体公共性的萌发与家庭教育的失真

人在本质上是一种关系性存在，因此，任何个体从出生开始本身都是个体性与公共性的统一，只不过在不同的人生阶段，个体性与公共性关系的平衡点是不同的，在幼年和童年时期，个体性要大于公共性。所以，早期的家庭教育应该主要关注儿童个体性的健康发展，不必苛求公共性，更不能以公共性之名扼杀孩子的个体性。

镜头再现：小区的广场上，两岁的淘淘和天天在一起开心地玩皮球，此时淘淘的妈妈下班回来，叫他过来吃他最爱的肯德基烤翅。于是淘淘抛下玩伴，抢上前去拿起妈妈手中的烤翅就要吃。此时淘淘妈妈边拿出湿纸巾，边低声教育道：“淘淘，吃东西之前要先擦手，而且要学会分享哦。你先给你的好朋友天天送一块烤翅去。”淘淘不反对擦手，但是对分享是抗拒的，“我不要给他吃，他刚才还抢我皮球呢。”“那怎么行，妈妈跟你说过的，分享才是最快乐的。”“我就不给他吃，”淘淘边嘀咕着，边开始吃烤翅。此时，淘淘妈妈一把抢下他手中的烤翅，说：“如果你不跟朋友分享，妈妈也不给你吃。”此时的淘淘本想再反抗，但是妈妈的表情告诉他，他只有屈服才能获得烤翅，于是他顺从地给天天送去了烤翅。

我们知道“家庭既是个性形成的第一个微型社会，也是影响个性形成的第一环境和相对持久的环境”（刘文霞，1997）[136]。因此，古往今来，家庭教育都非常重视对孩子的早期教育。《颜氏家训·勉学》：“人生小幼，精神专利，长成已后，思虑散逸，固须早教，勿失机也。”“幼而学者，如日出之光，老而学者，如秉烛夜行。”在今天，本着“不输在起跑线上”的信念，家庭教育也是早早起步了，正如上述场景所反映的，在早期的家庭教育，特别是幼儿阶段，健康是家庭对孩子的第一关注，其次就是道德品质的培养，尤其是一些具有公共性特征的道德品质，如案例中提到的分享等。当然，家庭教育中也存在对基本的识字、数数能力的培养。这里，我主要围绕个体性与公共性的关系来展开对案例的分析。

客观而言，上述案例是非常常见而又典型的一个家庭教育场景。在这个案例中，妈妈对孩子的教育是一种基于自身权威胁迫，而又异化了的公共性教育。仔细分析，儿童与同伴的游戏交往是一种具有公共性特质的交往，他们基于共同的利益诉求，以平等的方式进行着合作，以获得游戏的成功与共同的快乐体验。所以，早期的家庭教育需要对孩子的这种公共性萌芽给予关注、引导和培育。然而，案例中妈妈的做法却是值得反思的，她不仅忽视了对孩子与同伴游戏中合作品质的关注，而且将个体性与公共性对立起来，甚而以公共性胁迫个体性的发展。其原因在于以下两个方面。

其一，她将个体性与自私性混为一谈，对孩子个体性的健康发展缺乏正确的认识。个体性（个性）是个体在与社会的交往中呈现出来的个体独特性和差异性，它是个体区别于他者的标志，本身无好坏善恶之分。从本质上讲，“人的变化发展就是个性的变化发展。教育促进人的发展，实质上就是在促进个性的发展”（刘文霞，1997）[26]。但是，案例中妈妈认为淘淘不与人分享的潜台词就是自私，既然是自私，那就要坚决打击，所以她就以不给他吃为筹码进行胁迫。这样的教育势必造成个体性与公共性的对立。由于人首先是个体的，而且儿童最早关注的也是自身的个体利益，所以，淘淘屈服于妈妈的胁迫去送烤翅，不是因为他认识到分享的意义，而是基于对个体利益被剥夺的恐惧，其结果不是对孩子个体性的培育，而是对个体性的扼杀。

其二，她将公共性与成人道德相混淆，以高于儿童认知水平的空泛的道德信条灌输代替对儿童公共性品质的培育。在每一个妈妈的眼里，自己的孩子都是最好的。这种认知方式在早期的家庭教育中尤为明显，并具体表现为家长对孩子的“过度设计”，即超越儿童的生活情境和认知水平，进行“动欲为圣贤”的教育设计，希望自己的孩子具有诸如活泼但不世俗、聪明但不骄傲、善良但不懦弱、进取但不示强、勇敢但不好斗等一切优良的品质。在这背后，唯独少了一样最重要的东西——儿童，一个真实的儿童！事实上，公共性的品质有很多，比如敢于表达、勇于批判、乐于合作、积极创新等，但是这些品质和道德品质一样，它们都不是预制的实体，也不是一蹴而就的结果，而是一个不断发展、不断超越、不断构建的过程。案例中的妈妈除了将公共性品质与道德品质混淆以外，还在于将道德品质的教育成人化、预设化，并且以个体正当利益的剥夺为要挟，强迫孩子接受她所预设的道德规范。这样的教育不仅不会培育出道德的人，更不会培育出公共的人，而只是教会孩子如何为了获得个体利益而放弃自己，学会听话、乖巧、顺从，它将公共性教育虚幻化，并漂浮于空中，在本质上是一种臣民的教育。“儿童只有在一个不受约束的环境中，即在与他的年龄相适合的环境中，他的心理生活才会自然地发展，并展现他内心的秘密，如果不坚持这条原则，那么今后的教育只能使人更深地陷入到无穷的混乱中。”（蒙台梭利，2003）试想一下，如果案例中的妈妈来到孩子身边，从孩子的实际心智水平出发，不是先急于展示自己对孩子的爱（给他鸡翅），而是先好好地表扬他和伙伴合作的游戏玩得真好，告诉他这种合作的游戏是非常有意思的，然后再询问孩子愿不愿意再与同伴玩一次合作吃烤翅的游戏，从而将吃烤翅与合作天然地捆绑在一起，那么，淘淘还会拒绝吗？那样，孩子不仅吃到了鸡翅，而且还是将其视为游戏的继续，那么他对合作与共在的理解或许会更深切。

（二）个体公共性的呐喊与家庭教育的沉默

如果说幼年和童年时期的家庭教育存在着对公共性教育的误读与异化，是一种失真的表现，那么在青少年时期的家庭教育则对公共性采取了几乎沉默的做法，是一种教育的失声。

镜头一：2012 年 7 月 23 日，按照学校的暑假作业要求，每个同学都要利用假期走进社会，为他人和社会进行志愿者服务。今天，南京市某小学四年级（1）班的 16 位同学和家长到南京地铁大行宫站进行义务宣传和疏导活动。早上，7 点 30 分，孩子们在家长的陪同下已经全部到齐，他们分成 4 个小组，手持自己制作的宣传牌、标语旗，兴高采烈地到地铁站的自动售票机前、入站口、行人通道等处，排成整齐的队伍，进行义务宣传。这期间，有的同学主动指导不熟悉售票机的旅客购买车票，有的同学主动搀扶年长者，有的同学不停地朗读文明乘车的宣传标语……按照与地铁站方的联系，孩子们的志愿者服务时间可以自由确定，一般在 2 个小时左右，所以孩子们都非常高兴，准备各个小组定时轮换地点，进行不同项目的体验。可是，时间过了 30 分钟左右，就有家长要求提前离开，理由是有的孩子要上辅导课，有的孩子的爸妈要上班不放心，有的家长则觉得体验一下差不多就行了，于是一会儿一个，一会儿一个，到 8 点 20 分时，只剩 6 位同学，他们早上没有辅导课，于是决定一起坚持到 9 点 30 分。

镜头二：这一周初一（4）班的陈倩有些忙，她是班上的副中队长，自从班上的刘洋同学被查出患上了白血病，她就一直很忙，先是在班级内组织了捐款活动，然后是在全校发动捐款倡议，组织校内师生的捐款。可是，杯水车薪，她和班上同学商量着要利用周末的时间到新街口去义卖报纸，争取给刘洋再多一点支持。可是，当她把这个想法跟在报社工作的妈妈沟通时，却遇到了麻烦。“妈，周六您能帮我批发 3000 份你们的报纸吗?”“你要那么多报纸干吗?”“我们班同学打算去新街口义务卖报纸，为刘洋同学募捐。”“你不已经捐过两次钱了吗?”“那是班上和学校组织的，钱还是不够。”“他家不是有医保吗? 你瞎操什么心呀。”“他是我们的同学，你说，我能坐视不管吗?”“你能管得了吗? 管好你自己就不错了，你看看这一个星期，你就忙着这事，还有完没完了?”“妈，你以前不也老教育我要心怀天下吗?”“心怀天下不是叫你整天忙着天下，你自己的学习呢，你好好忙了没?”“妈，你就帮我这一次吧?”“报纸我可以帮你，但是你得在家好好学习。要不，我再给你200元捐给刘洋，周六我给你请假，就说你病了。”“妈!”“好了，就这么办，你不答应，我连报纸都不给你弄。”“……”

这两个案例也很有代表性，它折射的是当前青少年家庭教育的现状。就学生的社会实践活动而言，它本是家庭、学校和社会形成教育合力，培育学生公共性的最佳平台，但是在实践过程中，很多家长却觉得它只是一个作业，认为走个过场、拍些照片就行了，而孩子们的想法却大不相同。处于青少年时期的他们，特别是小学生和初中生，他们纯净的心灵接受了大而全的理想主义的道德教化，对社会充满了理想化的热情，对他人有着真挚的情感，内心有着忧国忧民的豪情壮志，他们渴望并乐于到社会生活中呈现自己，具有强烈的公共意识。然而此时的家庭教育却是严重缺位的，面对孩子们的公共性呐喊，家长保持着一种异乎寻常的冷漠，他们更是有一个冠冕堂皇的理由，那就是“为你好”。“多少世纪以来，儿童接受的教育始终是旨在使他们变得‘更好’的教育，也就是说是使他们压抑天然的充沛精力的教育。”（波兹曼，2009）[209]

那么，个体公共性的呐喊遭遇家庭教育的沉默，这样的错位是如何造成的呢？其一，知识学习压力的增加压制了对道德教育的关注。在青少年时期，孩子的学习成绩开始成为家庭教育关注的第一位问题，因此，在所有的发展中，只要是与学习相冲突的就必然遭到禁止。所以，实践活动中的走形式是因为要上辅导课，不能忙于公益事情是因为要好好学习。其二，家庭教育与消费主义同流合污，消解了家庭教育的意义追求。孩子是家庭的未来，教育是对孩子未来的一种投资，因而今天的家庭教育是追求回报的，“你现在不好好学习，考不上好大学，将来都找不到工作”“你一年的家教费、资料费、补课费上万元，再不好好学习，你对得起谁呀?”这些话语的背后，反映的是家庭以金钱来消费教育资源的目的是更多的回报。“消费行为落实在当前的个人行为上，致使个人忽略了对他们自身之外的他人的关怀，忽略了对生活的终极意义的关怀，忽略了对社会共同生活的普遍价值的关怀”（金生鈜，2008）[42]，当消费行为落在家庭教育上，其结果亦然。一个缺失了意义追求的家庭教育，怎么可能培育个体的公共性呢？其三，家庭教育责任的转移导致了家庭教育的式微。在社会分工越来越细的今天，家庭教育的责任也在进行市场化的转移，以有偿的方式，家长正在将自身的教育职责逐步转移给学校教师、家教老师乃至于寄宿制学校，这样一来，家长的职责就是赚钱，然后再用金钱购买各种教育资源以弥补家庭教育的缺失。然而，在这样的责任转移中，家庭教育本身的价值也在弱化，以致消弭。试想一下，一个每天执着于赚钱，并且将自己为人父母的教育职责都给转移的家长，你还能指望他对这个社会有一些公共的担当吗？当一个渴求公共担当的少年遭遇只关注教育消费的父母，那么，我们将“不得不眼睁睁地看着儿童的天真无邪、可塑性和好奇心逐渐退化，然后扭曲成为伪成人的劣等面目，这是令人痛心和尴尬的，而且尤其可悲”（波兹曼，2009）[164]。

情况是好还是坏，最好是看我们中的每一个人在我们今天的制度框架内是可能还是不可能成为我们当中的一员，是否能使我们的生活具有某种个人的意义。

——阿兰·图海纳

第六章 学校教育中公共人培育的使命及其路径

在中国社会走向现代化的进程中，学校教育的失真、社会转型的冲击、网络生活的多元、家庭教育的式微，这一切都加剧了个体性与公共性的紧张，并为个体人的膨胀推波助澜，它们造就了“‘消费者’‘自恋者’‘旁观者’的‘个体人’，而作为‘公共人’的人之维度则快速萎缩”（高德胜，2011）。面对现代人的这种生存景况，教育必须有所行动。“教育不是唯一的工具，但它是第一的工具，首要的工具，最审慎的工具，通过这种工具，任何社会团体所珍视的价值，其所欲实现的目标，都被分配和提供给个人，让其思考、观察、判断和选择。”（杜威，1965）为此，基础教育阶段的学校教育更应该担当起这份历史的重托，重建个体性与公共性的合理张力，培育适应未来社会发展的公共人。“对人来说，现实世界是可以改变的，人的活动就是要以他所拟设的可能世界去取代现实世界，正是在这种现实和可能矛盾运动中，人类才得以驰骋于历史创造的无限空间，人类社会才得以不断前进和发展。”（鲁洁，1994）

第一节 变革学校以谋求公共人的诗意栖居

学校该如何担当公共人的培育？这首先需要我们对学校的存在和发展给予准确的理解与展望。本研究认为，在现有制度框架内的公共人培育最重要的就是实现对学校的时代转型，建构一个适合公共人栖居的意义学校。当然，对学校的追求并非限定于学校本身，因为，按海德格尔的理解，“‘何为物’的问题总是引向‘何为人’。从实质的层面看，‘何为物’与‘何为人’的相关性首先在于：‘物’的意义唯有对人才敞开”（杨国荣，2010a）。因此，意义学校的建构既取决于学校本身，也取决于人对学校的理解，更取决于人在学校内如何栖居。

那么，何为意义呢？“意义是某某东西的可领悟性的栖身之所。在领会着的展开活动中可以加以勾连的东西，我们称之为意义。”（海德格尔，1987）“从知其实然的层面看，存在的意义就在于被理解或具有可理解性。成就自我（成己）与成就世界（成物）不仅表现为对实然的把握，而且也展开为一个按人的目的和理想变革世界、变革自我的过程。以目的为关注之点，存在的意义也相应地呈现价值的内涵：从成己与成物的目的性之维看，有意义就在于有价值。”（杨国荣，2010b）基于此，意义学校的建构就在于以公共人的视野进行学校的重新理解与创造，在变革学校的过程中实现对栖居其中的人的变革，而这种理解与重构的过程始终渗透着对人之存在意义的关注。

一、走向规范性的学校

作为一种正式组织的学校，其存在与发展本身需要社会学视角的审视。美国组织社会学家阿米泰·艾兹奥尼（Amitai Etzioni）根据组织为使其成员服从并参与组织而采取的控制手段的区别，将社会组织分成三种基本类型，即强制性组织，它是依靠物理的威逼手段，如关押、隔离、体罚、训斥等对成员进行控制；功利性组织，主要依靠物质的刺激，如增减薪水、调整奖金、颁发奖品等来控制成员；规范性组织，主要依靠精神的监督手段，如规范的约束、道德的反省、良心的驱使等对成员进行控制。据此，吴康宁教授（1998）[251-254]认为"对教师而言，学校是兼具规范性与功利性的组织；对学生而言，学校是规范性与强制性兼而有之的组织"。然而，在实际的学校发展中，对教师而言，学校的功利性远远超越其规范性特质，当下的学校更多的是一种利益化的经营模式，学校成为管理者的学校，教师则是在利益的追逐中沦为消费主义的同谋。所谓规范只是校长等管理者个人意志的公开化、集体化，教师的职业道德与职业良心被巨大的经济利益诉求所遮蔽。对学生而言，学校的强制性同样远远超越其规范性特质，在教育现代化的外衣之下，传统教育的灌输变本加厉，学生成为管理者和教师获取利益的工具，于是强制性便成为学校教育的主要特征，作为"人"的存在的学生在教育中遁形，其结果就造成了学生对校园生活的逃离。因此，要重塑学校教育的公共性，必须凸显学校作为社会组织的规范性特质。

（一）从"人治"走向"法治"：重塑规范的公信力

传统的学校教育中，校长为首的管理者是以个体人的姿态凌驾于规范之上的，规范成为管理者个体意志的载体。因此，对于教师和学生而言，对规范的遵从在本质上就是对管理者个体意志的遵从，是一种彻底的"人治"模式。而且，这一切在挥之不去的"官本位"学校管理体制中不断地得以再生产，并被所谓的选举、民意等现代管理形式所遮挡，从而更加隐秘，也更具迷惑性。公共人的培育首先就是要破除这种"人治"模式，倡导"法治"模式，回归规范的公共意志本性，并使学校处于这样的规范约束之下运行与发展，从而确保学校恪守公共利益的诉求而不被功利化的个体利益所裹挟。因为，意义学校首先是一个公共的学校。

实践案例：选票的觉醒

按照现行的教育制度，学校都要设立代表教职工利益的工会，工会委员由教职工代表大会民主选举产生，其中工会主席享有校级领导待遇，工会副主席享有中层管理者待遇。2011 年 6 月，学校的教代会将举行换届选举。按照以往的惯例，分管工会工作的校级领导是工会主席候选人，工会副主席候选人则由学校办公会确定，他们都属于学校中层以上管理人员，因此按照常理都应该是正常当选的，这也是当前学校管理中普遍的“潜规则”。至于其他的三名工会委员则由各工会小组推荐，教代会代表可以自由选择。但是这次教代会换届选举有着特殊的背景，那就是今年 1 月的教代会中以微弱多数通过了对普通教师极为不利的绩效考核方案，因此，新产生的教代会代表对此有强烈的表达欲望。会议之前，就有代表进行了广泛的交流，意图改变这个传统做法，选举自己的代言人出任工会主席。2011 年 6 月 14 日，教代会换届选举如期进行，但是最终的选举结果却令校长等管理层大跌眼镜，既定的工会主席和副主席候选人以绝对劣势落选，倒是四名普通教职工候选人全部当选工会委员，另有一名在教师中具有较高声望的普通教师以“另选他人”的方式当选。这一选举彻底改变了以往学校选举中的“潜规则”，使得普通教师借助教职工的选举直接进入管理层，开创了该校干部选拔的先河。

选票是公民权利的重要体现，公共人的培育也需要选票这样体现公共精神的现实载体。虽然，这个案例中的有些做法是值得商榷的，但是选票背后的民主力量却是值得分析与赞赏的。当前的学校，都将选票视为“依法治校”“尊重民意”的标签，高级职称评选要选票、名优教师评比要选票、领导述廉述职要选票、班主任的考核要选票等，在今天的民主政治建设进程中，选票承载着太多的民主期盼。也正因如此，当前的很多选票受到各种因素的制约，被操纵的现象不在少数，但是案例中选票的觉醒却是一个巨大的进步，因为选票所包含的法治精神、公共价值在这样的行动中得以最大限度地呈现。事实上，尽管选票还在成长的过程中，甚至经常被裹挟，但是其内含的公共诉求却得到越来越多的教师和学生的认同。进一步说，当前的学校管理中，教代会是学校重大规范的决定者，其人员构成的民主化、平民化，必然使得其规范制订更具公共意识、体现公共利益，从而使得学校管理的规范依据更具公信力。更为重要的是，这样的选票觉醒是对传统管理者学校体制下的管理层的当头棒喝：学校不应只是管理者个人的学校，它应该成为大家的学校、公共的学校。基于此，我们有理由相信，借助当前学校管理的民主化改革，以公共精神、公共利益唤醒更多的选票，必将反过来强化选票对公共精神与公共利益的维护，从而为公共人的培育创设平台。

（二）从“被动执行”走向“参与共享”，彰显规范的教育力

今天的学校作为一个社会组织为什么会出现功利性、强制性超越规范性的现象？一方面，“群体人格化”之下，管理者对规范的个体化运作，使得规范成为管理者尤其是校长意志的代言物，使得规范与群体的关系演变为管理者个体与群体的关系，因而促使管理者以功利性的诱惑或是强制性的胁迫来使群体遵循规范。另一方面，规范与群体的分离造成了规范本身教育力的缺失。公共人的培育最重要的就是个体对公共事务的参与，而规范恰是体现公共意志的重要载体，因此，学校对公共人的培育，就是要在具体的学校教育过程中最大程度吸引学生的广泛参与，培养他们公共表达的能力和公共行动的素养。

实践案例：我的地盘，我做主——自习课班规诞生记

班上自习课纪律一直是个大难题。班规中有自习课讲话罚擦黑板一周的戒律，但是因此而擦黑板的同学已经排队到下学期了。于是，我把难题抛给了学生，一场“自习课能讲话吗”的大讨论开始了。有人认为，自习课就是自习，不应该讲话；有人说，既然是自习，就会产生问题，需要寻求帮助，必然要讲话，关键是不能讲闲话；有人说，讲闲话大多数都是从先讨论问题开始的，这个度很难把握。虽然观点很多，但是我注意到没有一个同学主张自习课可以乱讲话的。“明是非”的目的达到了，于是我把问题继续推进，自习课该如何在讨论问题与不影响别人之间寻求平衡呢？同学们献计献策，有人说，讨论问题应该自觉用哑语或

者是笔，有人说讨论问题应该到教室外进行，有人说应该允许自觉的同学到图书馆上自习，等等。到此，“求自律”的目的也基本明晰，于是，班委总结同学们的发言，最后形成了这样一个班规：自习课必须保持教室内的安静，讨论问题请到教室外的走廊上进行，尽量小声，而且每次不超过两对——4个同学。同时，对在自习课上连续四周很守纪律的同学可以申请到图书馆自习，但必须接受老师和班委的抽查，一旦发现有违规情况，则取消他的特权。这个班规，用学生的话说是“很我，很人性”，在后续的实施中效果也的确不错。

在学校教育中，一个让人头疼的问题就是学生常规是“常抓常懈，常懈常抓”，无论规定多么细致，总有一部分学生以林林总总的理由不能很好地遵守业已定好的规范。究其原因在于，在“以学生的可塑性作为其基本概念”（赫尔巴特，1989）的人性假设下，传统教育更多地表现为一种物性教育，传统学校教育的任务就在于完善各种管理制度、规范，并以此为标杆来强化对学生的控制，它追求的是教师预设结果在学生成长过程中最大限度的还原，在这当中，学生作为“人”的本性被遮蔽，只是作为“被设计”“被控制”“被成长”的物的存在。因此，学生对规范的制订、执行没有丝毫的话语权，他们自始至终只是规范的“被动的执行者”，而且是一个“沉默的执行者”，缺乏对规范教育力的道德体认。然而，公共性在本质上意味着“让公开事实接受具有批判意识的公众监督”（哈贝马斯，1999）[157]，因此，它必然要求学生以公共人的身份参与其中，批判理解、共在共享。上面的这个案例给出了一个有益的探索，那就是坚持“载体德育”①，将规范的制订与执行，全面融入学生的日常

① 载体德育是相对于传统的“载体后”德育而言的，它是指将德育载体的建设与德育实施有机统一。在德育载体建设的过程中赋予学生道德选择的权利，让学生首先成为“发现者”，发现需要，思考困惑，做出选择，然后引导学生在选择后的群体互动，尤其是生生互动中成为“建构者”，建构认知、强化体验、践行责任。简言之，就是要让制度、活动等载体本身具有德育价值，其创设、运用和发展的每一个环节都承载着道德教育的使命。参见《载体德育，班级德育工作的当代路向》一文，载于《班主任之友》（2010年12期）。

校园生活之中，赋予学生表达与决策的参与权，让学生在规范的制订、执行中获得共享，并深切感受到规范的教育力，从而使得规范的制订成为学生之间的一种公共协商，规范的执行成为学生之间的一种公共行动。如此一来，不仅使学生摆脱了物化的对象性存在，获得人的主体性存在，而且使得规范摆脱了单纯工具化的定位，获得了教育力的全程释放。学生对规范的执行不仅是一种公共意志的要求，更是自身道德体认的结果。

二、走向公共空间的学校

公共人的培育需要公共领域的存在，学校作为学生学习生活的主要场所，其公共空间的意义转型就显得尤为重要。换言之，未来的学校不应该只是一个教书育人的场所，它更应该成为一个学生进行公共生活的场域，“是各种各样的人共同学习的公共空间；是为了实现所有儿童的学习权、建设民主主义社会的公共使命而组织起来的”（佐藤学，2010）[3]。因此，它要唤醒学生的批判精神，以形成正确的公共意识；它要激发学生的公共表达，以形成良好的公共舆论；它要创设多样的活动平台，以促进学生的公共交往。正如汉娜·阿伦特的“桌子隐喻”所言，这样的学校既要保持一种共同空间的“公开性”，即它要向所有的身体敞开自己，悦纳身体的多样性；同时又要在尊重个体多样性的基础上指向一种公开化的共同旨趣，呈现出“同一性”，即它要追求公共利益，促成公共行动。简言之，作为公共空间的学校就是要实现身体与空间的意义对话。

（一）从“禁锢”走向“悦纳”：校园成为身体多样性的乐园

公共人在本质上必须是一个完整的个体，即是一个自由的个体，不仅有意志的自由，也具备身体的自由。传统学校对学生的教育是一种全程监管式的“规训化”教育，即“教育通过不同形式的控制权力和控制技术，竭力把儿童培养成‘温顺而有用’的工具，强制性地把他们造就成特定类型的人”（金生鈜，2008）[86]。因此，在传统的学校教育中，学生的个体性是被压制的，身体是被禁锢的。然而，随着学生权利意识的不断增强，学生对个体性的追求日益强烈，身体与空间的对话正在不同层面上以各种形式得以展开。

实践案例：光头的力量

在这样一所百年名校内，学校教育对学生个性的压制是显而易见的，从精神到身体，都有着一整套完备的规训制度。以外形为例，所有学生不许佩戴各种首饰，不许烫发或染发，不许穿着奇装异服等；男生不可以穿着短裤或背心，头发鬓角不能超过耳朵，后面不能触到衣领；女生不可以穿着裙边在膝盖以上的短裙，不可以披发，等等。然而，2011 年 3 月的一个事件却极大地震动了这个校园。3 月初，高二某班的女生王同学将自己的一头秀发进行了“电离子烫”，使得头发看起来非常顺直，为了展现这份美丽，她会经常将头发披下来。3 月 9 日，这一行为被年级组组长李老师发现了，他把王同学叫到办公室，对其经常披发进行了教育，并仔细核实了她烫发的事实，便根据学校规定给予王同学两个选择：其一，将烫发恢复到自然状态，并始终将其扎起来，不得披发；其二，将头发剪成齐耳短发。这下，王同学犯了愁，因为这种“电离子烫”后拉直的头发是无法恢复的，她也坚决不肯剪成齐耳短发。僵持不下，李老师电话通知其家长将王同学带回家，要求发型符合学校要求后再来上学。然而，结果却出人意料，两天之后，王同学来上学，她走进李老师办公室时，居然剃成了一个光头，令所有在场的老师惊讶不已，她是这样解释的：“李老师，学校规定女生不许烫发、染发、披发，上次我烫发违反了校纪校规，我承认错误，但是如果恢复原状，我必须再次烫发，也就是还要再一次违反校规。因为校规中没有说女生不可以剃光头，所以，我决定将头发全部剪掉。”她的话掷地有声，更是让所有老师无言以对。一石激起千层浪，很多学生通过各种途径纷纷对王同学的行为给予支持。最后的处理结果是，学校未给王同学任何处罚，倒是李老师悄悄给王同学买了一顶漂亮的棒球帽。

正如案例所揭示的一样，在当下的学校教育中，身体对学校空间的“脱嵌”是一个不可阻挡的趋势，这既表现为思想上的逃离，也表现为身体上的反抗。诸如当前学校中出现的手机问题、校服问题、早恋问题、校园暴力问题等，都反映了身体对空间的“脱嵌”尝试。或许，这些彰显个体性的身体“脱嵌”会对学生自身也产生很多的消极影响，比如，手机进校园会在一定程度上影响缺乏自制力学生的上课效率，不穿校服会弱化学生的身份意识，早恋会在一定程度上影响学生的身心健康发展，校园暴力会恶化师生关系，对学生造成更多隐性的伤害等。但是，不可否认的是其巨大的积极意义，那就是学校教育对学生的“禁锢”必须改变，学校必须学会尊重学生作为完整的“人”的自由与尊严，赋予个体以选择的自由与权利，学会悦纳多样性的个体存在。案例中李老师送给王同学一顶帽子本身就反映了这样的一种教育胸怀，那就是对学生个体性的悦纳（或许，目前只是一种“不得不”的接纳）。事实上，当前的学校教育中，这样的对话越来越多，如手机进校园问题就曾经一度走出校园成为一个热门的公共话题，在最终的对话之后，各个学校基本上接纳了手机在校园中的存在。再如，对学校控制极具符号意义的校服问题，也在学生的反抗中（如对校服进行涂鸦、破坏等）逐渐得到平衡，现在的很多学校基本上采取的是在周一升旗日、重大节日等时间，有选择地穿着校服，而不再是以往的每天都穿校服。在实践案例的分析中我们可以看到，身体与学校空间的对话，有的是比较缓和的，有的则表现得较为猛烈，但是，不管怎样，对话正逐渐突破学校的“一言堂”成为一种趋势。或许，今天的这种对话更多的是一种“不得不”的状态，学校并非真正出自对“人”的尊重，但是它毕竟迈出了重要的第一步，那么，我们就有理由相信，随着身体与空间的对话的深入和广泛，学校对身体的“悦纳”是肯定会到来的。

（二）从“逃离”走向“亲近”：身体在校园中的公共性追求

正如前文所述，个体在建构公共空间的同时也在建构自己，身体与空间的对话一方面是以身体对空间的“脱嵌”，迫使学校空间的改变；另一方面，身体也在不断改变着自己，试图寻找对学校空间的“再嵌入”。因为，人在追问世界意义的同时，势必也在追寻自身之“在”的意义。“成己与成物的过程同时表现为意义和意义世界的生成过程：无论是世界的敞开和自我的体认，抑或世界的变革和自我的成就，都内在地指向意义的呈现和意义世界的生成。”（杨国荣，2010a）因此，作为公共空间的学校，必然需要身体与空间的一种内在的亲近，那是一种基于共同利益关注的亲近，是一种基于彼此悦纳的亲近，是学生对学校教育的理解与参与，是学校教育对学生个体的尊重与公共性的培育。也只有通过身体与校园空间的这种亲近，才能让学生在与他人的共处中，学会与他人一起生活，形成一定的公共意识和公共精神，最终既有利于个人生活品质的提升，又有利于扩大校园公共生活的福祉。

实践案例：校园听证会——让学生成为决策的主人

校园听证会是在学校德育工作决策环节的一个重要创新，它是以“听证会”为主要载体的学生参与决策机制，能够最广泛地集中学生的智慧，最大限度地调动学生参与学校教育工作的积极性，提升学生对教育决策的理解力和执行力。校园听证会的实质就是把关系学生校园生活的决策权力与学生分享，让学生参与决策，从而增强学生对决策的认同感，提升学生在决策执行中的自觉性和创造性，进而培育自身的公共意识。具体来说，“校园听证会”包括四个环节。其一，听证酝酿阶段。在这个阶段，学校会先组织学生会、团委会、年级学生自主管理委员会等学生团体中的学生干部围绕学校提出的德育工作计划中的重难点展开讨论，初步拟定本年度需要进行听证的一些重大决策议题。在此基础上，通过主题班团会、国旗下讲话等途径预先将听证议题告知全体同学，并广泛征求学生的意见和建议，鼓励和引导学生进行广泛的交流和讨论，同时接受学生的报名，筹建校园听证会的代表团。其二，决策听证阶段。这是一个具体的执行环节，是校园听证会的正式施行。借鉴当前社会听证会的做法，校园听证会的实施主要包括以下几个步骤：第一，学校或学生会代表陈述决策设想；第二，各方代表自由阐述意见和建议；第三，自由讨论和论证；第四，初步达成共识；第五，就决策的核心内容进行表决。其三，试行与矫正阶段。由于校园听证会充分尊重了学生的民意，充分发挥了学生的主体性，所以在决策过程中会存在决策比较倾向于学生感受的现象。在实践中，为了弥补这一问题，学校增设了校园听证会的决策试行环节，即允许校园听证会的决策进行一段时间的试运行，给决策的完善留出足够空间。这个阶段通常是两周时间，学校一方面通过各种渠道将校园听证会的决策意见向全体师生公布，以期得到广大师生的认同，另一方面也在完全尊重校园听证会决策意见的基础上，对决策的内容进行试运行，积极鼓励师生对决策的试行发表意见和建议。在此基础上，再召集校园听证会代表对师生的意见和建议进行分析，并完善决策内容。其四，执行与反馈阶段。在试行与矫正的基础上，校园听证会会形成一个正式的决策意见，并以工作计划的形式正式下发，正式实施。但是，我们主张，任何一个决策都不是僵化的条文，而是一个动态发展的过程。所以，即使在正式实施阶段，学校依然鼓励师生对决策的执行情况进行实践层面上的思考，以期待在下一个学年度的工作计划中进行相应的修订和完善，使校园听证会的决策真正实现决策利校、决策利生。①

案例中的做法很大程度上反映出该校所具有的公共空间特质，因为它为学生个体的“再嵌入”提供了一个很好的平台，一个引导学生关注自身与学校发展的共生平台。在这里，学生不再是学校发展的局外人，他关注学校的发展，关注自身的愿为与能为，关注学校发展对自身发展的意义，更关注自身对学校发展的意义。在这里，学校不再是学生

① 令人遗憾的是，在本书即将付梓之际，笔者重访这所学校时，却得知校园听证会已经有两年没有实施了。究其原因竟是新任的德育副校长认为已经无事可供听证，这也恰恰说明当前公共人的学校培育任重而道远。

发展的旁观者，它不是把学生物化为利益获得的工具，而是将自身的发展与学生的发展有机结合，与学生一起协商，谋求彼此的共生。“当学生成为教育环境的局内人时，学生才可能遵循参与与分担的原则，成为教育环境共同活动的合作者。这时的教育环境就不只是纯粹的物质刺激，而具备了一种共生的意义和增值的潜势，个体内在的期待开始趋于与教育环境融通。”（马维娜，2000）在笔者看来，作为公共空间的学校，最佳的结合点莫过于与学生作为公共人发展的融合，学校与学生共同关注公共利益，以富有教育性的公共交往促发彼此的公共性发展。在这样的身体与空间的互动过程中，学生将自身的成长融于学校发展之中，从而获得个体的“再嵌入”，学校将自身的发展融合于学生个体的参与，从而获得了空间的公共性，于是，一个公共空间的诞生也意味着公共人的培育。在这其中，人之存在的意义得以彰显，学校教育的公共意蕴也得以呈现。

三、走向正义的学校

个体人的膨胀源自于学校教育的失真，那么，个体发展的公共性复归同样需要依赖于教育的本真化。“本真教育是既授人以生存的手段和技能，又导人以生存的意义和价值；既使人懂得何以为生，又使人懂得为何而生，拥有人所特有的意义世界。”（鲁洁，2001）因此，学校教育在组织规范性与公共空间的追求之上，还必须具有意义的追寻，体现其存在的道德性，变革其基于道德维度的精神诉求。“作为一种制度结构，教育的道德纬度首先是正义，即是否追求正义、是否实现正义是教育制度道德与否的表现。”（金生鈜，2008）[135]诚然，正义是一个非常复杂的概念，可以指涉不同的含义，正如博登海默（Edgar Bodenheimer，1987）所言，“正义有一张普洛透斯似的脸，变幻无常，随时可呈现不同形状，并且有极不相同的面貌。当我们仔细查看这张脸并试图解开隐蔽其表面之后的秘密时，我们往往会深感迷惑”。然而，总的来看，我国传统文化对正义的考察主要还是关注其在伦理与修养之间的联结，认为“正义的实质是把人的发展、人的价值、人的尊严视为人的世界、人的关系以及人的行为的根本。正义追求的全部意义尽在于此”（胡海波，1997）。基于此，本研究所言的正义的学校，是在追求一种围绕人的自我实现的教育正义。教育正义的观念确定每一个人教育的基本权利（包括自由权利）的具体表达形式的原则，确定教育利益包括教育机会、教育资源以及其他教育基本好事物的分配原则，它同时也规定针对每一个人的教育对待的行动原则。简言之，教育正义包含着教育分配的正义和教育行动的正义。就公共人的培育而言，正义的学校就是要在教育分配中确保所有的教育资源与教育机会对每一个学生均等地敞开，在教育行动中则是要平等地尊重和保护每一个学生的基本权利与自由。

（一）从“精英”走向“大众”：赋予学生均等的机会与资源

与传统的精英教育相匹配的是效率优先的教育原则，追求高效率的精英产出势必带来学校教育资源向少数优秀学生的过度集中，教育机会向尖子学生的过度倾斜。由于学校教育资源的有限性，这种基于精英培育的资源分配方式必然是以牺牲大多数学生的教育资源与教育机会为代价的，因此，这里的学校教育分配是缺乏正义的。如前所述，这种教育资源的分配方式鼓励的是一种急功近利的恶性竞争，它使得个体在这样的资源竞争中无暇顾及公共利益、公共生活，而成为一个只关注自身资源获得的个体人。正义的学校首先就是要努力实现教育分配的正义，既要保障教育资源的公平分配，也要给予学生在学校教育中的机会均等。

实践案例：项目负责制——让羞答答的玫瑰不再静悄悄地开

在学校的教育工作中，学生干部在教育资源和教育机会的分配中具有不可否认的优先权。一般而言，当前的学校教育中，学生干部的任免都是掌控在教师手中，而且按照惯例，多数学生干部只要不犯大的错误，基本上三年一贯制。周老师的班级却很有意思，她的班干部都是不固定的，她实行的是项目负责制。具体而言，她将班级发展中涉及的纪律、卫生、学习、文体以及重大活动等方面设置为一个个的项目，在全班实行招投标管理。学生自由组合成一个个的项目团队进行投标。通过公开的招投标说明，由教师和学生共同投票决定哪一个项目团队中标。一旦中标，该团队的成员就是班级的学生干部，常规项目任期一学期，重大活动项目则在活动结束后终止。这种对班干部选拔与培养机制的创新，极大地调动了学生参与集体事务管理的积极性，也为班级的发展吸纳了更多的智慧。周老师对这样的一个例子记忆犹新，她班上有一个贾姓女生，平时很内向，不怎么爱参与班级的活动，而且由于成绩不好有点自卑，年轻的脸上很难看见笑容。有一次在与同学的闲聊中，周老师得知她琵琶弹得很好，初二时就已经是十级了。于是，周老师在班级接待外国学生访学的活动中特意安排贾同学进行了多次琵琶表演，每次都赢得了满堂彩。在后来的学校艺术节中，出乎周老师意料的是，贾同学居然主动请缨，担任艺术节大合唱比赛的项目负责人，从组织排练、租借演出服装到比赛中的指挥，她做得非常努力，也非常出色，她们班也一举获得了大合唱的一等奖。从此，贾同学的脸上多了更多的欢笑和自信，周老师说：“一朵羞答答的玫瑰终于不再静悄悄地开了。”

案例中的项目负责制创新了传统的班干部概念，很好地体现出对教育正义的精神诉求，更是有利于激励学生参与到学校的公共生活之中，在与他人的相处与合作中，在为班级发展的服务中，增强公共意识，体认公共价值。因为，传统观念认为，班干部是一个“职位”，是个“官”，于是就有了为做班干部给老师送礼、对同学贿选等事件，案例中的做法则将班干部视为一种“需要”，既是班级公共生活对个体发展的需要，也是个体发展对班级资源的需要，于是就有了学生以自身的能力素质来满足这种需要的行动。在班级与个体的如此互动中，一方面，它体现出学校教育对每一个学生智慧的尊重，另一方面，它更体现出对每一个学生潜质发展的期待，而连接学生现有智慧与未来发展的恰是学生对班级公共生活的参与，由此，这样的实践对于公共人的培育具有开创性的意义。

而且，这样的实践使得班干部垄断教育资源的情况也会发生转变，因为班干部的流动性增强，必然带来教育资源的流动，从而更有利于教育资源对不同特质学生的满足，引导个体从与班级共同发展的公共意识角度来思考自身的发展。

（二）从“物性”走向“人性”，激发学生成为学习与创造的主体

我们知道，公共人的特质在于积极的公共表达和公共行动，是一种对责任的主动担当，而旁观者的重要特征则在于对道德责任的否认，表现出与我无关和无能为力的道德冷漠。（高德胜，2008a）[10]据此，公共人的学校培育需要从责任的担当入手，重建个体发展与公共生活的联结。进一步分析，造成当前学校教育中个体发展与公共生活相断裂的原因有很多，除了学校公共生活的缺失或异化以外，最根本的应是学生的“物性”存在，即学生只是一种被“规训化”教育所宰制的“物性”的对象与工具，学校教育“像填鸭般地用那些诸如形而下之‘器’的东西，塞满学生的头脑，而对本真存在之‘道’却一再失落而不顾，这无疑阻挡了学生通向自由精神之通衢”（雅斯贝尔斯，1991）[33]，在教育如此的包裹之下，学生作为“人”的特质被抹杀，其自身既逐渐失去了独立思考的能力，也逐渐消退了对意义的追寻。因此，公共人的学校培育还必须在重建个体发展与公共生活的勾连中重塑学生的“人性”特质，赋予学生在学习与生活中的主体地位，并通过各种方法与平台激发学生成为学习和创造的主体，成为一个完整而自由的个体。

实践案例：懒出来的智慧——我与青奥有个约会

“老班，南京申奥（2014年青奥会）成功了！”班长激动的男高音把我从睡梦中震醒，“我刚才联系了几个班委，大家都希望做些什么，老班，您觉得呢？”虽然心中惦记着假期，可是孩子的热情是一定要保护的，“当然好了，你通知一下，待会我们到学校商量一下。”在一番讨论之后，像往常一样，我明确了活动的意义在于庆祝申奥，重在参与，因

此，就选择了一个最简单易行的方案——路人签名庆青奥。由于是新年假期，我强调了一下安全事项，就全权委托班委与同学去商量具体细节。可是接下来的发展却出乎我的意料。一开始，如往常一样，有的同学不是很愿意，觉得拿着横幅在大街上请人签名不自在，可是当他们突破了第一次的交际羞涩之后，路人的热情反应给了学生极大的信心，不到半个小时，一条大的宣传横幅就写满了，上面除了名字，还有很多的祝福语。这样一来，学生们觉得意犹未尽，在讨论之后，他们又有了新的计划。他们兵分两路，一部分人再去做横幅，但不仅仅是签名，而是以“祝福青奥——我为青奥献一计”为主题，请路人在祝福签名的同时，留下给青奥会的建议，各组的负责人还要把路人的建议整理后寄给青奥会主委会。另一部分人则设计了一个“许诺青奥——我与青奥共成长”的活动，请路人给自己的青奥之年做出具体的行动承诺。为此，大家共同列出了十件日常生活中的品德小事（比如：当我在青奥施工地段路堵时会给施工人员一个微笑，当我看见行人闯红灯时会给他一个善意的提醒等），并利用家长资源印成爱心小卡片，请路人在选择承诺项目后签名并留存。最后，同学们还决定从自己做起，利用春节拜年的机会给亲朋好友也发几张，并做好后续的监督工作。就这样，一个原本只是应景之作的活动却变成了学生公共参与的持久战，我偷了一回懒却换回了学生一箩筐的智慧。

学校教育中对“人”的发现是培育公共人的前提，那么，如何才能发现人呢？“通向认识具有生机灵性者的道路只有一条——经由和谐相融而非理智所能提供的任何知识……我奉献爱，我捧出我自身，我融入他人，由此我找到自己，发现自己；我发现了我与你，发现了人。”（弗洛姆，1997）因此，正义的学校应该以尊重学生的主体价值为前提，把学校的发展与学生的发展视为同一个过程的两个方面，立足于建立平等的师生关系和互动的教育形态，鼓励和引导学生以与他人的关联来定位自己，以自己的发展来建构与他人的关系。那么，如何才能实现个体发展与公共生活的联结呢？上述案例中的做法就是一个很好的探索。这恰如两句古语所言，“懒妈妈养出勤快儿”“穷人的孩子早当家”，因为妈妈懒，所以孩子无法等待；因为穷，所以孩子无所依靠。换个角度来看，这两句话的共同旨趣都在于激发孩子自我成长的责任意识，找到“我”在存在和发展中的价值。这对于公共人的培育很有借鉴意义。具体到学校教育中就是，教师要学会放手，要给予学生面对道德困惑时选择的权利和自由，而不是事事包办。“保姆式”的教育看似是对学生的爱护，实质上是对学生作为“人”的权利的剥夺，不仅剥夺了他选择的权利，而且剥夺了他创造的权利，这也正是教育行动的不正义所在。

四、走向文化的学校

文化是一个非常复杂而又不确定的概念，但是从其最根本的意义来说，文化具有两种意义：一种意义上，文化是一个从理论上界定的范畴，是作为一种社会生活范畴的文化，与经济、政治等相对应；另一种意义上，文化代表一种具体的、有限的信念与实践构成的世界，是一种实体的文化。（比尔纳其，2008）本研究理解的校园文化是一种实体意义上的文化，它指的是在学校教育中形成的，崇尚人文精神，追求公共价值的文化。我们知道，教育作为文化的一种表现形式，与文化的关系最为直接和密切，“从教育中抽走了文化，教育就成了一个空壳；从文化中抽走了教育，文化也就失去了发展的动力”（郑金洲，2000）。公共人是在公共表达与公共行动中成长起来的人，因此，培育公共人的学校更应该是一个充满公共文化意蕴的场所，是一个充满人文意义的空间。但是，“现代教育由于缺乏一种以人为出发点和最终目的的教育理念，由于对人做了片面的理解，导致人文精神在教育中被荒废，导致教育人文意义与价值的失落”（杜时忠，1999）。为此，我们的学校教育必须在文化层面上谋求一次向公共性的转向，追寻学校教育的人文意义，创设有利于公共舆论与公共行动的文化环境，实现公共人在学校内的诗意栖居。

（一）从“静默”走向“表达”，丰富校园文化建设中的学生印迹

传统意义上的校园只是学生共同学习与生活的自然环境，学校建设的主要指标就是追求校园环境优美，即通过对校园环境的标准化建设和管理，追求一种整齐划一的建筑美。对学生而言，创设优美的校园环境就是从维护教室墙壁的洁白做起、从课桌的整齐排放做起，以窗明几净、座位整齐表达校园文化中的规范、有序、纪律和统一。在这里，校园环境是学校对学生进行规范化管理和标准化生产的文化“阵地”，学校完全从“物性”的社会本位出发，漠视学生多样性的个体存在，忽视学生的主体性，它以一种居高临下的姿态，对学生进行着单向的文化“强迫”，这看似文化强势的背后，其实质乃是一种文化表达的“静默”状态。因为缺乏对学生的尊重，缺乏学生的参与，这样的学校和环境自然无法引起学生的文化思考与共鸣，必然造成学生对校园文化建设的冷漠，使得校园环境建设成为校长们的自娱自乐。

公共人的学校培育需要学校环境中蕴藏巨大的文化张力，能够激发并为学生的主体性表达和积极的合作行为创设氛围与平台，为此，校园环境整治应该转向校园文化建设，以文化的视野整合校园环境中的教育力，以便为学生的公共性诉求提供支撑。客观而言，今天的学校已经有了校园文化建设的尝试，但是，放眼望去，标注有文化建设的校园必然是气派的校门、宽阔的广场、雅致的小景、满墙的名人画像和无处不在而又似曾相识的校徽标志。相对于以前的“静默”，校园环境作为文化传播的载体在今天的学校教育中已经开始说话了，可是所有的都仿佛是在用同一个声音说着同样的话语，这样的“载体”角色改变不了它的工具性特质，在这样的校园文化建设中，学生依然是一个被动的旁观者，文化在学生的成长中依然是“静默”的。因此，真正有利于培育公共人的校园文化必须打破这种文化“静默”，倡导文化的积极“表达”，赋予学生在校园文化建设中的表达权和行动权。

实践案例：教室涂鸦，说出学生的心里话

为了实现让每一堵墙都说出自己的心里话，更是为了集中呈现班级的文化内涵，我们组织了年度的教室涂鸦大赛。具体做法是：在每个教室的内外墙上增贴了1.5m高的白色墙面砖，在这个领域里，学生可以使用水彩绘画、粘贴等不影响墙体结构的方式，尽情展示本班级的文化个性。具体要求是：内容健康向上，形式不拘一格，关键是主题鲜明，并能充分体现本班级的文化特色。最后的评比就是看你的作品能否让人较为清晰地感受到你们班级的文化氛围，它能否成为你们班级的文化名片。这次活动把校园环境布置的决定权交给学生，让学生成为校园文化建设的设计者和建设者，极大地调动了学生的参与热情。经过一个多月的准备与创作，校园的文化气息扑面而来。高二（12）班的“我们的心，蓝色的海”获得一等奖，学生把整个教室的外墙涂成海的颜色，走廊的顶上挂满自己亲手叠出的心形，里面写上每个人的梦想，寓意着文科班的全体成员心心相印、学会包容。活动中还出现了很多优秀的涂鸦作品(以下四幅图片均来自南京一中，李宏亮拍摄)。

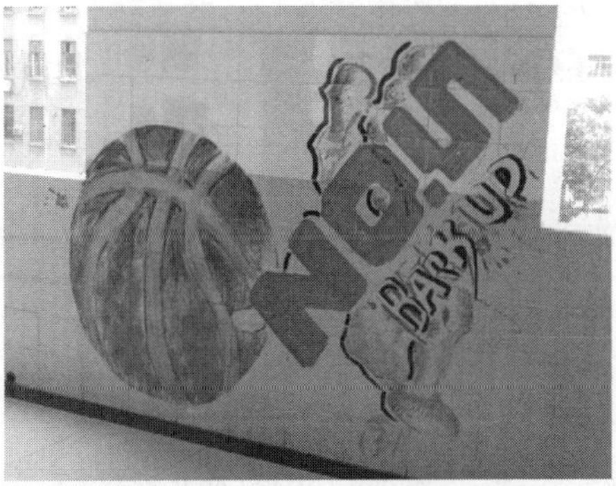

图 6-1 “No. 5 篮球至上”

注：以一个硕大的篮球，提醒所有人，本班是年级篮球比赛第一名，彰显班级同学勇于攀登的霸气。

图 6-2 “真正的朋友，永远的 4 班”

注：以卡通的朋友形象和真诚的文字，表达出本班同学团结友爱、相互支持的决心，当然，全英文创作也体现出强化班的自信。

图 6-3 “POOH 群落”

注：一看文字就知道这是生物班的杰作，他们以可爱的 pooh 熊家族为形象代表，用熟悉的生物术语表达出共创美好未来的设想和决心。

图 6-4 “幸福摩天轮”

注：以童话般的绘画为背景，附上每个同学的心灵文字，表达出大家珍惜现在，渴望在快乐中实现梦想的美好愿望。

这个案例的实践意义在于，它不仅打破了传统校园环境建设的“静默”状态，而且它还在过程中保障和凸显了个体的自由“表达”，在这自由表达的背后蕴藏的是个体对班集体文化的体认与诠释，更折射出个体对学校发展的公共性期待。正如案例中的作品所呈现的，他们关注的并非只是单纯的学业成绩，而更多的是友爱、进取、互助、温暖、包容等富有公共意蕴的品质诉求。为此，要创设适合公共人栖居的校园文化，我们就必须在实践中转变教育观念，谋求文化创新。首先，校园文化建设要在共性的指导下更多地体现个性色彩。文化个性是一个学校区别于其他学校的本质属性，实现文化创新必然要求在校园文化的建设中，从学校自身的实际出发，切合学校的文化积淀，体现学校的办学特色，而不能一味地从众随大流，丧失个性即意味着被湮灭。在学校内部，文化建设需要有一个统一的学校文化理念指导，形成相对集中的文化风格，但是更要允许和鼓励班级、年级文化个性的展示，多元的文化个性才能使学校的文化内涵更加丰富。其次，校园文化建设应追求预设与生成的有机统一。在校园文化建设中，整体的形象设计是必要的，但是文化建设不是简单地把蓝图变成现实，文化建设是动态的、主体性的，其实施的过程也必然是文化进一步生成与发展的过程，要把校园环境的文化改造运作为文化观点碰撞、文化资源交流与共享的平台，在文化的持续生成中达成预设、发展预设。最后，追求校园文化建设的个性，注重其生成性，就需要推动学生从单纯的校园文化受众向文化建设主体的角色转变，赋予学生更多的文化建设参与权，要允许和鼓励学生以文化建设主体的姿态影响校园文化，发展校园文化。简言之，我们要把校园环境从“阵地”和“载体”中解放出来，使之成为校园文化建设的生成性“平台”，我们不仅要让每一堵墙说话，而且要让每一堵墙都说出学生的心里话。唯有如此，校园才能真正富有人文气息，才能真正成为公共人的栖居之所。

（二）从“围剿”走向“共在”，释放校园亚文化的公共性价值

如果说校园文化的建设，彰显的是学生的公共表达，那么校园亚文

化的存在，则更多的是在促成学生的公共行动。在传统的学校教育内，亚文化基本上是以一种反文化的形式存在的，由于亚文化的表现形式个性而多样，并且具有隐蔽性、反主流等特点，所以，传统的学校教育对师生（为了突出研究的重点，下文主要探讨学生中的亚文化现象）中的亚文化主要采取的是一种“围剿”策略，这既是学校主流文化乏力的病态表现，也是学校教育对亚文化缺乏正确认知的必然结果。

所谓亚文化，“是与主流文化相对而言的，是指由特定社会群体发明、信奉和推行的一种特有的文化价值体系、思维模式和生活方式”（曹殿朕，2008）。在学校教育层面上来理解，相对于学校教育的主流文化而言，亚文化是基于学生的同辈交往形成的共同需要和共同追求，拥有相似的思想形态与行为规范，而且以一种群体共认的特殊方式进行生活化的交往。应该说，在主流文化一统天下的传统校园中，学生的亚文化仅仅是被视作学生个体文化的聚集，而且是一种违背主流文化公共特质（事实上并非真正的公共性，更多的只是僵化的国家意识、成人意识等）的个体化的错误聚集。诚然，学生的亚文化中的确存在很多非公共特质的个体人意识和行为，如近乎病态的偶像崇拜、过早地迷恋于爱情、群体性地沉湎于网络、高调地炫耀父母的金钱与权力等，但是，我们也应该看到，学生的亚文化中也有自发去紫金山义务捡垃圾的行动式宣言，有为宣传义务献血的苦口婆心，有为救助弱势群体的奔走相告，有为帮助同伴共同进步的不遗余力等，所有这些也在昭示着学生对公共利益的关注和对公共行动的参与。“亚文化是更广泛的文化内种种富于意味而别具一格的协商。它们同身处社会与历史大结构中的某些社会群体所遭际的特殊地位、暧昧状态与具体矛盾相应。……亚文化的功能在于为其成员赢得，或者至少争取‘文化空间’，如此一来，它们也就产生和确认了集体与个体认同的重要方式，以及针对更大社会与文化秩序中主流价值的定向性。”（费斯克，2004）由此可见，当前，学生亚文化中的种种现象其实也是校园生活中个体性与公共性张力的具体表现，面对极端强势而又缺乏吸引力的校园主流文化，学生的亚文化自然表现出一种反叛，这是个体性寻求“脱嵌”的表现，但与此同时，校园中的个体存在又有着对公共性“再嵌入”的希求，所以他们在逃离校园（个体人校园）的同时也在寻求对校园（公共的校园）的回归，只是面对校园中意义的失落、个体性的膨胀、功利性的侵蚀，他们更多是借助于信息技术，以亚文化为纽带直接走向同伴、走向社会，并最终影响学校。

实践案例：食堂，我们的食堂

食堂一直都是学生们最怀念也是最纠结的地方。美食是他们的最爱，食堂却是他们的最恨。每个学生对学校食堂都有着说不完的故事。在2010年度的学生研究性学习活动中，高一（6）班以吃货自居的一组同学决定以食堂为研究对象，形成了一份很好的研究成果。他们围绕食堂的就餐环境、排队时间、食品卫生、美味程度、套餐价格、服务质量等问题设计了一份调查问卷，然后在高中三个年级各班随机发放10份问卷，合计收回560份问卷，在统计分析的基础上完成了一份很客观也很有感染力的调查报告。他们调查主要的结论有：学校食堂的套餐价格偏高；食品种类太少，且以油炸食品居多；就餐环境硬件较好，但是管理不够科学，同学排队时间较长；餐具卫生状况一般，盘碟经常有油腻感；少数食堂人员服务态度较差等。然后，同学们将自己的调查报告交给了校长，希望学校能够回应同学们的呼声。经过学生与校长的对话，学校最终决定成立学校食堂伙食管理委员会（简称“伙委会”）来专门负责对食堂工作的监管，并在7名委员中保证有3个学生代表（每个年级一个）。而“伙委会”成立后的第一项工作就是要求食堂设置公告栏，公布每天食堂采购原料的价格和来源，并提前公布一周的食谱，以接受学生的监督。同时，设立了监管电子邮箱，接收同学的意见和建议。这无疑是一次校园内亚文化与主流文化的成功对话，也是学生个体在校园生活中寻求公共性“再嵌入”的一个有益探索。

学生亚文化的存在是一个不争的事实，学生正在试图以亚文化的力量去影响学校教育的发展也是隐约可见的。事实上，在今天的校园生活中，亚文化正以其特有的形式在消解校园主流文化的影响，并迫使其与自己进行合作，以谋求个体的公共性栖居。一方面，在新课程改革的背景下，学生的选修课、社团活动等课程学习方式加剧了学生的流动性，促成了学生间更多主题式的交往，从而在一定程度上消解了传统组织文化对人的影响和制约；另一方面，随着信息技术，特别是各种社交网络的发展，学生已经日益融入更多的社会化的主题式的社交空间中，并以自身的校园身份进行着具有较强公共性的亚群体创建，甚至还将这种在社交网络中形成的公共意识和公共诉求带回校园、带入班级。面对如此的境遇，正如案例所反映的一样，传统的学校主流文化已经开始妥协，并通过各种方式寻求与亚文化基于合作的“共在”。例如，基于民间联合的各种学生志愿者团体，现在也能得到学校越来越多的支持，因而也会为学校的主流文化增添色彩；基于信息网络的学生 QQ 群、微博群、BBS 论坛等，以极度的热情关注学校事件，并日益成为学校教育管理的信息源和对话平台，等等。

综上所述，公共人的学校培育必然需要当前的学校教育进行多方面的变革，上述实践案例中的学校在制度、空间、价值、环境等方面的变革虽然只是初步的探索，很多做法还不成熟，也缺少普遍性，但是它彰显了学校教育对公共性的追求，体现着对公共人培育的使命感。因此，我们有理由相信，在未来的学校教育发展中，这些星星之火必能引起燎原之势，从而在建构学校自身意义的过程中，实现对栖居其中的人的变革，以公共人的培育重塑个体性与公共性的张力性平衡，实现人之存在意义的公共性维度。

第二节　优化课程以支撑公共人的现实成长

公共人的培育需要学校的担当，这种担当不仅需要学校自身的组织变革，更要在学校的教育体系中谋求全面的转型，公共性课程正是学校教育内容对公共人培育的应答。

课程是一个非常多元的概念，在内容界定上，从较为狭义的课程表所列的教育科目到广义上学校中显现的知识与学习经验，各家众说不一，其中“教学科目说”“教学活动说”“学习经验说”等则是比较典型的课程概念。就本研究而言，课程是指英国著名课程论者劳顿所说的“从一定社会的文化里选择出来的材料”（吴康宁，1998）[306]，其社会本质是社会对其未来成员（学生）加以控制（社会控制）的一种中介（吴康宁，1993）。因此，“在整个可能获得的知识领域中，只是有限的部分被视为法定知识和‘值得’传递给下一代的知识”（阿普尔，1992）进入课程。一个社会如何选择、分类、分配、传递和评价它认为公共的教育知识，既反映了社会的权力分配，又反映了社会控制的原则。由此可见，课程知识总是与社会希望造就什么样的人联系在一起的，课程是个体社会化的重要载体，其本身的建设与实施也必然蕴藏着个体性与公共性的张力。

就学校教育而言，公共人培育不可能脱离当下的学校课程，也不能完全依附于旧有课程，而是要寻求一种课程体系内的变革与优化，从而为公共人的学校培育创设公共性课程支撑。这里的公共性课程建设不是一种课程体系的推倒重来，而是在现有的学校课程体系中，借助于课程改革的契机，在学校课程的实施层面进行凸显其公共性价值的创新。具体来说，公共性课程建设主要表现在两个方面。一方面是依托现有学科课程体系，着力拓展学科课程的公共性价值。具体而言，就是在实践层面努力挖掘学科课程特别是人文社会科学课程的公共性价值。比如，扩大课程学习的开放性，鼓励学生对课程的质疑，增强其批判意识；加强课程内容与社会生活的联系，引导学生学以致用，增强其公共生活体验；提高学习过程的民主性，创设师生、生生互动平台，促成学习中的公共舆论与公共交往等。另一方面则是着力于公共性活动课程的建设，拓展活动课程对公共人培育的实践价值。具体而言，就是在地方课程、校本课程的建设中，凸显活动课程的育人价值，以活动课程引导学生对公共事务的关注，对公共行为的理解，对公共事件的参与。

一、公共性课程是彰显意义的课程

在精神维度上，公共性追求的是公共精神和公共责任，是为创设一个社会与个体互动、共在的精神世界，因此，公共性课程必然存在着对公共精神与公共责任的意义观照。然而，“精神生活的普遍平庸化是我们时代一个明显事实，这个事实是如此明显，以至于一个人并不需要多么敏锐的心灵就可以感受到了”（周国平，2004）。这种精神生活的平庸化在学校教育中的突出表现就在于学校课程缺失对人之存在意义的关注。传统学校课程与知识简单对等，关注的是知识的传授、技能的培养，而忽视了对人之为人的精神塑造，使得教育成为一种“外在化”的工具制造。“近一个世纪以来教育的主要宗旨只是教人去追逐、适应、认识、掌握、发展这个外部物质世界，着力于教会人的是‘何以为生’的知识与本领……它的最基本的缺失就在于它放弃了‘为何而生’的教育，不能让人们从人生的意义、生存的价值等根本问题上去认识和改变自己。”（鲁洁，1997）在这样的课程学习中，“人不是以自己是自己力量和自身丰富性的积极承担者来体验自己，而是觉得自己是依赖于自己之外的力量的这样一种无力的物，他把他的生活的实质投射到这个‘物’上”（都本伟，1995）。换言之，在传统的课程学习中，学生追求的是成为一种“工具”，一种适应外部物质世界的“工具”，而忽视了自身作为人的存在的意义。在学校层面上，如此的课程实施也就是以课程为载体的“工具人”的驯化，而非以人为目的的教育追求。于是，功利主义、工具理性便成为学校课程实施与评价的主要依据，在一切都需要测量、一切都是为了甄别和选拔的高考指挥棒下，意义在教学目标中隐身，代之而起的是知识、知识，只有知识！

新课程改革在课程管理上实行三级课程管理体系，在课程目标上凸显了三维目标的有机统一，这就为意义的探寻预留了足够的空间。其一，于学科课程之中，知识不再是独霸天下的唯一目标，过程与方法、情感态度价值观与知识目标构成的是一个三维立体的目标有机体，且情感态度价值观目标也不再是以往简单的国家意识形态的灌输，它更多的是着眼于一个未来合格公民的精神塑造。笔者以为，公共人的精神特质是公民品质的天然组成，发掘和培育现有课程目标中的公共意蕴正是新课程改革的一个突破口，也是培育公共性课程的必然选择。其二，在新课程体系中，国家课程一统天下的局面已经被打破，地方和学校拥有充分的课程建设自主权，这为公共性课程的建设创设了良好的平台。这一方面表现为随着学分制在中小学的推广，活动课程获得了越来越多的认可，借助活动课程，学生不仅可以修得同样的学分，而且还可以更大程度和更深层次地实现同伴交往，促成公共表达与公共行动；另一方面则是在教育均衡化的背景下，新一轮特色学校的竞争转向深层次的课程竞争，在此驱动下，学科课程不再是学校唯一的名片，各种旨在培养学生公共意识、体现社会责任的校本课程正成为各所学校进行特色化建设和争取优质教育资源的重要载体。质言之，公共性课程促成知识与意义的联结，必然支撑人之存在的公共性与个体性的平衡，使个体在课程学习中获得公共知识的同时，也能体认公共性价值，并促进个体性的健康成长。

实践案例：慈善行走——走出一份公共情怀

南京是一座历史文化名城，南京城内明城墙分布很广，数量也很多，但是各处城墙的保护状况差异较大，处于中山陵景区的城墙保护很好，而处于边缘地带的明城墙则缺乏保护，很多城墙上的城砖被人挖走。针对这一情况，高一（13）班的师生在做了充分调查的基础上，向学校申请开设以慈善救助明城墙为主题的“慈善行走”校本课程，具体内容包括三个模块。(1)“走近慈善”主题系列讲座，即邀请校内外教师和家长围绕“凡人慈善”开设讲座，给同学们介绍慈善事业的相关知识。(2)“聆听历史”主题学习交流活动，即同学以学习合作小组的形式，分别选取与明城墙有关的历史与现实话题为学习主题，进行专题的资料收集与整理，在此基础上，按小组进行学习交流。其中已经选择的主题有明城墙的诉说、明城墙与历史人物、明城墙与历史事件、明城墙与南京文化、明城墙与百姓生活等。(3)“慈善行走”主题宣传募捐活动，即全体课程学习成员，包括教师、家长等在一天之内环绕南京的明城墙进行实地行走活动。在这个过程中，同学们会对路人进行保护明城墙的宣传并组织一定的募捐。为此，学生还设计了“慈善行走”活动的宣传材料、募捐标贴等。

公共性课程对公共人培育的意义在哪里？这个活动案例给出了一份很好的答案，那就是学生个体在课程的学习与参与中不仅获得了知识，而且能深刻体认课程所蕴含的公共价值，进而能够形成积极的公共表达与公共行动。“慈善行走”作为校本活动课程存在，它与传统学校课程的最大区别在于，它关注的不仅仅是知识的获得，而是以知识为载体，将学生的关注点引向一个更具深远意义的价值层面，那就是通过对历史的回顾理解使命，通过对现实的审视体认责任，通过自身的行动参与未来。它引导学生在与历史、现实和未来的对话中感受到个体性的存在价值，感受到公共性的诉求，并将个体性与公共性的张力引向学生个体自身，激发他们以自身的表达和行动来实现这种平衡，实现对公共责任的担当，以及对人“为何而生”的意义追寻。可喜的是，该校的“慈善行走”最早开始于2010年，那时只是一个班级的活动探索，而现在它已经成为高中学生的必选校本课程，并被视作该校的校本德育特色课程，它也是该校学生参与度最高的课程之一。

二、公共性课程是寻求整合的课程

公共人的学校培育离不开课程的支撑，从课程思想和教育实践的历史发展来看，学校课程建设可以简要地分为注重体制化学业成绩的“学科中心”课程观（诸如“科目中心”“学问中心”等）和关注儿童生活经验的“儿童中心”课程观（诸如儿童的“经验中心”“情意中心”等）。“学科中心”课程观是传统学校课程建设的主要依据，在操作层面上，由于过度强调知识体系的完整性，忽视了人的个体性存在，因此，其课程实施的过程基本被简化为知识教育、思维训练或（应试）技能的培养。“儿童中心”课程观是当前新课程改革的重要依据，在理想层面上，新课程希望以儿童的生活为主线，借助于课程的分级管理和课程目标的多维统一，在学科课程与活动课程的整合运用中，培养学生的健全人格。但是，在操作层面上，由于传统应试评价机制改革的迟缓和课程实施中对儿童生活的误读，新课程在实施中出现了错综复杂的阻滞状态。一方面，在公开层面，课程实施过度依赖儿童个体生活经验，过分强调生成性，出现了“假生活，真作秀”的乱象；另一方面，在非公开的常态中，课程实施是“穿新鞋，走老路”，依然恪守知识教学的老路，但是由于新教材缺乏知识的完整性，于是目标、知识、方法等课程实施问题就逐渐成为教师个体的经验呈现，对于学生而言，被肢解的知识让他们无法完整学习，被假想的生活也让他们无法真正体验。因此，要实现公共人的学校培育必须谋求课程的有效整合。

（一）课程整合，培育完整的公共人

“人是教育的出发点”（扈中平，1989），但是什么样的人才是教育，尤其是学校德育应有和现实的出发点呢？从课程的角度来看，我国学校传统的“学科中心”课程致力于以知识育人，借助于知识对社会权力与社会控制的承载，实现社会化的“知识人”定制。这种课程思想反映在学校德育中，就是推崇一种“被割裂、被程序化、知性化和抽离式的‘理论理性’的道德教育体系”，并从“本质上割断了生活与教育的一体性，割断了理论与实践的融合性”（赵志毅，2012a）。由此可见，传统课程培育的“知识人”很大程度上是一种过度强调个体社会性（甚至只是国家性）的人，是一种缺乏实践与生活的理论上的假想人。当前的“儿童中心”课程极大地改变了这一思路，试图实现一场人对知识的突围，新课程的实施强调以生活育人，强调通过对儿童生活经验的关照与引入来实现个体化的“生活人”培育。这种课程思想反映在学校德育中就是发掘校园生活的德育价值，引导学生成为自己学习与生活的主人，过一种有意义的、自主的“有道德的生活”（高德胜，2004），使学生“生活

的过程也是道德学习的过程”（高德胜，2005）。由此可见，教育与生活的融合必将极大地解放被体制化知识及其承载的社会权力所桎梏的个体，彰显学生个体性的多样化存在。然而，在具体的实施过程中，这种课程思想却出现了被误读、被异化的状况：一方面，在理论层面上，生活和教育（德育）的关系被误读，教育（德育）被泛化为生活的全部，于是知识与生活陷入了对立，导致“理论化的道德知识被赶出（学校）大门，系统化的德育教学消解于生活”（赵志毅，2012a）。另一方面，在实践层面上，学生生活的自主性超越了生活的主体间性实质，对学生生活的尊重被异化为对学生个体性的纵容，这里的“生活人”在很大程度上缺失了道德的自立与自律，成为一个过度世俗的、现实的个体人。

教育的一切都是为了人，而“任何一种解放都是把人的世界和人的关系还给人自己”（王永昌，1991）。因此，新课程改革之中，要摆脱“知识人”的定制，克服“生活人”的异化，就需要以保持个体性与公共性张力性存在的公共人作为教育的出发点和支撑点，从根本上消除课程建设与实施过程中的分离特质，凸显其整合性，培育一个完整的、公共的人。公共人是均衡个体性与公共性张力的主体自我实现，他既是完整的人，也是自由的人，所以培育公共人的学校课程也必然是具有融合知识与生活、教育与生活的整合性特质。“课程统整是一种课程设计的理论，它是在不受制于学科界限的情况下，由教育者和年轻人合作认定重要的问题和议题，进而环绕着这些主题来形成课程组织，以增强人和社会统整的可能性。”（James A. Beane，2003）。因此，走向整合的公共性课程就是要在课程改革的过程中，凸显公共人的目标意识，通过课程实践机制的创新，使学科之间内在融合，使学生的生活与知识相联系，使学生的学习与生活相联系，从而实现课程学习之中的公共表达与公共交往，促成课程学习之后的公共行动，并以此促进学校教育对公共人的培育。当然，在实践过程中，课程的整合有很多形式，可以是基于内在生活逻辑的学科之间的整合，可以是基于公共人成长的学科课程与活动课程的整合，也可以是基于公共诉求的学校课程与社会生活的整合，等等。

实践案例：模拟联合国——模拟中的真实自我

“模联”是当下很多中学的校本课程，它是以联合国的议事规则为模拟对象，通过学生对联合国成员国的角色扮演，围绕某些涉及国际关系和人类共同利益的公共性事务展开研究与讨论，探讨国际问题的走向与公共事务的解决路径。“模联”涉及的知识比较广泛，所以其指导教师往往都不是单个人，而是一个团队，通常包括英语、政治、历史、地理、生物等学科，它强调的是教师群体的合作。就学生的课程学习而言，“模联”其实是一场真正的角色体验，它需要学生以自己选定的角色（国家或社会团体）作为自身发言与行动的基本立场，这些立场往往都是具有真正意义上的非利益相关的公共立场。“模联”选择的议题也大多是诸如环境保护、粮食救助、国际和平等涉及国际社会发展的公共性话题。简言之，“模联”活动就是通过教师群体的合作，指导学生以合作的方式针对某些公共性话题，模拟联合国的议事机制进行情景下的对话。它去除了表达者自身与话题的利益相关，因此使得这样的对话更多地会呈现出公共意识。很多时候，参与课程学习的学生还会把自身对相关话题的思考与对话带进自己的真实生活，从而进一步促发公共性的行动。

“模拟联合国”最初是大学生的社团活动，在新课程改革过程中，中小学出于校本课程开发的需要开始引入“模联”。目前，这一活动课程在各地中小学都有探索，国际范围内的“模联”交流活动也比较频繁。虽然，“模联”是一个舶来品，但是它在当下学校教育中的兴起却在一定程度上折射出学校教育对公共人培育的热切与探索。因为，“模联”在最本质上是通过学生对具有公共价值事件的切身参与和体验，实现学科学习与社会生活的有机结合，从而有效地激发学生对公共事件的关注、讨论和行动。在此过程中，学生的个体性通过自身的参与、言论或是行动得以充分呈现，而作为人的公共性则由于自身私利的隐退，事件与问题的公共性得到最大限度的尊重和研讨。在这里，个体没有私利的束缚，也没有被政治性（或是国家性等）所裹挟，其言论与行动主要是出于公共性思考，因而，此类课程的探索必将有利于公共人的学校培育。

（二）课程整合，促成学科课程对人的整体观照

发挥活动课程的整合性，实现学校教育对公共人的培育相对而言是比较容易的，因为活动课程是新课程改革中的一个亮点，也是当下很多学校进行特色校本课程建设的主要抓手，因此，当下的活动课程大多是出于素质教育的思考，且具有较强的公共性。但是如何在学科课程的实施中凸显整合，以实现对公共人的培育则需要更多的创造性思维。虽然新课程改革提出了综合课程的概念，但是在实际的课程实施中，除了"通用技术"课程以外，分科教学依然是当前课程实施的主要状态。在新课程的教材编写中，尽管各科教材更加注重知识与生活的对话，也关注学科知识之间的联结，但是在实践过程中，受到分科评价以及教师学术背景等主客观因素的制约，无论是学校对国家课程的实施，还是自身校本课程的建设都依然循着分科教学的惯性在进行，学科之间缺乏应有的互动，更难做到学科间的融合。事实证明，分裂的教育难以造就出精神世界统一而又完满的人，分科教学带来的"教学的精神琐碎化的趋向"（怀特海，1999），使得当前的学校教育在本质上还是在培养一个个孤立的个体人，缺乏对完整的公共人的塑造。进一步来说，在分科高考的评价体系指引下，学校中的各科教学都试图放大自身在学生发展中的作用，并通过习题、考试、补课等方式大量占有学生的学习时间与空间，极力强化学生对本学科知识的投入。于是，在各科教师的争夺战中，学生的"理智认识方面已经被分割得支离破碎，而其他方面不是被遗忘，就是被忽视……原来应该进行的充分而全面的培养被弄得残缺不全"（联合国教科文组织，1996b）[193]。课程实施中教师的这种个体人行为直接影响着学生的人格发展，个体人的膨胀便不可避免。为此，公共人的学校教育还需要整合学科课程的实施，在教学中强化整合意识、公共意识，不仅在理论上探寻学科知识间的整合，而且在实践上探寻学科教学对生活、对彼此的观照。

实践案例：异课同构——构筑一个完整的人

所谓“异课同构”，就是不同的学科围绕一个相对集中的育人话题进行教学的同构实践。课例：政治与美术：共探文化中的人之存在。高中政治必修③《文化生活》分为四个单元：“文化与生活”“文化的传承与创新”“中华文化与民族精神”“发展先进文化”，其教学就是引导学生在认知什么是文化，以及如何看待传统与当代文化的基础上，最终探索当下的我们如何发展先进文化。文化与人的关系是贯穿全文的主线。高中阶段的美术课程标准则是通过各种门类美术作品的欣赏、绘画技法的介绍与训练，引导学生关注生活中的美。其核心在于引导学生在感知美、欣赏美的基础上学会如何创造美，享受美。出于对“人与文化（美）”的共同关注，政治教师选取了“走进文化生活”课题，美术教师则以“笔触文化”为主题，同时同地对同一班学生进行教学。具体的教学过程是这样的：政治课以文化生活的现象展示为情景导入新课，再请学生学习小组集中展示自己对身边文化现象的资料收集，然后引导学生围绕“我们如何在文化生活中选择”为主题进行合作探讨、小组发言、集中交流，最终学生以自己的1分钟演讲来展示自己的学习心得。从效果来看，学生普遍能够辩证看待当下的文化生活，并有意从自身的实际出发，做一个“文化人”，其中学生对“文化人”的表述则很多样，大体是有责任感、有道德、有涵养、有情趣等。美术课的设计更巧妙，教师将课堂教学分为三个版块，其一是“心情与绘画”，通过展示一系列的绘画作品，请学生感受并分析作品背后作者想要表达的心情；其二是“一起来画会说话的画”，通过对色彩、线条、构图、技法等方面的介绍与联系，引导学生学会如何去借助画笔表达自己；其三，“文化人的表情”，请学生结合上一节政治课对“文化人”的理解，以自己的画笔来呈现一个“文化人”的表情。学生最后的作品也很有意思，有的是一张有很多皱纹的微笑的脸，有的是一个小朋友帮助老人过马路的儿童画，有的就是一整页浓浓的绿色，等等。

说实话，作为一个亲历者，重述这个教学活动时，我依然非常兴奋，这个活动的创意源自于我和美术老师的一次聊天。我们都觉得当下的学校教育将学生完全束缚在知识训练与无休止的考试之中，对学生作为人的存在是一种人为的摧残，所以我们想搞一节让学生“认识自己”的课。就传统的课程实施而言，政治与美术这两门课程是没有交集的，至少在教师的教学过程中是无法有交集的，但是仔细分析后我们发现，这两门课程在学生的学习过程中存在很多的重叠，因为美术创作的美本身也是文化的重要组成，探讨人与美的关系，也就是在探讨文化与人的关系。因此，这次的“异课同构”是一次回归人作为教育出发点的尝试，两位教师通过不同的方式，却在引导学生思考一个共性的问题，那就是作为人的我们如何在文化中存在与发展。这里既有对学生作为个体的尊重，也有对文化作为公共产品的公共性诉求，尤其是案例中做一个“文化人”和画“文化人的表情”的教学活动能够很好地引导学生思考个体性与公共性在自身存在与发展中的张力。从课程实施的形式而言，案例中的“异课同构”尝试也是对当前普遍推行的“同课异构”分科教学研究思路的一个重要创新。“同课异构”注重的是不同教师对同一课题进行的个性化的解读与实施，它更多的是要彰显教师在课程实施中的个性，强化对学生的个体性培育。“异课同构”则不再是以分科思维来组织课程实施，而是试图从不同的学科角度来探讨整个课程体系中对人的培育的共性问题，是为了探寻各学科课程之间育人的内在联结，因此，它更多地侧重于对共性的关注，有利于培育个体的公共性。这种在教学方面的创新尝试，对于公共性课程的开发，特别是如何在现有学科课程体系中凸显对公共人的培育具有重要的借鉴意义。

三、公共性课程是开放互动的课程

公共性课程的生命力在于其公共性，而公共性需要在“公共场域”内存在与发展，它是一个具有“可进入性”的空间，因此，课程作为培育公共人的重要载体，其存在与发展必然具有开放性和互动性的特质，这也是课程整合的应有之义。换言之，公共人的学校培育就是要在实践层面上赋予学校课程建设与实施以“公共场域”的特质，引导师生在课程建设与实施的过程中以一种开放的心态与方式，借助充分的对话与交往，形成具有公共性的舆论与精神，培养具有批判精神的公共人。

（一）开放的课程，多元主体共建的公共表达

相对于传统课程的封闭性，公共性课程建设旨在通过课程建设与实施中的主体开放来实现对课程本身公共性价值的挖掘。传统的课程建设基本上是国家课程一统天下，课程只是国家和少数课程专家的话语表达，在实施过程中，也正是这样的话语垄断使得课程实施成为一个简单的话语传递过程，而课程实施的两个重要参与者——作为课程实施者的教师和作为课程实施对象的学生，却在课程建设中被遮蔽，在课程实施中被压制。新课程改革提出的三级课程管理体系，打破了课程建设与实施的封闭性和单一性，凸显出一份难得的开放，这在一定程度上赋予了教师和学生，甚至是家长和其他社会资源在课程建设与实施中的话语权。这一变化为公共性课程的建设提供了契机，那就是我们可以通过对课程建设与实施的开放，创设更为广阔的话语空间，让学校课程建设与实施成为公共话语表达的平台，从而实现课程本身公共性的最大程度聚集。就课程的开放性而言，公共性课程的建设可以着力于两个方面的突破。其一，就主体而言，公共性课程的建设与实施应该从单一的专家垄断转而向学生开放、向教师开放、向家长开放、向社会开放。如此，才能最大限度地汇聚公共资源，形成公共思维，促发公共行动。其二，就内容而言，公共性课程的建设与实施应该摆脱传统的学科知识逻辑的束缚，全方位地向生活开放，尤其是向学生当下的真实生活开放。唯有课程与生活的真正开放与互动，才能使公共利益诉求在课程中得到最大限度的呈现。

实践案例：校本课程，一幅家校共建的公共画卷

下表是某重点高中2011年度校本课程开设情况简表，由于课程较多，只是在每个类别中选择了几个课程。

表 6-1 校本课程表

类别	课程名称	选修对象	授课教师团队
学科延伸	数学的奥秘	高一、高二、高三	数学教研组
	生活中的物理	高一、高二、高三	物理教研组
	生活中的化学	高一、高二、高三	化学教研组
	生活中的哲学	高二、高三	政治教研组
	文学经典诵读	高一、高二、高三	语文教研组
	史海钩沉	高一、高二	历史教研组
人文艺术	话剧表演	高一、高二	语文教研组
	软笔书法	高一、高二、高三	艺术教研组
	剪纸与传统文化	高一、高二、高三	家长团队
	法语初级	高一、高二	外语教研组
	日语初级	高一、高二	外语教研组
	篆刻基础	高一、高二	家长团队
科学素养	电脑作品制作	高一、高二、高三	家长团队
	生活中的科学	高一、高二、	通用技术教研组
	机器人项目	高二	家长团队
	组织培养与生物技术	高二	家长团队
	天文观测	高一、高二、高三	家长团队
	微生物与生活	高一、高二、	家长团队
体育健康	国际象棋	高一、高二、高三	家长团队
	街舞风云	高一、高二、高三	艺术教研组
	中国武术	高一、高二、高三	区体校
	健美操	高一、高二、高三	区体校
	排球	高一、高二	体育教研组

续表

类别	课程名称	选修对象	授课教师团队
生活职业技能	生活中的法律	高一、高二、高三	区法院
	中学生职业规划	高一、高二、高三	家长团队
	预备医生	高一、高二、高三	市儿保所
	金融与理财	高一、高二	家长团队
	糕点制作	高一、高二	家长团队

案例中的校本课程体系在本质上明显区别于传统的学校课程谱系，它以学校为中心，最大限度地开发了家长、社区等各方面的课程资源，使得课程建设本身摆脱了国家的“一言堂”，成为一个“公共性事件”，即课程本身包含了来自家庭、社区、学校等方面对学生培育的利益诉求，使得学校教育真正回归社会、回归生活、回归学生，而不再是传统意义上在国家单一约束下的学校“闭门造车”的行为。这样的课程建设，通过对家长、社区的开放，既实现了学校教育对家长、社区资源的整合利用，也有利于接受家长和社区的监督，促进学校内公共舆论的形成。就人的培育而言，这样的课程建设必将有利于学生在课程学习过程中获得具有相互比照的社会话语，从而为学生形成自身的公共表达、提升公共人的素养创设条件。

（二）互动的课程，交往中的公共人培育

“现代教育忘记了学生的‘生存’，由此导致完整人格的支离，个性的扭曲，迷失于外在的观念、权威、功利、名义、物质利益之中。造成这种状况的根本原因在于教育中交往精神的缺乏，使现代教育表现为占有式教育和异化的师生关系。”（冯建军，2001）因此，公共人的培育不仅需要课程建设中的开放性，还需要在课程实施中的互动性，以最大限度地促成人在课程之中的公共性交往。在学校教育中，凸显课程公共性的教育交往主要表现在两个方面。

其一，人与课程的交往，它既可以是课程建设中的人的参与，也可

以是课程实施中的人与课程的对话。就课程建设而言，前面谈到的多元主体的课程建设能够从根本上提升课程的公共性，但是在实践中，三级课程管理体系的落实还存在很多的障碍，这种课程建设的公共性探索主要还是集中于校本课程的建设中。而且在当前的高考模式下，无论是国家课程还是地方课程、校本课程，很大程度上都缺失对公共性诉求的保障，也容易使课程建设发生异化。因此，课程中的公共性交往更多的是表现在人与课程的对话之中，尤其是体现在人与教材（课程的重要载体）的对话中。新课程下的教材无论是逻辑体系还是呈现方式，都已经有了很大的突破，它为课程实施中的人本对话留出了足够的空间。因此，在课程实施中，教师可以通过与教材的对话交往实现对教材的个体化解读，从而对教材所承载的公共价值采取最适合本班学生的方式予以传递；同样，学生也可以通过与教材的对话，特别是以教材的生活逻辑为蓝本进行个体经验的自我审视，从而更好地理解和悦纳教材所承载的公共价值。在这样的人与教材（课程）的对话中，人对课程存在着一个“去魅”与“重构”的过程，教育不再是一种“占有式”或是“灌输式”的行为，而是一种基于平等的交往行为。在这里，个体是自由的、独立的，也是完整的，课程所承载的价值既是国家的，也是公共的；既是知识化的，也是生活化的；既是相对统一的，也是可以重新统整的。正是从这个意义上说，人与课程的交往改变了传统课程建设与实施的方式，使得课程具有了公共性的特点，从而有利于公共人的培育。

实践案例：我和人大代表有个约会——约出来的公共视野

环顾当下的政治课教学，特别是《政治生活》的教学，学生“学而不信”的现象是一个普遍性问题，它集中表现为学生不缺乏对政治生活知识的记忆，不缺乏政治试题的解答能力，但是他们对教材上涉及的民主政治原理却存在一定程度的不信任，对中国民主政治生活的真实性更是存在着很大程度的怀疑。原因何在？原因就在于今天的课程实施还主要是一种基本依赖于教材的知识化的教与学，缺乏个体与教材的对话，缺乏知识与生活的对话。为了改善课程实施中的这个问题，我在《政治生活》的教学过程中进行了这样的探索。我们知道，每年三月是全国两会召开的日子，此时学生的关注点也在“两会”，但是教材对人民代表大会制度的学习要等到四月下旬，为了促进人与课程的交往，我进行了两个方面的尝试。第一，考虑到人民代表大会制度知识的相对独立的特点，我对教材进行了因时而异的调整，将人民代表大会制度调整到三月来进行教学，这样就能使教学本身更契合社会生活和学生的兴奋点。第二，将课程学习从课堂转向生活。具体而言，包括两个活动。一个活动是要求学生以学习小组（一般3~4人）为单位，在自学教材知识的基础上，通过各种途径主动联系上一位人大代表，并就自己关心的问题与人大代表进行交流（可以是访问人大代表的博客，也可以是与人大代表的面对面交流等），最后形成交流材料在班级进行汇报。在这个过程中，我没有给学生提供任何材料，只是强调了基本的学习要求，比如：在方式上，通过网络与人大代表进行交流的必须留有网络页面截图（事实上，这也是绝大多数学生采用的交流方式），与人大代表面对面交流的必须留有录音或谈话记录。在内容上，尽量选择与社会公共利益相关的话题，等等（事实上，学生们的话题涉及教育公平、环境保护、留守儿童、网络安全、文化产品等）。另一个活动是在此基础上，邀请我校的省人大代表走进课堂，与学生进行面对面的交流。在这个过程中，我先展示了该教师平时骑车上下班的照片，并晒了一下她的工资条，同时对比给出了美国议员的车队和豪华办公室图片。结果，课堂气氛一上来就相当热烈，学生们不仅分享了自己与其他人大代表交流的收获，而且还就我校教育中的很多问题与该人大代表沟通。通过此次活动，学生们不仅学习到了人民代表大会制度的知识，而且对人大代表和人民代表大会制度有了真切的认同，更重要的是通过这样真实而广泛的对话，学生拓展了自己的视野，更懂得了作为一个公民必须对关系国家、社会与人类发展的公共性问题勇于担当。

传统的课程实施忽视学生的学习感受，只是满足于一味地进行知识和情感的灌输，结果就是学生青春期逆反心理的泛化。学生不仅怀疑和反对教师的教学，而且会把这种怀疑与反对衍射到所有与此相关的东西上，包括教材的基本观点、生活中的基本事实、教师的基本品质甚至是社会的基本常态。在课程实施中，当“学而不信”成为一个普遍性问题，当学生对于其他事物都保持一种出于戒备的怀疑与反对，那么“个体人”的膨胀就必然顺理成章。案例中的做法不只是对课程实施的简单创新，它在更广泛的视野上是对课程培育什么样的人的一种重新思考。今天的课程改革不应该还是满足于培养一个个“听话的孩子”，而是应该因势利导，尊重并引导学生青春期逆反心理中的批判精神，通过开放性的课程实施，鼓励学生与课程、与社会、与生活进行充分而有效的交往，从而整合课程、社会、生活所蕴含的教育力，形成对学生进行公共人培育的教育合力。简言之，公共人的培育就是对课程的实施进行公共性改造，通过具有公共性的学习平台的创设和课程评价的创新，引导学生、教材、生活的相互交往，以形成有效的公共表达，培育学生的公共意识。

其二，课程实施中人与人的交往。公共人是保持着个体性与公共性合理张力的个体，因此，公共人的培育既需要个体性的彰显，也需要公共性的塑造。传统的课程实施是一种“占有式”的教育，其师生关系主要表现为一种单向的主客体关系，教师是所有教育行为的原动力和发起人，而学生作为“人”的本性被遮蔽，只是作为“被设计”“被控制”“被成长”的物存在。因此，传统的课程实施是以公共性之名抹杀了个体性，造就的是没有个体性的“臣民”，而新课程改革之初，由于异化了公共性，而过度强调个体性，助推了个体人的膨胀，而非培育真正意义上的个体人。可见，两者都没有能够很好地实现个体性与公共性的平衡，其根源就在于主客体二元对立的思维方式，同时缺乏交往精神。公共性课程的实施则试图打破主客体的二元对立，走向主体间的交往，倡导课程中人与人之间的对话，并通过一个个独立、完整的个体的表达，通过个体间的相互交往，形成具有公共性的表达机制，从而促发公共舆论与公共行动。当然，这里的人与人的交往，既有对传统师生关系的突破而形成的新的平等的师生交往，也有基于公共关注的学校人与家长、社区人的交往，其中最为重要的则是学生间的同伴交往。“通向认识具有生机灵性者的道路只有一条——经由和谐相融而非理智所能提供的任何知识……我奉献爱，我捧出我自身，我融入他人，由此我找到自己，发现自己；我发现了我与你，发现了人。”因此，课程实施中的人与人的交往正是通过对话与交往发现课程中的人的存在，探寻基于人的存在意义的个体性与公共性的平衡。为此，在课程实施中必须树立对话意识，即形成“一种致力于相互理解、相互合作、共生和共存，致力于和睦相处和共同创造的精神的意识”（滕守尧，1997）。同时，在操作层面上，还要创设更多适合、促进并优化人与人对话、交往的平台，以形成交往的公共领域，从而为公共人的培育创设公共空间。

实践案例：我的成长，你见证——让学生在同伴的关照中成长

实验班学生的成绩都很好，平时表现只能凭印象缺乏量化依据，所以每次评优都会让我内心很纠结，手心手背都是肉，该给哪一个呢？倒是学生在组建班级篮球队时不经意的一句话“是骡子是马拉出来遛遛”启发了我，对呀，我们的评优也可以！于是，在与班委一起商量，并在班级进行了充分的动员之后，我们开始了一次全新的尝试——“三好生和表扬生申报制度”。也就是鼓励所有学生在学期中，根据自己的学习状况和道德表现自行申报评优项目，并由同学和老师根据申报人的前半学期总结和后半学期计划进行建议和投票，然后申报人对照执行，到学期末再次述职，师生根据申报人的努力情况，投票决定他是否获得所申报的评优项目。第一次申报班会非常热闹，有人申报三好生，有人感觉发展不全面就选择自己的强项申报雷锋奖、创新奖、礼仪标兵等等。其中的一个插曲耐人寻味。会议中途，轮到班上成绩第一名的男生 A 走上讲台，说：“我觉得，我成绩不够好，还是把三好生的机会留给别人吧！”他说得谦卑，但是话中有话，顿时，大家一片安静。我本想说些什么，这时女生 B 站了起来，“三好生你留给我，我也够不着，但是你不申报，

怎么知道我们一定会选你呢?”同学一起笑了起来。A也不示弱:“申报又怎么样,申报就代表你能做得到吗?最后还不是凭成绩!”B倒很大方地走上讲台,说:“虽然我成绩不够好,但我就是想告诉大家我会以关心集体的实际行动争取雷锋奖,我相信,所有站在这里讲出自己愿望的人都是最棒的。”顿时,掌声雷动!

课程评价是课程实施中的一个重要环节,也是当前课程改革中最薄弱的环节,但是换个角度来看,它又为我们在课程实施中的评价创新提供了广阔的空间。上述案例中的学生评价从“我的成长,教师评价”到“我的成长,同伴见证”充分反映出同伴交往在公共人培育中的重要意义。传统的课程评价单纯依赖于教师的主观判断,是一种针对学生个体的、孤立的教育终端显示,它完全寄希望于通过学生对评价结果的道德反思和行动自觉来实现评价载体的所有功能。而事实并非如此,这样的评价一方面割裂了学生德性养成的过程与结果的关系,另一方面也会使得学生发展游离于群体之外。因此,它难以真正地激发学生的道德自省,并促进学生自我调节个体性与公共性的关系。案例中的做法将学生的发展愿景置于同伴的对话与交往之中,将学生的个体成长与群体发展有机融合,使得评价从个体行为变成群体行为,从隐蔽行为走向公开行为,于是在这样一个交往的公共空间内,学生的个体性遭遇公共性的考量,每一个参与其中的学生必然要从个体性与公共性的平衡中去调整愿景,寻求发展。反过来,由于这样的同伴交往是公开的、平等的、自由的,因此,它也有利于公共空间的再生产,从而使得课程实施本身具备更为浓郁的公共特质。

四、公共性课程是促成行动的课程

公共性的首要维度是“人”的维度,但是,这里的公共人不只是一个生物意义的人,而且是一个秉承公共精神、寻求公共利益、共享并共建公共空间的人。因此,公共人意味着个体不再是一个简单的“行为者”,而是要成为一个真正意义上的“行动者”。传统与当下的学校教育之所以难以实现公共人的培育，在很大程度上正是基于一种“行为人”培育的教育模式。传统的学校教育中，监狱化的管理模式使学校成为管理者的学校，学生只是一个指令遵从者；基于主客体二元对立的课程实施使得教师成为课程的绝对权威，学生只是一个知识记忆者。在这里，公共性被狭隘化，进而完全压制了人的个体性。如此，学校教育就抹杀了学生在校园生活中作为“人的存在”，更无法奢望“行动”的权利。当下的新课程改革试图打破这一切，但是在各种错综复杂的利益争夺中，特别是在市场经济的冲击下，学校教育自身也被利益最大化所裹挟，学校成为管理者（个体）的学校，课程成为教师的名利场。无论是管理者、教师、学生还是家长，几乎都在以一种投资的心态对待教育，教育成为私人生活的进阶石。在这里，个体性得到了彰显，但是公共性却在一片误解中被遮蔽，学生作为“人的存在”被尊重，但却是一种被异化的个体人存在。

“一个人如果仅仅去过一种私人生活，如果像奴隶一样不被允许进入公共领域，如果像野蛮人一样不去建立这样一个领域，那么他就不能算是一个完完全全的人。”（阿伦特，1998）因此，公共人的学校培育需要在学校教育中既尊重学生作为“人的存在”，又要引导学生成为公共领域的人。换言之，学校教育不仅要赋予学生作为“人”的地位，更要引导学生摆脱异化的个体人的束缚，在广度和深度上促使学生成为具有公共意识的“行动的人”。严格意义上说，公共行动是公民参与的一种社会行动，但是公共行动不是预设产品的完美呈现，而是一个不断建构的过程，在这其中，学校恰是最为重要的一环，因为学校教育的意义在于不仅要培育公共行动的主体，而且要培育公共行动的基本价值，那就是基于公共利益，弘扬公共精神，建构公共领域。就课程而言，新课程在课程管理与课程内容上都为师生的行动留下了很大的空间，因此，公共人的学校培育关键在于如何借助对课程的公共性改造，鼓励并引导学生在课程建设与实施的过程中促发更多的公共行动，成为一个真正的“行动者”。

（一）行动的课程，让学生的公共诉求有地方说

“语言是一种交往媒体，是为理解服务的，而行为者通过相互理解，使自己的行动得到合作，以实现一定的目的。”（哈贝马斯，1994）因此，公共人的学校培育必须在课程的建设与实施中促成学生的公共表达。当然，这首先需要保证学生在课程中的话语权，那就是让学生有话可说，有话能说，说出自己的公共诉求。新课程改革打破了国家课程一统天下的局面，实行三级课程管理体系，这在制度上为学生的话语权留出了空间，特别是在校本课程的建设和实施中，学校如何最大限度地实现课程向学生开放，让课程浸染学生的印迹，是课程公共性改造的重要切入点。以校本课程为例，课程建设与实施的基本环节具体包括三个方面，即课程建设、课程实施与课程评价。

其一，从课程建设的环节来说，要培养学生的行动意识，使学生有话可说，就是要把课程的选择权交给学生，从“我开什么课，学生听什么课”转变为“学生想听什么课，我开什么课”。在当前的校本课程建设中，不少学校都已经开始由学生自主选择课程，凡是选择人数达不到一定要求的则停开此课程，这样的做法在一定程度上会迫使教师摆脱自身经验和思维的束缚，主动去了解、探寻学生课程学习的愿景，开发出符合学生现实需要的课程，从而激发学生参与课程建设的热情，有利于学生“行动者”角色的培养。而且，进一步来说，学生的广泛参与可以很大程度上克服教师个体开设校本课程的功利主义倾向，使课程建设本身更多地关注公共性问题，从而使得公共表达和公共行动成为可能。

其二，从课程实施的环节来说，要培养学生的行动意识，关键在于转变课堂教学中的师生互动模式①，采取“参与—合作”的方式进行教学，让学生在课堂上真正“动”起来。为此，课堂活动不能满足于“为

① 吴康宁教授根据对中小学课堂的观察，曾把师生互动模式归为九类，分别是指令—服从、指令—交涉、指令—抗争，建议—采纳、建议—参考、建议—筛选，参与—协从、参与—合作、参与—支配。参见冯建军《主体间性与教育交往》一文，载于《高等教育研究》，2001年第6期。

活动而活动”“摆花架子”“走过场”，而应该紧扣公共人培育的目标，成为有公共价值的活动；课堂活动不能随性而为，而是应该从中学生的年龄特点和知识水平出发，追求形式上的生动、多样和内容上的贴切；课堂活动不能单调、乏味，而是应该追求创新，富有个性，要体现学科特色、生活特色；课堂活动不能只是教师或学生的单向活动，而是应该注重师生互动、生生互动的有机结合。（李宏亮，2008b）唯有如此，我们的课堂才能让学生有话可说，有话能说，才能增强学生的行动意识，提升学生的行动能力。

其三，从课程评价的环节来说，要培养学生的行动意识，则是要让学生感受到自身行动的价值，那就是他们对课程的评价能够影响课程的再建设和再实施。在新课程改革中，这是最薄弱的环节，但也是可以更多创新的环节。在校本课程评价中，完全可以充分引入学生的评价，并给予较大的权重。现在不少学校都引入了学生对教师教学的评价量表，有的地区甚至把学生对教师教学的评价满意率作为教师职称评定和荣誉获得的基本条件。这其中虽然会存在很多技术上的误差和争议，但毋庸置疑的是，这一做法必将使学生的话语权得到尊重，让课程成为学生乐于关注的对象，也有利于学生课程行动能力的提升。

实践案例：我的课程，我做主——校本课程中的学生行动

对于一所百年名校而言，校本课程的惨淡是令人揪心的。新校长是一位特级教师，他到任后，特别提出了要让每一位学生有一门心仪的校本课程，要让校本课程成为学校教育的亮点。但是，开设怎样的校本课程，如何开设呢？此次，学校的做法有些与众不同。首先，教科室在校园网上发布了校本课程开设建议专帖，并编制了《校本课程开设调查表》，全面征求学生的学习愿景。在此基础上，学校罗列了80门校本课程目录及其简要介绍，并通过网络选课系统请学生自行选择，最后根据学生选择的情况（选择该课程的人数不低于15人）和师资力量确定本学期开设的课程名称。最终，第一学期实际开设的校本课程共63门，内容

涉及生活中的学问系列课程（如生活中的物理、生活中的经济学、生活中的智慧等）、探索系列课程（如史海钩沉、科学未解之谜、宇宙的奥秘等）、社会活动系列课程（如环保你我他、文明交通行、明城墙的诉说、地铁先锋号等）、人文素养系列课程（如文明礼仪 ABC、音乐艺术哆来咪、镜头中的世界、舞动的青春等）等。在课程实施阶段，学生依然是主角，很多课程都是学生以学习小组的形式在运作，教师则主要负责课程内容选题、课堂组织和资源调配等工作。更有价值的是，所有校本课程的评价都是师生双向的，教师依据学生参与课程的情况给出等级，而学生也会在课程结束之后为课程整体打分，这不仅直接决定该课程是否继续开设，也影响教师后续的课程参与权。

把校本课程建设与学生的课程学习愿景相联系，以学生的学习需要为课程开设的出发点，以学生的课程选择为课程开设与否的依据，这就内在地实现了学生与课程的联结。从案例中的课程目录可以看出，今天的高中生对社会生活中的公共性问题具有较高的关注度。义务教育阶段的教育使他们干净的心灵接受了大而全的理想主义的道德教化，因而对社会充满了理想化的热情，对他人有着真挚的情感，内心有着忧国忧民的豪情壮志，他们渴望并乐于在社会生活中呈现自己，具有强烈的公共意识。与此同时，高中生自我意识的觉醒和理性思维能力的增强又使他们对社会、对他人、对生活保持了一种原初的质疑与批判，渴望获得来自教师和同伴的认同与分享，因此，他们迫切需要更多公共性问题研究的课程来支撑自身的探索欲、求知欲。从这个意义来说，扩大课程建设的学生话语权，不仅能够使课程本身呈现出更多公共性的特质，而且也能很好地培育学生“行动者”的公共素养。

（二）行动的课程：让学生在公共行动中成就自己

公共人意义上的“行动者”不只是一个简单的动起来的人，而且是一个基于公共利益诉求，在共享中建构公共空间并同时建构自己公共人身份的人。因此，公共人的学校培育不仅是在课程建设中让学生有话可说，有话能说，并且说出公共利益的诉求，从而在一定程度上使课程本身成为公共利益的承载者，使课程建设过程成为公共空间的构建过程，而且要在课程实施中让学生真正动起来，引导并帮助他们在走进课程之后，又能走出课程、走入社会、走入生活，以实现课程实施与学生的课程学习有机统一于公共空间的建构。换言之，行动的课程就是要求在课程实施的过程中，通过人与课程、人与人的对话和交往，保持、修正并提升学生对课程、对社会的批判意识，尊重、维护并优化学生对课程、对社会的话语表达，最终促成学生的公共行动。在这个过程中，课程与学生是彼此建构的：一方面，学生对课程的批判性参与，有利于课程本身呈现出公共性特质，既有对公共利益的诉求，也有对公共精神的塑造，而且其建设与实施的过程本身也一定程度上具有公共空间建构的特点；另一方面，课程对学生的开放与引领，使得学生不再是游离于课程之外的简单受众，而是成为具有话语权的课程建设者、具有行动力的课程实施者，从而有利于学生在与课程和同伴的交往中明晰自身的公共诉求和成长使命，更深地体认人与人之间基于公共性的共在与共享。因此，行动的课程能够使学生在课程学习中很好地实现个体性与公共性的平衡，从而促进公共人的学校培育。

学校课程如何有效激发学生的公共行动呢？除了前文涉及的在课程建设、实施和评价环节向学生开放之外，更要在课程内容的处理上向生活开放、向社会开放、向个体经验开放，从而最大限度地使课程实施融入社会生活和个体经验的积极元素，促成课程与社会、个体广泛而深入的互动交往，由此促发更多具有公共价值的行动。具体而言：其一，深入挖掘新课程改革的生活化理念，在学科课程的实施中，以生活逻辑为主线，重构教材的内容，使学科教学更具生活特色，从而提升课堂教学本身的教育力。虽然今天的校园已经无法回到“生活即教育”的时代，但是“生活即教育”的教育精神在今天的课程学习中依然熠熠生辉。我们知道，人的德性都应该是自然流淌的，而最自然流淌的德性在生活中，所以促成学生的公共行动必然需要生活化的课堂。唯有生活化的课堂才能让我们感受到学生的真实生活，才能推动课堂上学生间的公共表达与真情交往，也才能促发真正的行动。其二，灵活运用新课程倡导的合作学习、探究学习等有利于促成公共行动的学习方式。诚然，严格意义的公共行动在课堂中是无法发生的，但是蕴含公共行动基本价值的行动却是可以存在的，那就是通过对公共话题的引入，形成对公共利益的关注；借助合作探究学习方式的运用，促成对公共领域的建构；通过民主、平等的主体间交往，呈现公共精神的魅力。正是从这个意义上说，合作学习、探究学习等课程学习方式具有促成公共行动、培育公共人的价值。其三，积极提升活动课程的行动力。如前所述，活动课程是直接与社会、与生活发生关联的课程，同时它也是新课程改革中具有极大创新空间的领域，因此，积极建设具有公共视野的活动课程是公共人学校培育的重要路径。在这里，我们所要强调的是活动课程的实施必须具有行动力，即活动课程要能为学生的公共行动创设条件、提供平台、给予支撑。为此，活动课程必须摆脱“知识立意”的课程思维惯性，强调课程的活动化，“活动是生命的本源意义之一，生动的人格必然属于全面活动着的个体”（辜伟节，1999），因此，活动课程的行动力提升就在于创设丰富多彩的活动促进人的深层交往，实现以“活动”立课程，以“活动”培育人。

实践案例：我的信访之路——走出来的公共责任

在《政治生活》“民主监督”部分的课程学习中，学生对我国民主监督的机制缺乏基本的认同。一方面，学生沉湎于自己的片面想象中，认为今天的民主监督机制不健全，是“聋子的耳朵”；另一方面，他们又纠结于现实的自身困境，既感叹世态炎凉、社会道德冷漠，又对自己的道德热情缺乏行动力。于是，我在教学中采用了活动教学的方式，请学生以学习小组的形式来一次真实的民主监督体验，取名为“我的信访之路”。首先，我们先一起学习教材中对民主监督的基本途径的介绍，并登录南京市政府网、南京市行政效能监督中心网，了解南京市政府的各个职能部门，然后请学生自己去寻找身边的社会问题，向相应的部门进行监督举报。具体要求是：反映的问题必须真实，且与公共利益相关；监督的路径自行选择，但是都要留下相关的印记，如复印件、网络截图、电话录音等。经过一个月的等待，学生们都交上了一份信访报告。内容五花八门，涉及秦淮河治理、学校食堂卫生、小区占道经营、校门口的交通违章、学校违规补课等。形式上，学生基本采用的是网络监督和电话举报。具体结果也差异很大，有的小组很欣喜，有的小组则有些失望，因为他们的监督，有的很快得到回复，并且有了改进，如食堂卫生、交通违章等；有的监督回复很好，但是没有实质上的改进，如小区占道经营、违规补课等；有的监督则流于程序化的回复，如秦淮河治理的答复就是“感谢您对我们工作的关注和支持，我们会及时将您的建议向相关部门汇报，相信我们的共同努力一定能够建设美好的新南京”等。但是，在学生的汇报过程中，我能真切地感受到，通过这次活动，学生们成长了很多。一方面，他们对民主监督有了更辩证的认识，不再是之前的“不屑一顾”，而是能够理解民主建设是一个不断进步但却漫长的过程；另一方面，学生们感受到“行动就是最好的监督”（学生语），他们意识到只想不做，永远改变不了什么，要让我们生活的社会变得更好，每个人都有一份行动的责任和对社会的担当。

“在行动和言说中，人们表明了他们是谁，积极地揭示出自己的独特的个人身份，从而让自己显现在人类世界中。”（阿伦特，2009）[141]上述案例中的做法正是将学生的成长放在了一个广阔的社会空间内，引导学生自己沿着公共利益的轨迹，借助批判意识的指引，通过人与社会、人与人的对话和交往，去感受自身在这个社会中的角色地位和历史使命。此时，教育已经不再囿于知识的教授，而是让行动本身成为最好的教育。学生在这样的课程学习中，学到的也不仅仅是知识，更多的是一种公共利益之上的责任感与使命感。学生的表达走出了课堂，成为具有公共特质的表达，学生的行动走出了课堂，成为具有公共特质的行动，而这样的课堂本身也超越了教学阵地的角色，具有了公共空间的特质，由此我们可以感受到，学生正走在成为公共人的路上。

第三节 创建共同体以完善公共人的培育机制

学校是社会与个体成员之间的纽带，是未来社会合格成员的孵化器，因此，它应该既引导个体性的健康发展，又培育真正的公共性，从而实现对保持个体性与公共性平衡的公共人的培育。然而，今天的学校教育中，“不少教师依然心目中有教书无育人、有知识无生命，从不真正把学生作为一个鲜活的生命个体来看待。这种对个体特殊性以及个体生成方式的忽视，最严重的后果是教育和教学成为重复性的机械劳动，变为不需变革的一次次封闭的循环过程，使课堂‘沙漠化’。在此过程中，教师的生命价值也不同程度地被压制、被遮蔽和被忽视了”（叶澜，2004）。在这样的教育机制中，学校的公共性被异化，教育者和受教育者的个体性被遮蔽，学校不再是一个有机而生动的共同体，而是在利益与权力的驱使下，被固化为一个机械而乏味的工具。因此，要实现公共人的学校培育，就必须在学校自身组织变革和教育内容积极应答的基础上，对学校教育的运行机制进行革新，通过教育共同体的建设与运行，为个体的发展创设“和而不同”的交往平台，从而在培育个体性的同时，涵养人的公共性，实现个体性与公共性的张力性存在。简言之，基于共同体设想的学校教育运行机制的革新，就是要让“学校教育的目的与使命以‘教育的公共性’作为根本原理，在异质人们的共同体相互交流的空间里寻求学校教育的形成基础，构筑有助于民主主义发展的实践的文化的共同体”（佐藤学，2004）[102]。

共同体是政治哲学和社会学中的一个重要概念，不同学者对共同体的界定也存在很大的差异，从斐迪南·滕尼斯（Ferdinand Tonnies）、韦伯到鲍曼，共同体在与社会的区别联系中进行着现代意义的转换。滕尼斯（2010）[前言2]认为，“共同体是建立在有关人员的本能的中意或者习惯制约的适应或者与思想有关的共同体的记忆之上的。血缘共同体、地缘共同体和精神共同体等作为共同体的基本形式，它们不仅仅是各个部分相加起来的总和，而且是有机地浑然生长在一起的整体”。相应地，“社会应该被理解为一种机械的聚合和人工制品”韦伯（2000）从社会取向基础的差异出发，指出“在个别场合内、平均状况下或者在纯粹模式里，如果而且只要社会行为取向的基础，是参与者主观感受到的（感情的或传统的）共同属于一个整体的感觉，这时的社会关系，就应当称为‘共同体’。只要社会行为取向的基础，是理性（价值理性或目的理性）驱动的利益平衡，或者理性驱动的利益联系，这时的社会关系，就应当称为‘社会’”。鲍曼（2007）从个体身份认同的角度，借助于对自由与确定性关系的考察，指出人们对于共同体的强烈追求与向往，“只是人们在拥有完全的消费自由之后陷入孤独和不稳定状态中的一种幻想，是自由与安全失衡的一种心理反应”。“其症结在于，传统和现代意义上的认同载体和方式在资本全球化的冲击下已经分崩离析，而新的归属和认同还未形成。”（郭台辉，2007）[189-190]因此，鲍曼（2007）认为：“如果说在这个世界上存在着共同体的话，那它只可能是（而且必须是）一个用相互的、共同的关心编织起来的共同体；只可能是一个由做人的平等权利和对根据这一权利行动的平等能力的关注与责任编织起来的共同体。”概言之，现代意义上的共同体应该是破除了传统意义上的地缘或是血缘限制，更多地呈现为精神的观照；它应该破除了理性驱动的利益平衡，更多地呈现为命运的相连。由此，公共人的学校培育所设想的教育共同体，是一种“‘和而不同’的共同体，每一个人的自立、亲和及其多样性是一个前提。每一个人通过亲力亲为的探究，形成与自我共生的众多异质的他者的关系，从而构成了自我参与其中的共同体”（佐藤学，2010）[214]。在这样的共同体中，教师和学生都能作为主体而存在，其个体性将能得到最大限度的尊重，同时，他们基于共同的精神观照与目标追求，又能够“和而不同”地聚集在一起，从而体现出对公共性的追求，实现教师与学生的共存与共生。当然，这样的共同体不是一个预设的成品，它是师生在自我审视与互动行进中的持续构建，是一个被公共表达与公共行动所充盈的公共空间。

一、教师共同体重塑学校教育的公共性

个体人的膨胀很大程度上源于学校教育中的群体自私，管理者群体的“人格化”倾向带来的是校长个体意志对学校公共责任的僭越，教师群体的“极端化”倾向带来的则是教师对教育本真的背离和个体性的异化，因此，要克服个体人的膨胀，实现公共人的培育，学校教育就需要在实践机制上全力打造教师共同体，重塑学校教育的公共性本质。

（一）从“单兵作战”到“群体合作”：凸显教育运行机制的公共性

公共人的学校培育需要学校教育运行机制的公共性改造。传统的学校教育中，教材完全等同于教科书，并且成为课程标准和考试大纲唯一的完整的终端代言，它“是教师进行教学工作的蓝本，是学生学习的法定内容，是教学考核和评估的依据，也是使用其他教学媒体的依据”（谢树平，2006）。在这样“教教材”的教育过程中，教师只是教材内容的宣读者，教师的主体性被遮蔽，而公共性则被异化为僵化的同一性。新课程改革虽然打破了学校教育中的“教材中心论”，试图树立“课程中心”的观点，但是在实践中却出现了过去“（用考纲）教教材”到现在“用教材（教课程标准）”的定式化发展，其实际运行机制依然是一种“单兵作战”的模式。也就是说，传统的学校教育的实施还主要是依靠教师个体的判断、选择与推进，于是在市场经济的冲击下，在消费主义的浸染中，学校教育呈现出个体人的功利化倾向。因此，要实现学校教育对公共人的培育，必须让学校教育的运行机制本身呈现出公共性，即在实践机制中，既要尊重和发挥教师的个体性，又要培育和突显教育的公共性。其根本路径在于通过各种形式的教师共同体的建设，将学校教育“单兵作战”的模式优化为“群体合作”的模式，使得教师能够跳出个体教育经验的狭小空间，回到真正意义的教育交往与对话中，能够对教育本真的问题进行高效的对话与交往，形成有效的公共表达机制，从而在每一个共同体参与教师的内心留下公共性的种子，并让这颗种子在自身

的教育实践中生根发芽，惠及全体学生。当然，从更广阔的意义上来说，“群体合作”视野下的教师共同体发展在教师主导的情况下，可以融入更多其他的教育力量，如教育管理者、学校职员甚至是家长和社区人力资源。唯有更广阔的课程人力资源的开发与整合利用，才能最大限度地彰显教育本身的公共性，消解个体人膨胀的条件，从而最终有利于公共人的学校培育。

实践案例：四方会议——营造一个利于学生发展的公共空间

四方会议是南京一中“导师制”下的一个重要实践平台，其目的就是以班级为单位，借助班级导师组和家长的力量对学生的发展给予针对性的指导。顾名思义，四方会议就是由学生、教师、学校领导和家长四方共同参加的会议，旨在以会议为载体，促成四方教育信息的双边和多边交流，实现信息资源的充分共享，从而形成强大的教育合力，为学生的全面发展服务。而且，四方会议不仅仅是一个会议，它在理论和实践层面上更是一个相对完整的教育过程。具体来说，四方会议是由前期准备、会议进行和后期反馈三个阶段紧密相连、共同构成的一个有机整体。其一，前期准备阶段，是由班主任在与各方初步接触的基础上，明确会议的相关内容，即开哪个类型学生的会，他们的主要问题是什么，会议如何进行，要达到怎样的效果等。其二，在前期准备的基础上，以会议为载体，调动学生、教师、学校领导和家长的积极性，实现四方信息资源的互动共享，发挥四大功效，形成教育教学的强大合力。在这里，他们各方的作用在于：学校领导要发挥信息导向功效，通过一些前瞻性消息的传递，引导学生对成为一个怎样的人做出思考；教师要发挥成人的指导功效，通过对学生在校园生活中的各种表现，进行针对性的分析与指导，引导学生正确对待自己的发展状况，形成合理的发展期待；家长要发挥教育协作功效，通过对学生家庭生活表现的分析和呈现家庭教育的愿景，给予学生物质和精神的支撑；最后是学生要发挥自身的学习与成长的主体功效，通过对其他三方消息的分析与悦纳，找到自身发展的逻辑起点和成长路径。其三，四方会议作为一个相对完整的教育教学过程，还必须做好后期反馈工作，这是会议取得教育实效的重要保障。一方面，教师要指导学生在整理会议记录的基础上，完善自我小结，制订相应的发展规划。另一方面，教师尤其是班主任老师要在会议后的一段时间内重点帮扶与会学生，追踪关注他们发展规划的贯彻实施。教师要加强与家长、学生的再沟通，发现了问题，要及时帮助他们做出调整；发现了进步，哪怕是很小的进步，都要给予充分的肯定，甚至是公开的表扬。另外，在取得阶段性成效时应采取一定的形式进行总结，以强化四方会议的教育功效。

四方会议的实践机制是一个重要的创新，其对公共人培育的意义在于，它不再是一个完全依赖教师个体经验进行的教育行为，而是形成了一个具有充分对话与交往的公共空间。在这里，学生不再是简单的受众，他们是个体性得到充分尊重的生动个体，他们具有自我发展的选择权；教师不再是简单的知识传授者，他们是学生个体发展的引路人与分享者；家长不再是陪着学生挨批的“受气包”，他们是能够对学生的发展愿景提出发展期待的同路人；学校领导也不再是简单的发号施令的人，他们是引领者，更是倾听者，倾听来自学生、家长和教师的发展诉求。于是，在这里，表达是自由的，诉求是有回应的，发展是有支撑的，行动是有力的；在这里，“单兵作战”被“群体合作”所代替，个体人的功利主义被合作中的集体主义所消解，公共人成长所应有的批判、表达、交往、行动都能得以呈现。更为重要的是，这样的育人机制会在教师、学生、家长和管理者心中埋下公共性的种子，那是一种悦纳个体性、敢于表达、合作行动的意识，它会在无形之中影响我们的课堂，影响学生自我发展的方式，影响家庭教育的观念，影响学校管理的策略，等等。我相信，一个无私的机制不可能培育出自私的个体，一个具有公共性特质的教育机制则必将有利于公共人的成长。

（二）从“孤芳自赏”到“美美与共”：彰显教师专业发展的公共性

公共人的学校培育离不开作为公共人的教师的成长，教师的成长方式既是教师价值追求的体现，也是学校教育机制运行的产物。“长期以来，教师被定位为知识的传递者，各种教育要求的执行者、操作者，而不是思考者与创造者。”（叶澜，2004）教师作为社会代言人的角色意识掩盖了教师作为个体的存在价值，教师的成长意义就在于“蜡炬成灰泪始干”的自我牺牲，而且在传统评价体系的推动下，这种以个体性牺牲为基础的成长方式被不断地复制和放大，教师的成长最终演变为一场与己无关的“集体事件”。新课程改革的背景下，教师专业化发展被提上日程，各种名师培育工程雨后春笋般涌现。然而，这场高扬个体性的教师专业发展盛宴，使教师个体性在从旧有体制的束缚中解放出来的同时，也伴随着市场经济的影响和消费主义的浸染，变得一发不可收拾，甚而侵蚀了教育本有的公共性。教师队伍建设的公共问题变成了教师群体中重要人物的私人问题，“个体的人、个体地界定他们的个人问题，并试图通过使用他们个人的技能和资源去解决这些个人问题，依然是‘公共问题’，并且是‘公众兴趣的唯一对象’”（鲍曼，2002b）。如此看来，无论是传统学校教育下的个体性遮蔽还是新课程改革之初带来的个体性膨胀，其本质都是教师个体的一种“孤芳自赏”式的成长方式，都没有能够很好地实现个体性与公共性的平衡。如此成长起来的教师，或是以自身的被禁锢来禁锢学生，培养听话的顺民，或是以自身的“脱嵌”来放纵学生，培养不羁的个体。因此，要实现公共人的培育，则需要在教师的专业成长过程中，凸显其公共性追求，谋求教师个体成长与教育公共性的有机结合，重塑教师角色的公共性。具体而言，在实践层面上，就是要借助于各种教师共同体的建设与运作，将教师个体的专业发展与教师队伍的素质提升相结合，将教师专业发展与公共人的学校培育相结合，积极探索教师评价体系的改革创新，实现教师发展的“美人之美，美美与共”，即实现个体性与公共性的张力性存在。

实践案例：青年班主任论坛——N个臭皮匠的共同担当

青年班主任是当下学校班主任队伍中的主力军，以笔者所蹲点的学校为例，56个教学班级，35岁以下、担任班主任5年以下的班主任超过70%。青年班主任的特点在于工作热情高、精力充沛、有想法，但是相对缺乏教育经验、教育耐性和教育方法。为此，笔者参与其中发起组织了一个班主任成长的民间共同体——青年班主任论坛。该共同体是以定期论坛的形式，将班主任工作中遇到的各种问题进行集中研讨，论坛不设领导，不请专家，就是同事间的各抒己见和献计献策，费用AA制，论坛的成果共享。每学期开设两次，两年多以来，已经先后开设了“班级常规，我心中的痛”（主要研讨班级常规管理中的问题与对策）、“怎么学习，我教你”（主要研讨营造班级良好学风的做法）、“家长会，我的地盘我做主”（共同研讨如何提升家长会的实效）、“坏小子，我拿什么拯救你”（共同研讨班级问题学生的教育对策）、“班会课，舞台VS阵地”（主要研讨班会的系列化和班会的功能定位问题）、“青奥会，我们能做什么”（研讨如何围绕青奥会开展班级的志愿者活动）、“爸爸妈妈，其实我很爱你们”（主要讨论如何帮助学生与家长进行良性的沟通）、“人生规划，谁说了算”（集中研讨如何发挥家长、老师和学生自身的作用，帮助学生进行人生规划）、“教育论文，到底有多难写”（主要探讨如何撰写教育论文、教育案例）等。这个论坛以青年班主任为主要成员，欢迎其他教师参加，所有的话题都是大家先各自分析自身工作中的困难，以纲要的形式在QQ群内共享。然后，大家一起根据前面教师的问题，选择一个具有共性的话题作为本次论坛主题，确定后在群内公布，所有参与者就围绕这个话题，准备发言材料。论坛进行中，大家充分发表意见和建议，但是最终必须为这个问题的解决献一计，也就是说要给出一个切实可行的措施和办法。如此下来，一般每次论坛我们都能对讨论的共性话题做出多元分析，并能形成一些具有操作价值的教育方法，从而为青年班主任的教育工作提供借鉴。

作为这个论坛的发起人之一，笔者对此深有感触。最初，我们的设想来自于大家在QQ群里偶尔对某一个话题产生浓厚兴趣的大讨论，但是群里的讨论一结束，话题也就结束了，这对参与讨论的人来说缺乏指导价值，因为对话题心存疑惑的人还会继续疑惑，对话题持有不同观点的人依然固守自己的观点。笔者就在想，如何把青年班主任在工作中遇到的个人困境转化为公共议题，并通过公共手段来加以解决呢？出路就在于建立一个具有公共空间特质的共同体。青年班主任论坛的火爆出乎我的意料，从最初的9位老师到后来的32位老师，队伍逐渐壮大，参与者都感觉论坛的话题是大家普遍关心的问题，在论坛上发言没有约束，最后的举措也很有借鉴意义，所以，参与论坛的收获很多。

就公共人的培育而言，这个教师共同体的运作对于教师的公共性培育具有重要的实践意义，因为它把教师的个体成长与他人紧密相连。在这里，个体的困惑成为大家的困惑，成为所有人都需要面对的公共话题；个体的智慧成为集体的智慧，成为所有人都可以使用的公共资源；个体的言说成为集体的对话，成为所有人都必须思考和应答的公共表达，当然，更为重要的就是论坛之后的行动，虽是个体的行动，但却浸染着集体的愿景。事实上，青年班主任论坛研讨的很多做法后来也得到了学校的支持与推广，并切实地影响着学校教育的改革。通过论坛话题的分析也可以看到，最初论坛主要关注的是班级发展中的一些常规问题，如班级常规、学风建设、家长会、班会课等，后来随着大家研讨的深入，话题逐渐涉及学生发展中的一些具有公共性特质的命题，如人生规划、志愿者活动等。当然，所有这些话题本身也是班主任成长必须面对的话题，这个共同体的运行看似在帮助青年班主任解决工作中的现实困难，实质上则是以对话与交往的方式，引导教师从个体经验的圈子中走出来，在同伴的关照中成长，并以此去关照学生的成长，从而让教师成长与学生发展都呈现出公共性的特质。

二、学生共同体彰显校园生活的公共性

从学生的角度来看，个体人的膨胀很大程度上源自于其校园生活中的过度个体化和功利化。当旁观成为学生校园生活的个体姿态，当迷失成为个体善的实然呈现，当疏离成为个体成长与校园的关系趋向，学生

作为一种“善的生存”被功利化的学习，被消费主义的教育投机心态所消解。因此，要实现公共人的学校培育，就必然需要建构校园生活的公共性，其路径就在于通过学生共同体的建设与运行，让学生原来的个体化的生活融入更多对他人、对“类”的关照，让学生在与他者，特别是与同辈的对话与交往中，体悟一个公共人的诞生。

（一）从“班级”到“道德班集体”，推进传统班级的公共性改造

作为最基层的教育实施单位，班级承载着学校教育的所有责任与希冀；作为学生校园生活的主场地，班级是学生最先加入并且不可退出的共同体，班级发展的差异会直接影响学生的发展方向与层次。因此，谋求公共人的学校培育必须对班级这一学校亚组织进行公共性改造。“班级首先是并始终是一种社会组织……它具有明显区别于其他社会组织的两个重要特征，即自功能性与半自治性。”（吴康宁，1998）[275-276]正是班级的自功能性使得“班级绝不只是一种管理性组织，而首先是一种教育性组织。班级组织自身就是一种无可替代的教育因素，具有非他莫属的教育价值，这种教育价值就在于：班级是学生的个体社会化的基本场所”（吴康宁，1994）。正是从这个意义上来说，对传统班级进行公共性改造可以矫正学生个体社会化的进程，实现学生共同体对公共人的培育。

传统的学校教育中，班级只是作为一个基层管理组织存在，作为教书育人的第一道防线，传统的班级具有很强的“阵地”色彩，强调的是对学生进行社会要求的单向灌输。因此，无论是教育内容的设置、教育形式的选择还是教育资源的使用无不呈现出一种控制的欲望，班级成为成人世界控制下的压抑空间。教师是班级发展的单一主体，学生对自身的社会化进程没有丝毫选择的权利，只是不断地“被成长”。缺乏了个体尊重与有效交往，学生在班级生活的主要姿态便表现为旁观与疏离，最终只能龟缩在自身狭小的学习之框内，或是成为自卑的顺民，其结果就是班级发展一潭死水，缺乏活力；或是成为狂妄的暴民，其结果就是班级发展问题不断，浮躁无序。公共人的培育需要的是一个个具有批判精神、敢于表达与行动的自由个体。因此，班级的公共性改造就是要通过班级管理模式的变革，从“单向灌输”走向“自主互动”，以丰富多彩的教育活动为载体，并赋予活动本身的策划、实施与评价以德育价值，引导学生在活动的全程参与中实践、体验、分享、建构，成为真实的、道德的“善的生存”，并在这样的个体间互动、群体与个体的互动中，使班级建设与发展本身成为一个动态的公共空间。为此，必须将道德性作为班集体建设与发展的核心价值追求，创建道德班集体。

所谓道德班集体，是指“班集体的建立和发展具有贯穿始终的道德指向，班级发展所依据的制度规范和教育活动本身是道德的产物，并有利于班集体与师生个体以及个体之间的德性互动，从而形成积极的群体道德认知与行动”（李宏亮，2010a）。具体包括三个方面，其一，实现“班级”向“班集体”的转型，谋求师生的群体责任共担。在这里，不再把班级看作是一个简单的单位符号，而是将其视为一个以责任关系彼此联结在一起的有着内在教育生命力的共同体。因此，在班集体建设和发展中，教师不再是单一的责任人和唯一的推动力，而是一个引导者、合作者；学生不再是单纯的教育受众，而是积极的参与者、创造者，他们以自身的参与得以真正融入集体生活，也就自然成为班集体发展的责任分担者。其二，实现“阵地”向“舞台”的转型，引导师生进行道德的教育交往。道德班集体的建设要破除教师的独角戏，使之成为群体与个体互动共生的建构场。班集体要创设教育情境与平台，给每一位学生机会来展示自己在个体社会化过程中的得与失，教师则要学会分享学生的体验，发掘学生成长中的闪光点，与学生分享自己成长中的经验教训，并让这样的分享成为一种教育常态，成为学生个体社会化的一种基本方式。在这样的过程中，教师提升、学生发展、班级建设三者有机统一，在共建互动生成公共空间的过程中也在建构着自身。其三，实现“物性”向“人性”的转变，彰显学生创新发展的主体价值。道德班集体的建设需要对学生“人”的本性的最大化彰显，唯有学生成为一个道德的人，才能实现群体责任的共担，实现道德的教育交往，实现班集体与师生个体的共享共生。为此，需要坚持班集体与个体的和谐相融，让学生在班集体中发现自己、定位自己；坚持载体德育的理念，激发学生在集体活动中建构自己、成就自己。

实践案例：班徽设计，触动学生内心的公共情结①

进入初中，学生跨入一个新的学习与生活阶段。面对新学校、新同学、新老师、新班级，学生很容易产生一些不适应，特别是对自身发展定位的不适应。为此，我在班集体初建之时，开展了班徽设计活动。其目的是为学生提供一个同学间合作的平台，为新集体做贡献的机会。班徽的设计旨在引导学生在同伴合作的过程中，思考自己即将生活在其中的新班级需要怎样的精神，思考自身与班级、他人应该建立一种怎样的关系，进而引导学生对新集体产生归属感，增强学生的公共意识。具体活动过程是：先将全班分成六个小组，明确设计的主旨（展现初一（2）班的班级精神），由小组通力合作设计出班徽，最后由小组代表介绍本组班徽设计分工情况，并解读班徽寓意。在此基础上，请全班同学投票确定本班的班徽。

1. Dream team 小组：班徽名称“快乐学习，你我共在”（见图 6–5）。班徽寓意：这是一杆天平，一端是知识，一端是快乐，寓意我们在知识的海洋中遨游，既能获得知识，又能收获快乐。一端是我们个人，一端是同学与老师，寓意我们在初一（2）班的大家庭里合作共赢。

2. 梦的力量小组：班徽名称“梦的力量”（见图 6–6）。班徽寓意：在万丈光芒的照耀下，我们 50 位同学携手踏上通向埃菲尔铁塔之路，高耸的铁塔之尖直插云霄，我们齐心协力地爬上埃菲尔铁塔，实现我们的人生目标。

---

① 此案例系李宏亮主持的江苏省教育科学“十一五”规划青年专项重点课题（C–b/2009/02/009）成果，作者韦晶星。

图 6-5 “快乐学习，你我同在”

图 6-6 “梦的力量”

3. SD 小组：班徽名称“我们”（见图 6-7）。班徽寓意：太阳寓意我们班的同学都能朝气蓬勃；中心的数字 2 代表我们初一（2）班，希望同学们都以班集体为中心；形似 H，寓意是 happy，希望大家都能够乐观向上；形似“人”，寓意班级是由每个同学融合而成。

4. 火星文小组：班徽名称“结”（见图 6-8）。班徽寓意：每一个笑脸代表班级每一位同学，一个个笑脸组成了我们团结的集体，同时，它也意味着我们每个人以班级为纽带，紧密地合作，形成一个强有力的“结”。

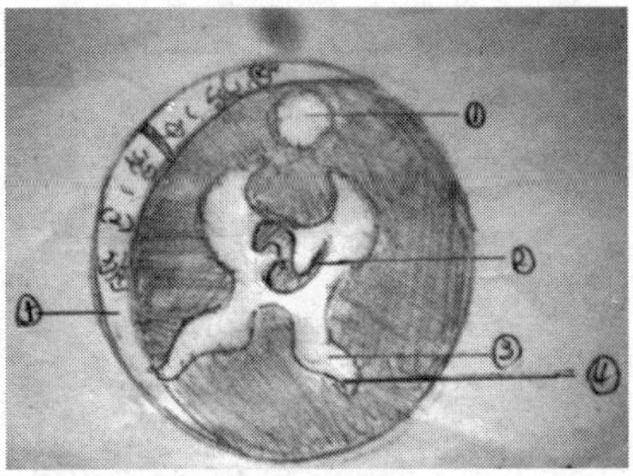

图 6-7 “我们”

图 6-8 “结”

5. 雨藤林小组：班徽名称“仁爱”（见图 6-9）。班徽寓意：左右结构的“仁”字，右边的“二”字代表初一（2）班；左边的太阳温暖地照耀着我们初一（2）的每一个人，让我们的集体充满了仁爱；外围的圆圈代表着我们生活在同一片蓝天下，追求共同的梦想。

6. sunshine star 小组：班徽名称“携手在路上”（见图 6-10）。班徽寓意：中间的符号象征着初一（2）班，也象征着一条蜿蜒向前的大路，初一（2）班的每一位同学在太阳光芒的照耀下携手共进。

图 6-9 “仁爱”

图 6-10 “携手在路上”

活动后记：在活动过程中，不停地出现这样一个画面，当一个小组介绍完本组的班徽创意时，其余的小组会提出质疑或是赞赏。当面对质疑时，小组代表及其成员会竭力从本组设计中去加以解释，面对好的建议，也会欣然接受；当小组获得赞赏时，班级里会出现会心的笑声和掌声。这个画面是我意料之外的，激烈的争辩声或爽朗的笑声烘托出班级和谐共进的气氛。这样的气氛能迅速地拉近人与人之间的心理距离，为班集体初建奠定了良好的班级心理基础，那是一份对班集体的爱与行动。

传统的班级建设都是教师绝对主导的单向行为，学生被旁落一边，因为没有话语权和参与权，所以自然就缺乏对集体的认同。上述案例中的做法很有创见，教师从一开始，就把班级发展的定位交给学生一起来思考，以班徽的设计为载体，实际上是赋予了学生在班集体建设中的话语权和参与权。从学生设计的班徽来看，学生们基本上都对新集体的建设给予了极高的期待，如“我们”“结”“携手在路上”等都在很大程度上反映出学生能够从自身与班级、他人的关系中思考班集体的建设问题。

在这样的班集体建设过程中，传统管理意义上的班级角色逐渐隐退，代之而起的是作为公共空间的班集体角色。在这里，班集体的定位不再是教师的“一言堂”，它成了师生互动尤其是生生互动基础上的公共表达；在这里，班集体的建设不再是教师一个人的工作，它成了全体师生齐心协力的事业；在这里，班集体的发展不再是教师一个人的推动，它成了全体师生共同期待的愿景。由此可见，通过对传统班级的公共性改造，可以很好地激发学生的公共表达与行动，促进师生之间、生生之间的对话与交往，从而有利于在班级内部创设一个具有批判精神与包容特质的公共空间，最终有利于公共人的诞生。

（二）从“个体学习”到“学习共同体”，扩大基于学习的公共交往

当社会对教育存有过多功利主义的追求，甚而将教育视为一种消费，那么对于学生而言，学习便成为一种功利的投资——学习就是为了上更好的学校，找更好的工作，挣更多的钱，等等。于是，教育成为一个工具，成为教育者获取经济利益的工具，成为受教育者改变自身命运、提升个人价值的工具。这种对教育工具价值的追求，使得学生的学习必然表现为一种排他性的个体行为。在传统的校园内，一个学生超过同伴才能获得三好生的奖励，一个学生超过同伴才能获得自主招生的资格，一个学生超过同伴才能优先选择座位，一个学生，似乎所有的一切的获得都是建立在对同伴排他性的超越之上。于是，学生的校园生活中，同伴不再是同伴，而更多的是对手，是潜在的超越者。当然，这所有的超越在应试教育之下，几乎是以成绩为唯一衡量指标，如此一来，本需要合作与交往的学习也自然而然地成为一个纯粹的个人事件，一个具有排他性、封闭性的个体行为。学习是学生在校园生活中的主要内容，因此，要实现公共人的学校培育，就必须在学习的过程中彰显公共性追求。新课程改革对此给出了切实的指导意见，《基础教育课程改革纲要（试行）》指出，要“倡导学生主动参与、乐于探究、勤于动手，培养学生搜集和处理信息的能力、获取新知识的能力、分析和解决问题的能力以及交流与合作的能力”。据此，《普通高中思想政治课程标准》进一步细化，即“鼓励学生独立思考、合作探究，为学生提供足够的选择空间和交流机会，能够从各自的特长和关切出发，主动经历观察、操作、讨论、质疑、探究的过程，富有个性地发表自己的见解，以利于培养求真务实的态度和创新精神”。由此可见，在新课程改革深入发展的背景下，关注学习过程的革新，能够为公共人的学校培育寻找到有效的平台。新课程改革对学习的概念已经进行了一定程度的突围，学习不再是对客观知识的简单掌握，而是更多地表现为一种学习者与知识、他者、自我关系的建构。正如佐藤学（2004）[38]所言，“学习活动是建构客观世界意义的活动，是探索与塑造自我的活动，是编制自己同他人关系的活动”。因此，要实现公共人的培育，需要从学习这一主要校园生活内容出发，通过多元的学习共同体的建设与运行，扩大学生基于学习的公共交往，引导学生在学习中懂得对话与交往，在交往中获得更本真的学习体验，以此来激发学生的公共表达，促成学生的公共行动。目前，各地学习共同体的探索是非常活跃的，一方面是学校指导下的学生学习共同体，如研究性学习小组、校本课程研修小组、各种学习型社团等；另一方面则是学生自发组织起来的学习共同体，如网络学习论坛、合作学习小组、假日学习小队等。所有这些学习共同体虽然都具有学习的特质，但是其活动的主要内容并非传统的知识学习，更多的则是基于广义学习概念的同伴交往。这些学习共同体的建设极大地整合了学生资源，使学生的学习行为回归本真的交往特质，使学习不再是纯粹的“单兵作战”，而是一种同伴交往基础上的合作共赢，是一种个体经验对话与碰撞基础上的无限生成。

实践案例：圆桌会议——基于学习的公共表达

在文科的学习中，知识的理解性记忆是非常重要的，但是囿于时间的限制，很多时候知识的理解就被简单化的知识默写所代替。为了帮助学生体会理解性记忆与死记硬背的区别，自愿参加的学习共同体——“圆桌会议”就诞生了。顾名思义，圆桌会议是利用学校会议室的一个椭圆桌为活动空间，学生和笔者围坐在一起，不以知识的记忆为主，而是以话题的形式来聊知识。每周五下午的最后两节课是活动时间，活动内容包括三个部分：其一，“知识对对碰”单元，由同学之间相互进行知识提问，区别于互相背书之处在于彼此的问答是随意的，不必完全复述教材的知识，但是观点要在知识框架内，这样既能够抓住知识的核心，又不囿于纯粹知识的记忆。其二，“时政大讲堂”单元，由同学自发选择一周或是近期的热点新闻进行宣讲，其间同学可以相互提问，主要是围绕这个新闻事件的一般性讨论或是利用所学知识进行的分析等等。其三，“行动你我他”单元，主要是由参加过社会实践活动的同学介绍自己参与实践活动的感受，或是设计同学们可以一起参与的社会实践活动方案。两年以来，我们组织过“菜市场的价格探秘”（对应教材中“价值规律”的学习）、“新街口商家的错位经营调查”（对应教材中“企业经营成功影响因素”的学习）、“夫子庙小吃的传统与非传统”（对应教材中“传统文化”的学习）等。

“一种无言无行的生活，实际上就是在世间的死亡；它不再是一种人的生活，因为它已不再活在人们中间”（阿伦特，2009）[139]。事实上，当学习被一个人的个体经验和努力所包围和限制，那么它在排他的同时也封闭了自己。这正是“个体学习”的症结所在，在排除他者的过程中也禁锢了自己，使生动的个体消弭于单调而乏味的知识灌输中，学习表现为机械的知识记忆，不可避免地沦落为一种工具，而人则在工具化的学习中被遮蔽。“虽然教育离不开知识，但真正的教育是用知识来充盈于人，服务于人，启迪人心，而绝非把人变成贯彻某种知识的工具。教育离不开必要的技术技能的训练，但训练是为了涵养人的整体智慧，而不是把人当作训练的机器，使训练成为与人的心灵隔离的异己的活动”（刘铁芳，2002）。上述案例中的“圆桌会议”基于知识学习，又实现了对知识学习的超越，它将学生置于中心地位，以学生间的同伴交往为基本方式，以知识的交流为基本依托，以社会生活为基本场域，促发了学生基于学习的公共表达和公共行动。在这里，学生表达的内容是知识与生活的连接点，表达的方式是群体内的自由对话，表达的结果是群体的社会实践行动。从这个意义上说，如此学习共同体的探索为学习过程中的公共性建构提供了可能。

（三）从"行为人"到"行动共同体"，提升校园生活的行动力

教育的功利化、教育管理的人格化以及教育过程的单向灌输使得学生在当下的校园生活中缺乏自由与选择，更多地表现为一种"被设计""被控制"的待加工物。学生只是为了某种个体利益的实现而被动地接受知识与技能的训练，他也有行为表现，但只是沿着教师和家长预设好的路线进行着一种机械而缺乏创新、单个而缺乏合作的行走。在这样的行为过程中，学生的人生之路从一开始就可以感受到结尾，学生的发展不是追求个体的独特性而是最大限度的标准化统一，于是，学生便被塑造为一个缺乏行动能力的"行为人"。公共人是基于言说与行动的人，是个体性与公共性保持张力性存在的人，因此，要实现公共人的学校培育，必须对学生的行为本身进行有效的引导，借助于行动共同体的建设，激发学生的行动意识，提升学生的行动能力，使其成为"行动人"。"去行动，在最一般的意义上，意味着去创新、去开始，发动某件事。""人能够行动的事实，意味着总是可以从他身上期待未曾预料的事情，他能够完成不可能的任务。"（阿伦特，2009）[139]从这个意义上说，行动共同体建设的首要任务在于把行动的选择权交给学生，将学生从绝对预设的发展轨迹上解放出来，使之成为一个能够自由选择发展方向与方式，以彰显其自身独特性存在的个体。另一方面，"严格来说，人类事务的领域由人际关系网组成，这个网络存在于任何人们一起生活的地方"（阿伦特，2009）[144]，"而无名的、没有一个'谁'相伴的行动，则是无意义的行动"（阿伦特，2009）[142]。因此，行动共同体建设的关键还在于营造一个基于个体独特性彰显的公共空间的创设，使之可以在这样的空间中自由表达、协同行动，在对话与交往中建构自身、成就他人。从目前各地、各校的实践来看，学生行动共同体的探索也存在官办与民间的基本分类，但是以官办为主，特别是在新一轮特色学校创建的过程中，很多学校都将学生社团活动作为自身特色发展的新的增长点进行规划，这极大地促进了学生行动共同体的发展，为公共人的学校培育创设了平台。

实践案例：学生社团——搭建学生公共行动的桥梁

这虽是一所百年名校，但却和其他普通学校一样深陷高考升学率的竞争而不能自拔，直至2010年，新一任校长的到来才真正开启了该校学生社团活动的元年。第一步，学校向所有同学征求社团活动意向，即通过问卷和座谈会的方式全面了解学生希望校园生活中成立哪些社团。第二步，在海选的基础上，学校初步确立了40个社团，向教师和家长征集社团指导教师。第三步，将学生意愿和实际资源进行对接，首批确定了22个学生社团，其中既有立足校园生活的动漫社、街舞社、望星社、文学社、魔术社、精武社、书法社、合唱社、围棋社、话剧社、音乐社、摄影社、传媒社等，也有关注社会生活的模拟联合国、“寸草心”服务社、“红心愿”服务社、“光之语”服务社、“和平歌”服务社、“北极光”服务社、“沁蓓蕾”服务社、“博雅颂”服务社、“动车组”服务社等。经过2年的运行，今天的学生社团更多了，而且社团之间的合作也越来越多。比如2012年重阳节，“寸草心”服务社就邀请校内的街舞社、魔术社、精武社、合唱社等社团的成员到老年公寓为老人们表演学生们自己编创的舞蹈、魔术、武术和歌曲，这就使得学生社团的边界变得模糊，它不再是学生基于兴趣的简单聚合，而是在更广泛的意义上成为一个基于公共行动诉求的学生行动共同体，而这些共同体则成为学生从校园走向社会、从知识学习走向实践行动的桥梁。

公共人的培育关键在于促成真正的公共行动，让学生在真实的行动中成长。就学校教育而言，不仅是要促成学生在校园内的行动，引导学生积极参与学校的决策与管理，更要整合家校以及社区资源，以最大限度地为学生的社会行动创设条件。当下的新课程改革和新一轮特色学校的比拼，在客观上为此提供了契机。当前，学校的美誉度不再依靠单一的分数，而是涉及学生成绩、课程特色、社会认同、媒体关注等诸多方面，因此，在中高考升学率已经接近饱和的情况下，优质学校教育竞争就开始更多地转向学校德育特色。一个学校培育怎样的人，如何培养人，成为学校、家长和社会共同的关注点。学生行动共同体的建设是对这一命题的积极应答，正如上述案例中的学生社团活动所呈现的，它不仅反映出学生自我发展的本真状态——展现个性、渴望公共性，而且以同伴的力量激发着学生以自己的实际行动去提升自我发展的层次——奉献他人、成就自己。案例中的街舞社最初只是一个学生街舞爱好者的俱乐部，但是当它走进老年公寓，把成员对舞蹈的热爱与对老人的关爱结合起来，街舞社就具有了公共性特质，其社团活动也就具有了真正的行动价值，而生活在其中的每一个成员则会在这样的行动中实现对自身本真发展欲求的再确认、再放大，在个体性得到充分彰显的同时，其公共理性与公共责任意识也会得到增强，从而更有利于学生成长为一个公共人。

三、学校共同体探索公共人培育的绿色通道

个体人的膨胀既有校内管理者、教师和学生的原因，也存在着校外负面力量对学校教育的渗透与影响，诸如应试教育思想造成的学校对学生成绩的片面追求、消费主义造成的学校教育的功利化倾向，等等。因此，要实现公共人学校培育机制的创新，除了借助教师和学生共同体对校内资源进行最大限度的整合以外，还需要以学校为中心，创建学校间的教育共同体，实现公共人培育校际资源的整合利用。具体而言，就是通过各个层次的学校共同体建设，打破不同学校层级之间的功利性、本位化的瓶颈，以最大限度地聚合学校教育的正能量，为公共人的学校培育探索一条绿色通道。

（一）从“利益扩张”到“优势互补”，教育集团营造更为广阔的公共空间

人的个体性与公共性的失衡本质上是一个社会问题，它是社会转型、

网络生活、家庭教育等诸多要素中的负能量向学校教育逐渐渗透所造成的，因此，公共人的学校培育就是发挥学校教育在育人方面独特而不可代替的作用，以学校为基点进行正能量的反渗透。教育集团化是当前教育均衡化发展背景下的一个重大实践创新，从初期“拉郎配”式的集团化来看，它的确存在着功利性、利益化的问题，更多的是一种优质学校资源的“利益扩张”，在实际的运行中只是简单的“挂牌经营”，并没有实质上的资源共享。但是随着国家优质均衡化发展的推进，教育集团化过程中开始逐渐赋予学校更多的自主选择权和决定权，从而为公共人的学校培育创设了条件。具体来说，今天教育集团的组成不再完全是教育行政管理部门的“一言堂”了，它逐渐表现为在教育行政部门指导下的学校间的协商与选择的过程，而且在形式上也不再是简单的“挂牌经营”，而是更深层次的优势互补，是对校际教育资源的优化整合，这种资源整合的最大亮点就在于生源选拔机制的创新。在集团内部，生源选拔不再严格受制于一次性的考试分数，而是变得更加灵活，可以依据学生平时的学习和生活表现，可以是学生的显著特长，也可以依据学生对学校声誉有突出贡献的道德事件等。基于此，教育集团化打破了学校画地为牢式的小本位、单阶段的恶性竞争，使集团内的学生在小学、初中和高中各个阶段保持一种顺畅而灵活的升学通道，而且这种升学不再是由单一的分数决定，而更多的是依据学生的综合素质表现。因此，它必将有利于抵御外部功利主义、消费主义等不良思想对学校教育的侵袭，在一定程度上重塑教育的本真追求，为公共人的成长创设条件，营造更为广阔的公共空间。

实践案例：“3+3”模式——给学生一个自由的中学时代

“3+3”模式是南师附中树人国际学校较早开始推行的一个招生项目，它是在小学升初中的时候，通过多种方式选拔一些优秀的或是有显著特长的学生，采取三年初中与三年高中一贯制的教学方法，基本确保这些学生在三年树人国际学校初中毕业后能够顺利进入集团内的南师大附中高中部继续学习（当然，这其中也有淘汰，但是比例很小）。在这里有两个方面的突破。其一是升学机制的创新。中考成绩不再是"3+3"班学生进入高中学习的唯一标准，它更多关注的是学生在初中阶段学习和生活的日常表现的累积，这种累积既有学习能力而非只是分数的累积，也有道德表现的累积，所以它在很大程度上弱化了中考成绩对学生升学的影响力，从而为初中阶段的本真教育追求创设了条件。从实际的运行来看，这种机制创新不仅没有放纵学生，反而在宽松的环境中更好地激发了学生的学习潜力。其二是课程建设的创新。由于"3+3"班的入学和升学都在一定程度上实现了对分数的突围，所以学生的综合素质成为关注的重点，相对于一般初中生而言，其课程设置更加灵活，也更具公共性，诸如以培养学生社会责任感为目的的各种社会实践课程，以呈现家长教育追求，整合家长教育资源为目的的"家长论坛"，以促进学生同伴交往为目的的各种校内活动课程，等等。所有这些课程的设置，都不是以学生的学习成绩为主要指向，而是集中指向学生公共性的培育，特别是公共表达与公共行动能力的培养。

在各地，类似的教育集团还有很多，比如南京金陵中学通过各种方式实现了与多所优质小学、初中的联合，从而形成了一个从小学到高中的 12 年的育人绿色通道，其对学生的培育更具广阔空间和灵活机制。客观而言，今天的教育集团并非已经完全实现了对应试教育的突围，但毋庸置疑的是，这种集团化的运作的确在很大程度上摆脱了现行教育评价体系中单一分数指标的制约，其灵活的评价机制为学校的公共性课程建设提供了保证，其创新的课程设置又会反过来提升评价机制改革的实效性，使评价机制改革与课程创新进入一种良性循环，而两者的良性循环恰恰又是该教育集团的特色和亮点，从而吸引更多的优质生源和优质师资，使得学校教育与社会资源之间形成更为广泛的良性循环。在这其中，要破除传统评价和课程实施的弊端，关键就在于凸显评价的科学与公正、凸显课程建设的公共性，也就是说，评价机制的改革重点是凸显对学生综合素质的评价，课程创新的重点则是要凸显课程的公共性，实现对公共人的培育。

（二）从“各自为政”到“抱团取暖”，校际联盟谋求公共人的社会对接

学校教育中的个体人膨胀离不开高考“指挥棒”的推波助澜，如何实现对高考制度的突围，促进公共人从学校走向社会，这是实现公共人学校培育不可回避的话题。如果说义务教育阶段高考的制约性尚不明显，那么在高中阶段就异常突出了。当前，我们的高考制度本身也在进行着改革。一方面，高考试卷正从“知识立意”向“能力立意”乃至于“情感、道德立意”转变，试图通过试题的创新为学生的公共性素养呈现创设条件。如政治江苏卷新增的综合探究题，就将知识学习与生活体验、道德认知、情感认同结合起来，考察学生的不仅是知识，更多的是表达能力与行动愿景，这有利于引导高中的教学走向生活、走向学生、走向社会。另一方面，高考录取机制中扩大了自主招生的比重，一定程度上赋予高校更多的自主选择权，这有利于消解学校教育中唯分数论的影响，为公共人的学校培育创设空间。但是，早期的高校自主招生基本上是各自为政的，所以，很多时候自主招生又演变为另一种方式的“掐尖”行动。基于这样的现状，要实现公共人的培育，就需要在中小学与高校之间实现一种共同体式的联合。当前，这种学校共同体的探索刚刚开始，其典型形式有高校自主招生之下的高中生源基地联盟、高中学校与国内外高校的直通车项目等。这些学校联盟是以共同体的形式谋求对“一考定终身”高考制度的突围，它采取“抱团取暖”的方式，将各自的育人诉求进行整合，试图将中学阶段学生的全面发展与高校和社会对学生综合素质的诉求有机结合，并放大、延伸，以更好地实现人与社会的对接、人与生活的对接。这必将有利于学校教育中对学生分数之外的综合素质的关注，对学生作为人的个体性的尊重和对学生作为公民的公共性的培育，以最大限度地促成学生基于个体性与公共性平衡的自我实现。

实践案例：拔尖创新人才培育项目——给予个体性以公共关注

“拔尖创新人才培育项目”于2008年前后在北京、上海等地优质学校开始试点，南京市于2010年开始探索，其中南京师范大学附中、金陵中学和南京一中是试点学校，从2011年开始先于中考进行创新人才素质测试与选拔。以南京一中的“崇文班创新人才培育项目”为例，该项目的学生综合素质测试包括笔试和面试两个环节，笔试分为科学素养综合测试和人文素养综合测试两个部分，面试则主要考查学生的表达能力、行动愿景等，全部测试都是以选定的学生生活片断为情境对学生的知识结构、情感认同、意志品质、道德素养等进行全面考查。举例来说，有这样的试题：“如果你正在做作业，邻居李大爷拿着发不出声音的半导体收音机来请你帮忙看看，你会怎么做？请你运用所掌握的物理学知识帮忙诊断该收音机有可能存在怎样的问题。”在教师配备上，除了校内的优质师资外，更是聘请了部分院士担任名誉班主任，聘请了南京大学、东南大学、南京理工大学、南京航空航天大学、南京师范大学等高校的教授担任学生的成长导师，定期来校与学生进行面对面的交流、授课。在课程设置上，除了规定的高中学科课程以外，更多的是走出去的社会课程、探究课程，如定期到南京大学物理实验室进行专题实验研究、“一对一”盲人学校的帮扶活动、“保护母亲河”秦淮河防治定期寻访活动、每年一次的环明城墙“慈善行走”活动，等等。在评价机制上，学校的内部过程评价是以学生的学科成绩与社会活动积分为依据；关于高考升学，学校则是依托各大合作高校的支持，以各位成长导师的推荐与学生的自荐相结合，将学校获得的各项自主招生和保送资格全面向崇文班倾斜。同时，学校还创设了国外高校的直通车项目，以辅助支撑崇文班学生多元化的升学欲求，从而最大限度地保障综合素养突出的学生能够升入更优质的高校。

当前，校际联盟的形式越来越丰富，但是其本质都是在于通过中学与高校及其彼此之间的联合，为个体的多样化发展提供更为广阔的空间。

上述案例中的崇文班项目就是以学校为中心，充分整合了来自集团内资源、兄弟学校资源、校友资源、家长资源等各种教育资源，形成强大的教育合力，为学校教育在公共人培育上的探索提供了支撑。无论是其选拔方式，还是课程设置、师资配备以及评价机制创新，都显示出该项目对学生培育的公共情怀，它是将学生作为一个真正的“人”来对待。“拔尖创新人才培育项目”追求的不是某种机械的相似性，而是高度的个体性发展，当然，这种个体性的培育不是一种个体的放纵，而是基于公共性视野之下的个体社会化进程的加速，是引导学生追求一种“善的生存”。基于这样的理解，当前各种形式的校际联盟正是试图通过对高考制度的突围，为公共人的学校培育探索一条绿色通道，以更好地实现公共人的学校培育与社会培育的对接。

第四节　公共人培育的“人”之叩问

作为一名中学教师，笔者切身地感受着学校教育在培育学生个体性与公共性上的左右为难，但这不是借口，当前的学校缺乏对本真教育的坚守，所以学校教育必须对个体人的膨胀承担主要责任。然而，正如个体人的膨胀不是学校教育的全部责任一样，公共人的培育也非学校所能承受之重，否则，这对学校、对教育都是不公平的。作为教育的亲历者，笔者坚信学校教育是实现公共人培育的最重要的阵地，因此，本研究的主要篇幅都是从学校教育的视角来审视个体人的膨胀，来谋划对公共人的培育。但是，“5+2=0”的教育效果也是不争的事实，学校教育的5天正能量，很可能在周末2天就会被家庭和社会生活中的负能量所消解。限于篇幅和能力，笔者无法从整个社会生活的领域来探析公共人的培育，但是作为人的存在，每个个体都保持着个体性与公共性的张力，那么变革自己也就在变革社会，重新调适自身的社会化之路，也就意味着影响社会的个体化之路。因此，在文末笔者还想以“人”的视角来叩问公共人的社会培育，权作给学校教育一个公平的对待。

一、发展"人的经济"，培育公共责任

公共性具有利益的维度，它谋求的是公共利益，即"类"意义上的人的利益，区别于个体私利和狭义的国家利益。公共人的培育就是要引导个体在个体性合理呈现的基础上，关注公共利益，实现个体利益与公共利益的平衡，而不是将个体利益凌驾于公共利益之上。对于社会而言，其最大的公共利益就是人，一个个保持着个体性与公共性合理张力的人。

（一）从"经济的人"到"人的经济"

经济行为本质上是人与自然、人与人的制约关系，它是人类生存和发展的基础。在技术不发达的过去，人对自然保持着一种敬畏，人们向自然索取食物的同时，也将其铭刻在各种圣器之上，此时的经济是一种生存的需要，经济与道德的空间是叠合的。当人类的技术快速发展，人对自然的敬畏感逐渐弱化，取而代之的是人对自然的一种占有和掠夺，自然成为人的对象化产物，占有自然成为人的自我肯定的标签。于是，经济不再是为了生存的需要，而更多的是出于呈现个体自我的需要，个体在对象化自然的同时，也被自然对象化，成为一个物的存在。此时，经济与道德的空间是错位的。时至今日，消费主义的盛行，更加剧了人的物化程度，经济成了目的，而人却成为手段和工具，因为人的存在与追求都只是为了物质财富的积累。在这样的经济生活中，人的公共性被遮蔽，人的个体性急剧膨胀。因此，要实现对公共人的培育，必须在人的维度上重置经济所承载的人与自然、人与人的关系，从"经济的人"转向"人的经济"。

所谓"人的经济"，是"以人的福祉为目的，经济只是人类生存、发展、完善的手段，只是人的经济，离开了人，经济没有任何独立的价值性"（郭建国，2002）[46]。发展"人的经济"对于我们每一个生活其中的个体而言，就是真正把自我从对物的沉迷中解放出来，重新发现并呈现人的内在规定性，即作为一切社会关系的总和，去实现自身个体性与公

共性的合理张力，重新定位人与自然、人与人的关系。"在社会体系的设计中，我们必须把人仅仅作为目的而不是作为手段。"（罗尔斯，1988）在今天，坚持以人为本的科学发展观，正是将人作为经济和社会发展的最终目的，抑制过度膨胀的个体性所带来的消费主义的弥漫和对自然的攫取，复归人与自然的和谐相处，重建人与人之间的经济信任，这正是我们每个人的真实境遇。个体化带来了个体的自由与独立，但是经济生活的社会分工却越来越细，整个社会就像由无数零件组成的一个精密仪器，任何一个环节的差错都可能给整个社会带来巨大的麻烦。这种个体性与公共性的张力性存在，使得个体性赋予了我们更多选择与自由的同时，也使得我们陷入了对他人、对社会的深深依赖，而且是一种隐形的、弥漫式的依赖。就像今天的城市交通，每个人在自己的汽车内是那么的自由，但是前方一个小小的追尾事故，可能会让你等得抓狂，这就是现实：我们越自由，越离不开他人；个体性越彰显，越需要公共性的制衡。就每一个个体而言，我们需要做的就是从我做起，从现在做起，做一个不受物欲奴役，真正对社会、对他人、对自然有所担当的人，一个具有公共责任的人。

（二）企业家的公共责任

我们知道，"经济和道德是人类生活的两重空间，对应着人的两重需要：生存（经济的）和怎样生存（伦理的）。经济行为的如何选择，如何更符合人的价值和人的尊严，关键是要找到一种合理的机制，有效地调控这个空间"（郭建国，2002）[27]。从人的视角来看经济伦理，企业家是最重要的角色，他对生存方式的选择，影响的不仅是自身的社会化，更多的则是对社会、对社会个体化的影响。一方面，我们看到，近年来我国的食品安全事故处于高发状态，而且多为知名的大企业。双汇集团"瘦肉精"事件、上海盛禄食品有限公司"染色馒头"事件、五粮液"塑化剂"事件、雀巢和喜宝奶粉的"砷超标"事件、"地沟油"事件、味千"猪骨汤精"事件、沃尔玛公司"假绿色猪肉"事件、蒸功夫"香精包子”事件、俏江南“回锅油”事件、小肥羊“卫生黑幕”事件等，所有这些企业背后的掌门人正是将自身的个体性凌驾于社会公共性之上，以一己之私利侵害社会的公利，他们不仅打破了自身人之为人的个体性与公共性平衡，更重要的是将自身怎样生存的错误伦理辐射给广泛的社会大众，迫使他们也去重新审视，甚至是打破其自身的个体性与公共性平衡。另一方面，我们也看到，余彭年、王健林、巴菲特、比尔·盖茨等中外企业家的勇于担当，将个体性置于公共性之下，以自身的公共责任担当来影响社会和他人。从捐资助学到光明行动再到裸捐，余彭年以普通市民的名义进行着一系列的彰显公共责任的行动，他带给社会的不仅是温暖，更多的是公共责任的唤醒。于是，我们的身边有了免费为环卫工人提供面条的小老板，有了爱心馒头店，有了大雨中的“双闪爱心车队”，有了春运中“用空座位带你温暖回家”的公益行动，凡此种种，让我们有理由相信，只要我们每一个经济参与者不为一己私利所淹没，保持个体性与公共性的合理张力，经济就一定能够更好地为人服务，就一定能够培育更多的具有公共责任的公共人。

二、推进民主政治，促成公共参与

公共性本身具有空间的维度，它需要在“公共场域”内存在与发展，因此，公共空间是“可进入性”的空间，这对于公共人的培育而言至关重要。就我国而言，这种公共空间最重要的就是政治空间。从人的视角来看，无外乎两种情况：一种是可进入空间的人，他们是否承担起公共人的角色；另一种则是具有公共意愿的人，多大程度上对政治空间拥有“可进入性”。

（一）官德与公共人的形象

封建专制下，官员与生俱来地具有直接进入政治空间的权利，他们自诩以天下为己任，想的是社情民意，忙的是江山社稷，但实质上却有一些只是高高在上的“官老爷”。传统政治中也有“民为本”“民为贵”

的政治主张，但皇上“爱民如子”的背后是“父为子纲”的潜台词，“为民做主”的背后是“我是你主子”的潜台词。因此，此时的民本思想蕴含的是基于人格不平等的道德主张，与现代意义上的公共空间完全相悖，因为它不仅缺失了“可进入性”，更重要的是缺乏空间内的平等交往。到了新中国，人民成为国家的主人，官不再是人民的主人，也不是人民的“父母官”，而是人民的公仆，官员不在宣称“为民做主”，而改为“为人民服务"。从焦裕禄到任长霞，从牛玉儒到罗阳，我们的时代涌现出一大批鲜明的官员公共人形象，他们将自己的一生都献给了祖国和人民，用生命担当了作为人民公仆的公共使命。毫无疑问，他们是真正的公共人！但是，我们也要看到，当下的官员中，也有不少将个体性凌驾于公共性之上，将一己私利凌驾于公共利益之上的官员，从成克杰、程维高到周永康，他们不仅迷失了自己，还损害了官员的公共形象。而公共人的培育是需要正能量的，需要官员的模范带头作用，因此，在推进社会主义民主政治建设的进程中，我们必须以公共人的基本规范来要求官员、约束官员、塑造官员。一方面是要监督官员必须忠实地履行社会所赋予的责任，不得以公共权力来为个人谋取私利；另一方面则是要为政治空间的公共化创设条件，增强其“可进入性”，尊重每一个公民的基本权利。

（二）C 类暂住证与公共参与

公共人的培育必须是个体对公共空间的进入，而且是一种自由的进入和进入后的平等交往，正如前面的现实追问中所述，今天的中国“个体与国家间的关系仍然是变动中的社会关系结构的轴心，而社会力量还没有强大到成为崛起的个体重新嵌入的新空间”（贺美德，2011）[32]。因此，现有政治空间依然是当下培育公共人的最重要的公共空间。但是，现实政治空间的公共性却是不容乐观的。2004 年 4 月 2 日，网名叫“老蛋”的自由撰稿人刘书宏在博客上发表“我对我持有北京 C 类暂住证的声明”，之后该博文引发了数万网民参与的大辩论。对于公共人的培育而言，这个事件是非常有意思的。一方面，网络的可进入性非常强，数万网民可以自由进入这个空间，对暂住证话题给予无数的评论，在这些个体性的参与背后，就是一张张真实的脸，但是它又稍瞬即逝，充满了不确定性；另一方面，现实的政治空间是稳定的、持久的，很多人想参与其中，但是C类暂住证却又将一个个真实的个体拒之门外。刘书宏在博文的最后宣称，“我期待，我的行为能够促进政府尽快改革阻碍经济发展的落后的户籍制度”，由此可见，当下的中国，个体与国家的关系的确是社会关系的轴心，除了国家，个体似乎无处可去。因此，要实现公共人的培育，必须有效推进民主政治改革，促成广泛而深入的公共参与。具体而言，一方面，要拓宽公共参与渠道，真正让政治空间成为公民可以自由进入、平等参与的公共空间，如现在政府积极推行的听证会、评议政府等；另一方面，则是要积极利用网络等新兴空间，让更多的政治元素进入其中，使参与其中的公民获得同样的公共参与体验，如政府微博、网络问政等。由此，我们可以期待在政府和公民的共同努力下，个体能够很快寻找到重新嵌入的空间，以最优地实现个体性与公共性的平衡。

三、回归人的文化，涵养公共情怀

公共性的精神维度在于它追求的是公共精神和公共责任，是基于个体与社会互动、共在的精神世界，而文化则是精神生活的重要载体。公共人的培育需要的是一个敞亮的文化生活空间，在其中有着精神的自由流淌，有着多元文化的彼此尊重与珍爱，每个个体都是自由而独特的，但同时又彼此关照，有着对公共精神的共同诉求。

（一）娱乐的大众与孤独的个体

中国传统文化的重要特征是缺乏个体性的单一性文化，人的个体性在很大程度上被遮蔽，或是淹没于传统礼教之中，或是从属于政治文化之中。今天的文化转型集中表现为文化与经济的相互交融，一方面是个体在物质生活日益丰富的基础上，对人性意义的寻求愈发离不开经济要素的佐证，另一方面则是经济的发展越来越关注其产品的文化属性和文化个性。由此，文化成为一种消费品，被恣意地生产和消费，在市场经济的资源配置方式下，很多的文化被娱乐化，大众成为文化的消费者，也自然成为被娱乐所裹挟的大众。然而，当大家都在关注如何让自己更具娱乐化色彩，而忽视了自身作为社会的个体所应当担负的责任时，个体之间便失去了内在的勾连，在无休止的娱乐中，个体的孤独感反而会愈发强烈。就好像你和一群朋友去 KTV，大家都在抢着唱歌，而你却始终抢不到话筒，此时你的孤独感会比一个人在家时还要强烈。“个体化个人的脆弱，基于自我与社会身份的分离。”（贺美德，2011）[195]反映在个体身上，其实就是个体性与公共性的失衡。如果所有的人都过度追求自身的个体性而忽视了公共性的制衡，那么最终的结果就是每个人都会陷入个体性的脆弱。因此，要实现公共人的培育，对于个体而言，就是要避免被娱乐所裹挟，摆脱被娱乐化的角色境地，首先成为一个“完完全全”的个体人。在此基础上，再努力融入社会，以一种积极的公共担当，来建构自己的公民身份，重新实现个体性与公共性的合理张力。简单来说，就是要学会过有意义的文化生活，并为此而有所担当。

（二）文化人的公共自觉

文化的多元意味着我们的文化生活色彩斑斓，于是，阳光之下必然有着文化的阴影，公共人的培育需要的是积极健康的文化产品，因此，从人的角度来思考，作为文化人必须有着坚定的公共自觉。在今天，文化以其人文格调和高科技含量，对社会全面发展的影响力和渗透力越来越强，文化产业作为精神生产的当代形态，已经成为新的经济增长点。那么，要克服文化的娱乐化，就必须让文化与经济保持合理的距离，文化人就必须有着文化生产的底线，让文化摆脱金钱的驱使，回归对人的关注，对人的满足，对人的引领。“夫文化不过人生式样之别名”（钱穆，2009）[3]，从这个意义上来说，文化的坚守其实就是文化人对自身人性的坚守。恪守文化的公共自觉，也就在最本质的意义上，实现对文化人自我的重构。“文化之通则，必在其大群众有以泯其内部小我个己自封限，自营谋，一切自私自利心，而能相互掬其真情以为群，夫而后其群乃可大，乃可以绵历而臻于久。”（钱穆，2009）[4]借鉴钱穆先生的文化要义，我们今天的文化要能实现对公共人的培育，最重要的莫过于涵养人的公共情怀，即去小利，存“大群众”；去短视，存“绵历性”。简言之，就是要让文化真正走进广大百姓的生活和内心，让文化所承载的自由、民主、平等的公共精神成为文化式的习惯潜移默化而又深远持久地深入人心。

综上所述，当前的学校教育，一方面在社会负能量的渗透下加剧了个体人的膨胀，另一方面，它又在积极谋求变革，从自身的组织革新、课程改革和机制创新等方面进行着公共人培育的正能量聚集，这恰恰折射出个体性与公共性的张力性存在。

就在本文即将付梓的时候，“李天一案”（李双江之子）正引起舆论的极大关注，虽然就个体而言，李天一在钢琴、书法、冰球等诸多方面显示出超常的潜质，但是当他面对他人与社会时，缺失的却是起码的公共素养。李天一的堕落是其家庭教育的悲哀，也是对学校教育的重要警醒。然而，也正是这样的堕落在让社会震惊的同时，也在唤醒着社会对公共人培育的关注。“教育是要在人的身上塑造新的人格。”（涂尔干，1989）[10]公共人的培育虽然当前只是星星之火，但是共识已在，各校的实践探索也催人奋进。从社会层面来看，经济、政治、文化领域虽然困难重重，但是共识已在，努力也在。最后，笔者想引用导师赵志毅教授经常教导学生的一句话来结束本文：“未来不是我们要去的地方，而是我们要创造的地方，通向未来的路不是找出来的，而是闯出来的。”因此，作为一名中学教师，笔者期待，更坚信，只要我们从这里出发，从现在出发，公共人的培育必将是一幅徐徐展开的美丽画卷，星星之火必将燎原！

参考文献

阿尔弗莱德·怀特海，1999. 思想方式［M］. 韩东辉，等译. 北京：华夏出版社：118.

阿兰·图海纳，2003. 我们能否共同生存［M］. 狄玉明，李平沤，译. 北京：商务印书馆：序3.

埃米尔·涂尔干，1989. 张人杰，译. 教育及其性质与作用［A］//张人杰. 国外教育社会学基本文选［C］. 上海：华东师范大学出版社.

埃瑟·戴森，1998. 2.0版：数字化时代的生活设计［M］. 胡泳，等译. 海口：海南出版社：315.

安德鲁·埃德加，2009. 哈贝马斯：关键概念［M］. 杨礼银，朱松峰，译. 南京：江苏人民出版社.

安东尼·吉登斯，2011. 现代性的后果［M］. 田禾，译. 南京：译林出版社：109.

彼得·雷森伯格，2009. 西方公民身份传统——从柏拉图至卢梭［M］. 郭台辉，译. 长春：吉林出版集团：序6.

柏拉图，1986. 理想国［M］. 郭斌和，张竹明，译. 北京：商务印书馆：355.

布莱恩·特纳，2000. 身体与社会［M］. 马海良，赵国新，译. 沈阳：春风文艺出版社：8.

曹殿朕，2008. 大学生“亚文化”问题探析［J］. 中国成人教育（8）：50-51.

查尔斯·泰勒，2001. 自我的根源：现代认同的形成［M］. 韩震，等译. 南京：译林出版社：198.

陈独秀，1987. 独秀文存［M］. 合肥：安徽人民出版社：565.

陈烽，1993. 中国当代社会的八大转型［J］. 社会科学（8）：52-57.

陈梦家，1988. 殷墟卜辞综述［M］. 北京：中华书局：513.

陈弱水，2006. 中国历史上“公”的观念及其现代变形——一个类型的与整体的考察［A］//许纪霖. 公共性与公民观［C］. 南京：江苏人民出版社：7-27.

陈云奔，2009. 基础教育教学改革中的四种异化［J］. 教育学报（1）：66-68.

Della Summers，1991. 朗文英汉双解活用词典［M］. 上海：上海译文出版社：689，163.

刁生富，2003. 21世纪网络人生指南：网络空间的社会问题与社会控制［M］. 广州：广东高等教育出版社：99.

参考文献

都本伟，1995. 论弗洛姆的社会哲学思想［J］. 国外社会科学（7）：66–71.
杜时忠，1999. 教育人文意义的失落与追寻［J］. 教育研究（9）：44–48.
E·博登海默，1987. 法理学：法哲学及其方法［M］. 邓正来，译. 北京：华夏出版社：254.
厄内斯特·波伊尔，1998. 基础学校：一个学习化的社区大家庭［M］. 王晓平，等译. 北京：人民教育出版社：22.
恩斯特·卡西尔，2004. 人论［M］. 甘阳，译. 上海：上海译文出版社：3.
斐迪南·滕尼斯，2010. 共同体与社会：纯粹社会学的基本概念［M］. 林荣远，译. 北京：北京大学出版社.
费孝通，1985. 乡土中国［M］. 北京：生活·读书·新知三联书店：3.
冯建军，2001. 主体间性与教育交往［J］. 高等教育研究（6）：26–31.
冯建军，2006. 论教育学的生命立场［J］. 教育研究（3）：29–34.
佛尔甘，汪凌，2000. 课程社会学：理论导向与研究前景［J］. 外国教育资料（2）：50–53.
弗洛姆，1997. 弗洛姆文集——我相信人有实现自己的权利［M］. 冯川，等译. 北京：改革出版社：357.
高德胜，2004. 过“有道德的生活”：道德教育的范式创新［J］. 现代教育论丛（4）：1–5，38.
高德胜，2005. 道德教育回归生活的基本问题辨析［J］. 南京师大学报（社会科学版）（5）：75–78.
高德胜，2006. 论空间的德育意蕴［J］. 教育研究与实验（4）：10–15.
高德胜，2007. 身体退隐的道德后果——论网络世界中的身体、道德和教育［J］. 教育研究与实验（2）：5–11.
高德胜，2008a. 道德教育的时代遭遇［M］. 北京：教育科学出版社.
高德胜，2008b. 超越群体的自私——全球化时代道德教育的新课题［J］. 教育研究与实验（1）：32–36.
高德胜，2009. 道德冷漠与道德教育［J］. 教育学报（3）：76–83.
高德胜，李松梅，2010. 公民与公民教育辨析［J］. 思想理论教育（18）：9–14.
高德胜，2011. “解放”的剥夺——论教育如何面对个体人的膨胀与公共人的衰落［J］. 教育研究与实验（1）：14–19.
高清海，1998. 人类正在走向自觉的“类存在”［J］. 吉林大学社会科学学报（1）：1–12.
顾明远，1981. 学生既是教育的客体，又是教育的主体［J］. 江苏教育（小学版）（10）：14–16.
顾明远，1990. 教育大辞典（第1卷）［M］. 上海：上海教育出版社：68.
古斯塔夫·勒庞，2000. 乌合之众：大众心理研究［M］. 冯克利，译. 北京：中央编译出版社：27.
辜伟节，1999. 中学班集体建设与活动（中学卷）［M］. 南京：南京师范大学出版社：33.
郭建国，2002. 经济行为的伦理审视——从“经济人”谈起［D］. 长沙：湖南师范大学.
郭良，1998. 网络创世纪——从阿帕网到互联网［M］. 北京：中国人民大学出版社：16.
郭台辉，2007. 齐格蒙特·鲍曼思想中的个体与政治［M］. 上海：上海人民出版社.
郭晓明，2005. 课程知识与个体精神自由——课程知识问题的哲学审思［M］. 北京：教育科学出版社：149.
郭湛，王维国，2009a. 公共性的样态与内涵［J］. 哲学研究（8）：3-7.
郭湛，2009b. 社会公共性研究［M］. 北京：人民出版社：69.
海德格尔，2014. 存在与时间［M］. 陈嘉映，等译. 上海：三联书店出版社：185.
海德格尔，1996. 形而上学导论［M］. 熊伟，王庆节，译. 北京：商务印书馆：22.
汉娜·阿伦特，1998. 公共领域和私人领域［A］//汪晖. 文化与公共性［C］. 北京：生活·读书·新知三联书店：70.
汉娜·阿伦特，2009. 人的境况［M］. 王寅丽，译. 上海：上海人民出版社.
韩庆祥，张健，2009. 语言分析：新中国60年马克思主义哲学研究的范式转型［J］. 江海学刊（5）：21-26.
汉语大字典编委会，1992. 汉语大字典［M］. 武汉：湖北辞书出版社.
赫尔巴特，1989. 普通教育学·教育学讲授纲要［M］. 李其龙，译. 北京：人民教育出版社：190.
贺美德，鲁纳，2011. “自我”中国——现代中国社会中个体的崛起［M］. 许烨芳，等译. 上海：上海译文出版社.
黑格尔，1982. 法哲学原理［M］. 范扬，等译. 北京：商务印书馆：196-237.
胡海波，1997. 正义与正义观的哲学理解［J］. 教学与研究（8）：54-58.
扈中平，1989. 人是教育的出发点［J］. 教育研究（8）：33-39.
黄济，2006. 教育哲学通论［M］. 西安：陕西教育出版社.
黄建钢，2004. 群体心态论［M］. 杭州：浙江大学出版社：88.
黄少华，陈文江，等，2002. 重塑自我的游戏——网络空间的人际交往［M］. 兰州：兰州大学出版社：142.
James A. Beane，2003. 课程统整［M］. 单文经，等译. 上海：华东师范大学出版社：24-25.
姜国钧，杜成宪，2005. 试论中国古代教育发展周期［J］. 华东师范大学学报（教育科学版）（1）：1-11.
蒋建华，2004. 公共利益：基础教育改革的首要坐标［N］. 中国教育报，2004-04-17.

金生鈜，1996. 教育学的合法性与价值关涉——对元教育学的反思［J］. 华东师范大学学报（教育科学版）（4）：8-16.
金生鈜，2007. 保卫教育的公共性［J］. 教育研究与实验（3）：7-13.
金生鈜，2008. 保卫教育的公共性［M］. 福州：福建教育出版社.
凯文·罗宾斯，等，2002. 技术文化的时代——从信息社会到虚拟生活［M］. 何朝阳，等译. 合肥：安徽科学技术出版社：298.
康德，2012. 道德形而上学原理［M］. 苗力田，译. 上海：上海人民出版社：52.
康德，2005. 法的形而上学原理——权利的科学［M］. 沈叔平，译. 北京：商务印书馆：51.
L. A. 怀特，1988. 文化的科学［M］. 沈原，等译. 济南：山东人民出版社：162.
理查德·比尔纳其，2008. 超越文化转向［M］. 方杰，译. 南京：南京大学出版社：38.
理查德·桑内特，2014. 公共人的衰弱［M］. 李继宏，译. 上海：上海译文出版社.
理查德·桑内特，2011. 肉体与石头——西方文明中的身体与城市［M］. 黄煜文，译. 上海：上海译文出版社：4.
李佃来，2006. 公共领域与生活世界——哈贝马斯市民社会理论研究［M］. 北京：人民出版社.
李河，1997. 得乐园·失乐园——网络与文明的传说［M］. 北京：中国人民大学出版社：88.
李宏亮，2007. 教室涂鸦：校园文化建设中的班级名片［J］. 中国教师（10）：48-49.
李宏亮，2008a. 校园听证会：让学生成为决策的主人——高中生自主互动德育的实践创新研究［J］. 中国教育学刊（11）：29-31.
李宏亮，2008b. 课堂活动：岂一个“动”字了得？［J］. 教书育人（16）：30-31.
李宏亮，2009. 四方会议：有效整合家、校教育资源［J］. 中国教育学刊（4）：37-39.
李宏亮，2010a. 道德性：班集体建设的核心价值追求［J］. 中国教育学刊（10）：81-83.
李宏亮，2010b. 载体德育：班级德育工作的当代路向［J］. 班主任之友（中学版）（12）：4-8.
李宏亮，2012. 如何选择培养班干部？［J］. 班主任之友（中学版）（7）：70-82.
李怀，2002. 哈贝马斯的“公共领域”及其现代启示［J］. 西北师大学报（社会科学版）（6）：84-88.
李明伍，1997. 公共性的一般类型及其若干传统模型［J］. 社会学研究（4）：108-116.
李希光，1999. 上网：赛女士与德先生的最佳结合点［J］. 自然辩证法通讯（2）：7-8.

李钰靖，2010. 解释的限度——基础教育课程改革中课堂教学的反思［J］. 河南教育学院学报（哲学社会科学版）(2)：121-124.
李志红，2002. 网络时代的传播革命［J］. 襄樊学院学报（4）：13-16.
联合国教科文组织，1996a. 教育：财富蕴藏其中［M］. 北京：教育科学出版社.
联合国教科文组织，1996b. 学会生存：教育世界的今天和明天［M］. 北京：教育科学出版社.
联合国教科文组织，2002. 为了 21 世纪的教育——问题与展望［M］. 王晓辉，赵中建，等译. 北京：教育科学出版社：6.
梁漱溟，2005. 中国文化要义［M］. 上海：上海人民出版社.
林琼斌，2009. 论公民公共精神的提升［J］. 海南师范大学学报（社会科学版）（1）：140-142.
林少敏，2010. 现代性根基中的隐患——从笛卡尔到康德的自我论［J］. 北京师范大学学报（社会科学版）(4)：95-102.
刘铁芳，1997. 人、世界、教育：意义的失落与追寻［J］. 教育研究（8）：23-28.
刘铁芳，2002. 什么是教育［J］. 天津市教科院学报（2）：12-15.
刘文霞，1997. 个性教育论［M］. 呼和浩特：内蒙古大学出版社.
刘宇文，2001. 信息高速公路与自我管理学习［J］. 中国教育学刊（1）：45-47.
鲁洁，1994. 道德教育：一种超越［J］. 中国教育学刊（6）：2-8.
鲁洁，1997. 通识教育与人格陶冶［J］. 教育研究（4）：6-19.
鲁洁，2001. 教育的返本归真——德育之根基所在［J］. 华东师范大学学报（教育科学版）(4)：1-6.
鲁洁，2007. 做成一个人——道德教育的根本指向［J］. 教育研究（11）：11-15.
罗尔斯，1988. 正义论［M］. 何怀宏，何包钢，廖申白，等译. 北京：中国社会科学出版社：175.
洛克，1991. 人类理解论（上册）［M］. 关文运，译. 北京：商务印书馆：309.
马长山，2002. 国家、市民社会与法治［M］. 北京：商务印书馆：101，105.
马克思，恩格斯，1965. 马克思恩格斯全集［M］. 北京：人民出版社：271.
马克思，恩格斯，1979a. 马克思恩格斯选集（4 卷）［M］. 北京：人民出版社：247-248.
马克思，恩格斯，1979b. 马克思恩格斯全集（19 卷）［M］. 北京：人民出版社：406.
马克思，恩格斯，1979c. 马克思恩格斯全集（26 卷Ⅱ）［M］. 北京：人民出版社：139.
马克思，恩格斯，1979d. 马克思恩格斯全集（42 卷）［M］. 北京：人民出版社：123.
马克思，恩格斯，1979e. 马克思恩格斯全集（46 卷上）［M］. 北京：人民出版社：104.
马克思，恩格斯，1979f. 马克思恩格斯全集（46 卷下）［M］. 北京：人民出版社：112-113，225.
马克思，恩格斯，1994. 马克思恩格斯选集（1 卷）［M］. 北京：人民出版社.

玛利亚·蒙台梭利，2003. 童年的秘密［M］. 金晶，等译. 北京：中国发展出版社：7.
马歇尔·麦克卢汉，2011. 理解媒介——论人的延伸［M］. 何道宽，译. 南京：译林出版社：384.
M. W. 阿普尔，1992. 国家权力和法定知识的政治学［J］. 马和民，译. 华东师范大学学报（教育科学版）(2)：33-44.
马维娜，2000. 意义对话：人与教育环境的有机构成［J］. 教育研究（10）：39-42.
马镛，1997. 中国家庭教育史［M］. 长沙：湖南教育出版社.
孟繁华，等，2011. 学校发展论［M］. 北京：教育科学出版社：序1.
米俊绒，南海，2008. 交互主体性教育理念探析［J］. 教育理论与实践（10）：16-19.
尼采，1992. 苏鲁支语录［M］. 徐梵澄，译. 北京：商务印书馆：27.
尼尔·波兹曼，2009. 娱乐至死——童年的消逝［M］. 章艳，等译. 桂林：广西师范大学出版社.
尼葛洛庞帝，1997. 数字化生存［M］. 胡泳，范海燕，译. 海口：海南出版社：193.
尼古拉斯·亨利，2001. 公共行政与公共事务［M］. 张昕，等译. 北京：中国人民大学出版社：71.
P. 蒂利希，1998. 存在的勇气［M］. 成穷，王作虹，译. 贵阳：贵州人民出版社：67.
彭立群，2008. 公共领域与宽容［M］. 北京：社会科学文献出版社：41-43.
齐格蒙特·鲍曼，2001. 全球化：人类的后果［M］. 郭国良，徐建华，译. 北京：商务印书馆：77.
齐格蒙特·鲍曼，2002a. 生活在碎片之中：论后现代道德［M］. 郁建兴，周俊，周莹，译. 上海：学林出版社.
齐格蒙特·鲍曼，2002b. 流动的现代性［M］. 欧阳景根，译. 上海：上海三联书店：110.
齐格蒙特·鲍曼，2006. 被围困的社会［M］. 郇建立，译. 南京：江苏人民出版社：192.
齐格蒙特·鲍曼，2007. 共同体［M］. 欧阳景根，译. 南京：江苏人民出版：177.
齐格蒙特·鲍曼，2011. 个体地结合起来［A］//乌尔里希·贝克，伊丽莎白·贝克-格恩斯海姆. 个体化［M］. 李荣山，范譞，张惠强，译. 北京：北京大学出版社.
钱穆，2009. 文化与教育［M］. 北京：生活·读书·新知三联书店.
渠敬东，1999. 缺席与断裂：有关失范的社会学研究［M］. 上海：上海人民出版社：35.
邵迎生，1999. 对现代心理学中文化冲突的后现代思考［J］. 南京大学学报（哲学·人文科学·社会科学）(4)：164-169.
沈湘平，2007. 论公共性的四个典型层面［J］. 教学与研究（4）：18-23.
沈湘平，2008. 公共性：后现代性之后的现代性主题［J］. 江海学刊（4）：28-33.

苏珊·桑塔格，2006. 关于他人的痛苦［M］. 黄灿然，译 . 上海：上海译文出版社：99.
孙彩平，王贵勐，2007. 身体退隐的道德可能［J］. 教育研究与实验（3）：27-32.
孙喜亭，2001. 基础教育的基础何在（上）［J］. 教育理论与实践（4）：19-23.
孙迎光，2011. 从主体性到公共性：教育理论的发展历程［J］. 教育理论与实践(5)：3-6.
檀传宝，1999. 德育功能简论［J］. 中国教育学刊（5）：8-12.
滕守尧，1997. 文化的边缘［M］. 北京：作家出版社：177.
藤田英典，2001. 走出教育改革的误区［M］. 张琼华，徐敏，译 . 北京：人民教育出版社 .
王炳照，等，2008. 简明中国教育史［M］. 北京：北京师范大学出版社 .
王乐夫，陈干全，2003. 公共性：公共管理研究的基础与核心［J］. 中国社会科学（4）：67-74.
汪民安，陈永国，2003. 后身体：文化、权力和生命政治学［M］. 长春：吉林人民出版社：前言 5.
王倘 . 1928. 中国教育辞典［M］. 上海：中华书局：459.
王卫东 . 1996. 教育价值概念的历史考察与理论分析［J］. 北京师范大学学报（社会科学版）（2）：29-35.
王啸，2003. 教育人学：当代教育学的人学路向［M］. 南京：江苏教育出版社：235.
王鑫，周育国，2010. 公共性的解读［J］. 大连海事大学学报（社会科学版）（2）：83-86.
王永昌 . 1991. 走向人的世界［M］. 北京：中国工人出版社：导言 1.
王跃生 . 2006. 当代中国家庭结构变动分析［J］. 中国社会科学（1）：96-108.
吴铎，张人杰，1991. 教育与社会［M］. 北京：中国科学技术出版社：218.
乌尔里希·贝克，伊丽莎白·贝克-格恩斯海姆，2011. 个体化［M］. 李荣山，范譞，张惠强，译 . 北京：北京大学出版社 .
吴刚，2002. 知识演化与社会控制——中国教育知识史的比较社会学分析［M］. 教育科学出版社：214.
吴康宁，1993. 对教学内容的若干社会学分析［J］. 教育评论（4）：42-47.
吴康宁，1994. 论作为特殊社会组织的班级［J］. 教育理论与实践（2）：10-13.
吴康宁，1998. 教育社会学［M］. 北京：人民教育出版社 .
吴康宁，2010. 中国教育改革为什么会这么难［J］. 华东师范大学学报（教育科学版）（4）：10-20.
吴亮奎，2010. 寻找失落的基础：基础教育“基础”的反思［J］. 天津师范大学学报（基础教育版）（3）：1-4.
吴倬，1997. 人本主义自我实现观的基本理论特征［J］. 教学与研究（6）：57-59.

参考文献

谢树平，李宏亮，胡文瑞，2006. 新编思想政治（品德）教学论［M］. 上海：华东师范大学出版社：220.
许结，2000. 诗礼传家：中国古代教育制度［J］. 古典文学知识（5）：108-114.
亚里士多德，1965. 政治学［M］. 吴寿彭，译. 北京：商务印书馆：48.
雅斯贝尔斯，1991. 什么是教育［M］. 邹进，译. 北京：生活·读书·新知三联书店.
阎光才，2005. 教育过程中知识的公共性与教育实践［J］. 北京大学教育评论（2）：52-58.
阎云翔，2012. 中国社会的个体化［M］. 陆洋，等译. 上海：上海译文出版社.
杨芳，2008. 公共精神与公民参与［J］. 岭南学刊（5）：44-47.
杨国荣，2000. 道德系统中的德性［J］. 中国社会科学（3）：85-97.
杨国荣，2010a. 意义世界的生成［J］. 哲学研究（1）：56-65.
杨国荣，2010b. 何为意义：论意义的意义［J］. 文史哲（2）：19-31.
杨启亮，2003. 关怀普及：淡化教育教学实践中的精英化取向［J］. 教育研究（9）：69-74.
叶澜，2004. 为“生命·实践教育学派”的创建而努力：叶澜教授访谈录［J］. 教育研究（2）：33-37.
叶秀山，1990. 论福柯的“知识考古学”［J］. 中国社会科学（4）：13-28.
尹鸿，1996. 为人文精神守望：当代中国大众文化批评导论［J］. 天津社会科学（2）：76-82.
尤尔根·哈贝马斯，1994. 交往行动理论（第1卷）：行动的合理性和社会合理化［M］. 洪佩郁，蔺青，译. 重庆：重庆出版社：142.
尤尔根·哈贝马斯，1999. 公共领域的结构转型［M］. 曹卫东，王晓珏，刘北城，等译. 上海：学林出版社.
尤尔根·哈贝马斯，2000. 合法化危机［M］. 刘北成，曹卫东，译. 上海：上海人民出版社：127-129.
尤尔根·哈贝马斯，2002. 包容他者［M］. 曹卫东，译. 上海：上海人民出版社：前言2.
余雅风，2005. 教育立法必须以教育的公共性为价值基础［J］. 北京师范大学学报（社会科学版）（1）：30-39.
苑秀芹，2010. 康德的实践理性与道德原则［J］. 咸宁学院学报（3）：33-35.
袁祖社，2007. 公共性的价值信念及其文化理想［J］. 中国人民大学学报（1）：78-84.
约翰·杜威，1965. 人的问题［M］. 傅统先，邱椿，译. 上海：上海人民出版社：27.
约翰·杜威，1990. 民主主义与教育［M］. 王承绪，译. 北京：人民教育出版社：105.
约翰·杜威，2005. 艺术即经验［M］. 高建平，译. 北京：商务印书馆：12.
约翰·费斯克，等，2004. 关键概念：传播与文化研究辞典［M］. 2版. 李彬，译.

北京：新华出版社：281-282.
张继亮，教军章，2011. 公共性：从精神世界到社会生活［J］. 阅江学刊（4）：24-30.
张茂聪，2010a. 教育公共性的理论分析［J］. 教育研究（6）：23-29.
张茂聪，2010b. 论教育公共性及其保障［D］. 济南：山东师范大学：39.
张田田，2007. 消费主义背景下的传媒娱乐化倾向［J］. 湖北社会科学（6）：186-187.
张祥龙，2003. 朝向事情本身——现象学导论七讲［M］. 北京：团结出版社：282.
张旭霞，2004. 理解公共领域：从“经济人”到“公共人”［J］. 行政论坛（3）：15-16.
章辉美，2004. 社会转型与社会问题［M］. 长沙：湖南大学出版社：5-6.
赵敦华，2005. 西方人学观念史［M］. 北京：北京出版社：前言 3.
赵志毅，2002. 规范与创新：德育本质问题刍议［J］. 教育研究（1）：10-13.
赵志毅，赵艺，2006. 传统德育理念的新审视［J］. 南京师大学报（社会科学版）（3）：97-101.
赵志毅，2012a. 德育的“意志”转向——兼论走向“实践理性”的学校德育［J］. 教育研究（2）：53-59.
赵志毅，张鹏程，2012b. 追求“善的生存”：德育本质再探［J］. 杭州师范大学学报（社会科学版）（3）：112-117.
赵志毅，2012c. 当代中国德育热点问题研究［M］. 北京：人民出版社：259.
郑剑虹，黄希庭，2004. 西方自我实现研究现状［J］. 心理科学进展（2）：296-303.
郑金洲，2000. 基础教育改革与发展的世纪走向［J］. 华东师范大学学报（教育科学版）（3）：1-11.
中国大百科全书编辑部，1987. 中国大百科全书哲学卷［M］. 北京：中国大百科全书出版社：1169.
周国平，2004. 守望的距离［M］. 太原：北岳文艺出版社：222.
祝灵君，聂进，2002. 公共性与自利性：一种政府分析视角的再思考［J］. 社会科学研究（2）：7-11.
佐藤学，2004. 学习的快乐：走向对话［M］. 钟启泉，译. 北京：教育科学出版社.
佐藤学，2010. 学校的挑战：创建学习共同体［M］. 钟启泉，译. 上海：华东师范大学出版社.

外文文献

Alan Wolfe，2003. School Choice：The Moral Debate［M］. Princeton，New Jersey：Princeton University Press.

参考文献

Beck, U, 1992. Risk Society: Towards a New Modernity [M]. London: Sage Publications.

J. Mark Halstead. etc, 2006. Citizenship and Moral Education [M]. London and NewYork: Routledge, Taylor & Francis Group.

UNESCO, 1998. Education for the 21 Century: Issues and Prospects [M]. Paris: UNESCO publishing.

索　　引

后　记

曾经很多人问我，为什么一个中学教师要选择读博，甚至为了做毕业论文而放弃职位？我也曾不止一次地这样问自己，也曾经迷茫。然而，当我在课堂上聆听到智者的启迪，在课下感受到师兄弟间的手足情深，在写作中体悟到思想的魅力，我知道，我选对了。因为这是一份思想的饕餮盛宴，一次足以让我终身受益的心灵净化。

本书是在我博士学位论文基础上修改而成的。毕业两年多来，我一直把论文藏在书橱里，偶尔拿出来看看，却从未再次仔细阅读这份凝聚了我多年思考的成果。不是因为没有时间，而是觉得在心理上，我还没有做好再次阅读的准备。任何一次的回望都是需要勇气的。直到一次偶然的机会，遇到了教育博士文库。于是，我抱着试试看的心理，重新翻开毕业论文，结合专家的评审意见、答辩专家的建议和教育工作中新的实践与思考，对论文进行了严肃而认真的审读。我不仅重新梳理了论文的理论框架，而且对论文中的案例进行了修正与补充，使之更契合当前的教育教学实际。

今天，论文能有幸与教育博士文库结缘，即将付梓，我既忐忑，又激动。忐忑于自己的作品要与同行见面，心中缺乏底气；激动于自己的作品公开发表，能求教于大方之家。回顾这几年的论文写作与修改，心中是满满的感动与谢意。

说实话，这篇后记的酝酿从准备开题时就开始了，在写作与修改的过程中，每每忆起曾经的经历或遇到新的感动时，总是提醒自己一定要在论文的致谢中表达出来。但当这一刻呈现在前，突然又觉语塞笔涩。这淡淡的笔墨怎能表达我心中无数次的感动？唯有感谢，真心的感谢，此外便似乎没有更合适的词汇。

衷心地感谢我的博士导师赵志毅教授。您的睿智、宽容、体谅与鼓励，不仅让我敬佩，更让我满怀感激。您对我的论文大纲进行了宏观的指导，对论文的初稿更是进行了多次认真的审读和修改，一次审读、一次修改、一次促膝交谈，在论文的写作与修改中，您不仅教会了我如何写作，更教会了我如何思考、如何严谨地做学问。论文付梓之际，您远在河西走廊做义工，忙碌之余还常常与我探讨论文的修改，令弟子心中既惭愧，又感动。

衷心地感谢我的硕士导师谢树平教授。正是谢老师的悉心教导，开启了我的教育科学研究之门。硕士学习期间，您不仅教导我把工作实践与理论学习结合起来，更是鼓励我参与到您所主持的课题和论著创作过程中。正是这些经历让我不再满足于做一个教书匠，而是努力成为一名研究型教师。

衷心地感谢诸位授业恩师。吴康宁教授点石成金般的学术点拨和真诚的鼓励使我对自己的研究领域充满信心；张乐天教授辽阔的学术视野和对教育的博大胸怀让我也跟着有一种纵横驰骋的感觉；金生鈜教授的严谨治学与谆谆教导让我对学术有了更深层的理解；高德胜教授对现实的犀利剖析和独到的学术视野给予我心灵的震撼，更激起我求索的热情，他对论文的悉心指导更是让我清晰了方向。

衷心地感谢诸位悉心指导我论文写作的恩师。孙彩平教授以姐姐般的关爱对论文的布局提出了宝贵的意见，并且在方法论上给予了悉心的指导，使得论文在结构上显得更加顺畅、合理；王建华教授细心地研读了论文，从论文结构、文中举例到文末注释都给予了一一指导，让我感动至深；孙迎光教授、王淳教授、程天君教授在论文写作过程中也给予了真诚的关爱和耐心的指导。

衷心地感谢我所在单位的南京一中的同事们，感谢吴晓茅局长、尤小平校长和肖林元所长等领导对我专心学业、静心写作的理解与支持，感谢同事们给予我的经验分享与案例探索，是你们的支持，让我的论文充满实践追求。

还有一位老师必须提及，那就是鲁洁先生。从面试时的鼓励到拜访她时的论文指导，鲁洁先生忧国忧民、敏于思考、问及天下的学者风度与胸怀，让晚辈敬仰万分。每一次聆听，我都能体会到先生对于学术的深刻思考，这种精神让晚辈受益良多。我真诚地祝福鲁老师健康长寿！

我要衷心地感谢我的家人。感谢父母的关爱与教诲，是“人要对自己负责”的家训激励我不断向前。感谢我的爱人，从大学毕业时的清贫相守到在职求学时的默默担当，在你的付出中才有了我的成长。感谢女儿闻笛的鼓励与陪伴，每每思绪阻滞，你的可爱与淘气总能让我重拾信心。感谢我的三位姐姐和姐夫，是你们充满期盼的眼神，充满关爱的话语，充满力量的扶持，才使我可以克服重重困难，坚持到最后。

最后，我要把一份特别的感谢送给教育科学出版社的诸位老师。感谢评阅我论文的教育博士文库委员会专家，是专家们的中肯建议，帮我明晰了论文修改的方向。感谢张璞老师，是您的严谨和热心，让整本书稿越来越完善，得以与读者见面。

在这里，我心存感激，感激每一位曾经给予我关心和帮助的人。

我相信，论文的出版并不是一个结束，它预示着一个崭新的开始。我会把这个过程中的所学、所思与所得，积极融入教育教学的实践中去，为学校教育付出我所有的努力。

李宏亮

2016年7月于南京